W0040541

Integrale Energiearbeit

Ulli Olvedi

Integrale
Energiearbeit

Mit Qi Gong und Tantra
Körper, Geist und Gefühl
stärken und harmonisieren

Scherz

Dieses Buch ist Tarab Tulku gewidmet

Zweite Auflage 2000
Copyright © 1996 by Scherz Verlag, Bern, München, Wien.
Umschlaggestaltung: Zembsch' Werkstatt, München.

Inhalt

Energiearbeit   73

Einführung

Wenn Körper und Geist getrennt sind

Kennen Sie das Gefühl, innerlich nie ganz da zu sein, wo Sie sind, nicht wirklich verbunden mit der gerade existierenden Situation, nicht einmal mit sich selbst, irgendwie getrennt, fragmentiert, pendelnd zwischen der Hoffnung, daß alles besser würde, und der Furcht, daß es schlimmer käme, immer in Unruhe, den eiligen Gedanken nachhängend, und trotz aller Bemühungen offenbar nicht in der Lage, sich zu entspannen und das Leben wirklich an sich heranzulassen?

Vielleicht haben Sie es sich selbst gegenüber noch nie so deutlich ausgesprochen; doch wahrscheinlich werden Sie immer wieder einmal mit dem vagen, unerquicklichen Eindruck konfrontiert, daß etwas nicht in Ordnung ist, daß Sie Opfer nicht nur des äußeren, sondern auch des inneren Geschehens sind. Dennoch ahnen Sie die Möglichkeit Ihrer Souveränität, sehnen Sie sich nach ihr, ohne zu wissen, wie Sie zu ihr finden können. Es ist dies ein sehr verbreiteter und «normaler» Zustand. Manchmal gibt es natürlich angenehmere Augenblicke, momentane Befriedigungen, gelegentliche Bestätigungen, hin und wieder sogar ein bißchen Ruhe. Aber häufig sind diese Augenblicke nicht, sie sind sehr schnell wieder vorbei, und auf sie zählen kann man schon gar nicht.

Dieser ebenso alltägliche wie unbefriedigende Zustand, so lernte ich in meiner buddhistischen Ausbildung, beruht grundsätzlich auf einem Mangel an harmonischer Verbindung von Körper und Geist, Sinneswahrnehmung und Erfahrung.

Mangel an Verbindung von Körper und Geist

Jahrzehntelang befaßte ich mich mit erprobten buddhistischen Methoden, die dazu verhelfen, diese Trennung von Körper und Geist aufzuheben. Vor allem der tibetische Buddhismus präsentiert ein sehr vielfältiges Angebot an Lehren und Meditationsformen, das ich beglückt annahm, und ein freundliches Schicksal bescherte mir hervorragende Lehrer. Ein wichtiger Bereich des tibetischen Buddhismus blieb mir jedoch unzugänglich – diejenigen Meditationsformen, die einen Zugang zu den subtilen psychophysischen Energien ermöglichen. Diese Praxis, so sagte man mir, würde nur im Rahmen von jahrelangen Meditations-Retreats gelehrt; es handle sich um gefährliche Übungen, für die man sehr gut vorbereitet sein müsse.

Sonderbare Erfahrungen

In tibetischen Lehrtexten begegnete ich immer wieder Hinweisen auf die Energiearbeit des Vajrayana-Buddhismus[1]. Da war von «Knoten in den Lichtkanälen» die Rede, von «roter und weißer Essenz» oder vom «Zurückziehen der Energiewinde in den Zentralkanal». Viel konnte ich mir unter alledem nicht vorstellen. Doch die Sehnsucht, mehr über diese «Energie» zu erfahren, ließ nicht nach.

Bei einigen Gelegenheiten in meinem Leben war ich mit etwas in Berührung gekommen, das ich, lange bevor ich etwas von «Energiekörper» oder «Energiearbeit» gehört hatte, nur als «eine Art von Energie» bezeichnen konnte. Das erste Ereignis, an das ich mich erinnere, reicht in meine Jugendzeit zurück. Ich befand mich damals in einer sehr labilen und erschütterbaren Gemütslage. In einem Traum oder einer traumähnlichen Erfahrung, die viel intensiver war als übliche Träume, erlebte ich, daß ich über mir schwebte. Mein Körper lag auf dem Bett, aber «ich selbst», offenbar identifiziert mit einem anderen Körper als meinem materiellen Körper, schwebte etwa zwei Meter darüber und schaute auf «mich» herab. Ich konnte mich sehr frei bewegen, und dieser immaterielle Körper war viel angenehmer als mein physischer Körper, in dem ich mich nie sonderlich wohl fühlte und an dem ich – wie wahrscheinlich fast alle jungen Mädchen – ungeheuer viel auszusetzen hatte.

Als ich aufwachte, war ich todunglücklich. Es war so viel angenehmer gewesen, die Freiheit dieses anderen, unsichtbaren Körpers zu genießen, als in meinen materiellen Körper gebannt zu sein. Später erfuhr ich, daß relativ viele Menschen einmal oder mehrmals in ihrem Leben solch eine «Außerkörpererfahrung» machen, in der sich ihr Energiekörper vorübergehend vom physischen Körper löst.

«Außerkörper-erfahrungen»

Ein weiteres Erlebnis unerklärlicher Art hatte ich, während meine Schwester im Koma lag. Ich träumte, daß eine halb durchsichtige, sanft strahlende Ausgabe ihrer selbst über ihr schwebte; er war mit einer dünnen, silbrigweißen Nabelschnur in ihrem physischen Körper im Bereich des Solarplexus verankert. Im Traum dachte ich: «Diese Schnur ist zu dünn. Sie wird nicht mehr lange halten. Meine Schwester wird nicht mehr aufwachen, sondern bald sterben.» Tatsächlich lag sie drei Tage lang im Koma und starb dann, ohne zuvor noch einmal aufzuwachen.

In jahrelanger Praxis mit Atemarbeit stellte ich immer häufiger fest, daß das, was wir als «Atem» bezeichneten, ganz offensichtlich etwas anderes als nur Atem war, daß die Vokabel nur als Krücke diente, um etwas zu bezeichnen, das zwar unbekannt war, aber wirkte; auch hier schien es wieder um irgendeine Art von «Energie» zu gehen.

Der Atem als heilende Energie

Als meine Nichte bei einem Motorradunfall schwere Knochenverletzungen davontrug, die nicht heilen wollten, unternahmen wir eine gezielte Aktion, bei der wir zwei Wochen lang jeden Tag daran arbeiteten, den «Atem», den wir in diesem Fall mit heilender Energie gleichsetzten, mit Hilfe der Vorstellungskraft an die Stelle zu lenken, die der Heilung bedurfte. Und wider alle ärztlichen Prognosen hatten wir durchschlagenden Erfolg. Die Wirkung war eine außergewöhnlich schnelle und umfassende Callusbildung, die eine von den Ärzten geplante weitere Operation unnötig machte.

Einige seltsame Begebenheiten, die sich ebenfalls nur als Manifestationen einer geheimnisvollen Energie erklären ließen, waren mir in meinen jungen Jahren in Indien begegnet. Im Kali-Tempel in Benares beobachtete ich zum Beispiel einmal, wie ein Yogi sich wiederholt in die Flammen einer rituellen Feuerstelle beugte und Kopf und Oberkörper psalmodierend darin wiegte, während ich gut anderthalb Meter Abstand halten mußte, weil es in der Nähe des gewaltig lodernden Feuers einfach zu heiß war.

Die Macht der Energie   Auf einer offenbar anderen Energieebene spielte sich eine Begegnung mit meinem tibetischen Lehrer Trungpa Rinpoche ab. Es geschah während einer intensiven Seminarsituation, in der täglich viele Stunden Meditation praktiziert wurde. Ich hatte sehr fleißig praktiziert und freute mich darauf, meinem Lehrer mit einem so ruhigen und klaren Geist (diesen Eindruck hatte ich selbst jedenfalls) entgegentreten und ihn möglicherweise sogar damit beeindrucken zu können.

Die Begegnung war eine Katastrophe. Der Lehrer tat gar nichts – er schaute mich nur an. Ich hatte den Eindruck, daß er mich nicht nur vollkommen durchschaute und alle meine geheimen Angebereien ans Licht brachte, sondern daß er überhaupt alles, was «mich» ausmachte, mit seinem durchdringenden Blick sprengte. Ich geriet in heillose Verwirrung, vergaß alle intelligenten Fragen, die ich hatte stellen wollen, und wußte nicht, was ich sagen sollte. Ich rannte fast gegen den Türpfosten und flüchtete schließlich in die Küche, wo ich in krampfhaftes Weinen ausbrach, ohne zu wissen, warum. Am unangenehmsten war das heftige Zucken und Schütteln meines Körpers, das ich nicht unter Kontrolle bringen konnte. Es beunruhigte mich so sehr, daß ich noch heftiger weinen mußte. Eine der älteren Schülerinnen des Meisters fand mich in diesem Zustand und fragte nach der Ursache des Aufruhrs. Nachdem ich einen unzusammenhängenden Bericht herausgeschluchzt hatte, klopfte sie mir freundlich auf den Rücken und sagte: «Alles okay! Das ist eine wertvolle Erfahrung. Der Geist deines Lehrers hat dich berührt.»

Es dauerte einige Zeit, bis ich etwas Positives in dieser Erfahrung sehen konnte. Erst viel später wurde mir klar, daß sich nach diesem energetischen Zusammenprall eine grobe energetische Schicht geöffnet und den Zugang zu einer subtileren Energieebene freigegeben hatte.

Subtile Energien

Wenn ich alle meine höchst unterschiedlichen Erlebnisse im Zusammenhang mit jener geheimnisvollen Energie betrachtete, schien es sich offenbar nicht nur um eine einzige Energie zu handeln. Gab es verschiedene subtile Energien? Was mochte so verschiedene Energien wie diejenigen, mit denen man es im indischen Yoga, in der Zauberei der Schamanen, im chinesischen Taiji, in der Akupunktur, im japanischen Shiatsu oder in tibetisch-buddhistischen Meditationen zu tun hat, miteinander verbinden?

Das wunderbare Qi

Ich verdankte es einem «Zufall», daß ich auf die traditionelle chinesische Energiearbeit stieß, die ich in meinem Buch *Y Qi Gong – Das Stille Qi Gong*[2] beschrieben habe. Es war eine phantastische neue Welt, die ich da betrat, phantastisch im wahren Sinn des Wortes, denn sie hatte viel mit «Phantasie» zu tun. Dieses griechisch-lateinische Wort steht für «Vorstellungskraft» und «Einbildungskraft». Das «Y» in «Y Qi Gong» bedeutet Vorstellung und willentliche Steuerung, und das sind die praktischen Mittel, die in jeder klassischen Energiearbeit verwendet werden.

Nun wurde zumindest einiges verständlich, was mir bisher höchst exotisch und unbegreiflich erschienen war: etwa die unglaublichen Fähigkeiten der Shaolin-Mönche, die beliebige Körperstellen in fast unvorstellbarem Maß verhärten können und Zuschauern das Spektakel bieten, sich von einem Lastwagen überrollen zu lassen oder mit einem Strick um den

Hals an einem Baum zu hängen. Erklärbar wurde auch die erstaunliche Kunst mancher Qi-Gong-Meister, die einen Gegner umstoßen können, ohne ihn zu berühren. Des Rätsels Lösung hieß *Qi,* vitale Energie, die sich durch bestimmte Übungen des «Eisenhemd-Qi Gong» derart dramatisch verdichten läßt.

Unsere entzauberte Welt

Was hatte es auf sich mit dieser Energie, von der unsere Kultur kaum etwas weiß, während offensichtlich alle alten Kulturen ganz selbstverständlich damit umgehen, auch wenn sie nicht über Erklärungsmodelle verfügen mögen, die uns befriedigend erscheinen? Mir dämmerte, daß ich offensichtlich in der einzigen Kultur lebte, die von einer so zentral wichtigen Sache kein Wissen mehr besitzt – vermutlich seit vorchristlicher Zeit nicht mehr.[3]

Qi, Prana und Lung   Die Chinesen sprechen seit Jahrtausenden von Qi, die Inder von Prana, die Tibeter von Lung. Für schamanistische Kulturen rund um den Erdball war die Welt der subtilen Energie die natürliche Domäne der Zauberer, Heiler und Priester, «Techniker des Heiligen und Meister der Ekstase», wie die Anthropologin Joan Halifax es ausdrückte. Nur wir Menschen des christlichen Abendlandes leben in einer völlig «entzauberten» Welt, und die Versuche einer «Wiederverzauberung» (der Wissenschaftshistoriker Morris Berman schrieb 1981 hoffnungsvoll von der «Wiederverzauberung der Welt»[4]), die mit der New-Age-Bewegung eingesetzt hatte, sind inzwischen vom Dämon der Vermarktung weit mehr bedroht als von der Kritik der unverbesserlichen Newtonianer.

Ein richtiges Verständnis der subtilen Energien, soviel war mir klar, würde auf jeden Fall den Verzicht auf überkommene Denkmuster verlangen. Allein schon das Wort Energie stellt ein Problem dar. Doch wir Abendländer haben keinen Begriff für diese dynamische Manifestation des Geistes – oder gar, wie andere Kulturen, mehrere. In der Not das Wort Energie zu wählen, liegt nahe. Energie, wie wir sie verstehen, ist unsichtbar, wirkt aber dennoch. Grobe Energie – bzw. das, was sie bewirkt – ist meßbar; für subtile vitale und geistige Energie gilt dies hingegen nicht. Vom naturwissenschaftlichen Standpunkt scheint das gegen die letztere zu sprechen, und daraus ziehen viele Wissenschaftler den Schluß, daß es sich nicht lohne, sie zu erforschen.

In unserer rational fixierten Kultur pflegen wir uns in erster Linie auf die Materie zu beziehen. Alles, was geistig ist, wird – jedenfalls vom wissenschaftlichen Standpunkt – auf Körperliches zurückgeführt. So behauptet die westliche Neurowissenschaft heute immer noch, ohne dies tatsächlich beweisen zu können, Bewußtsein basiere ausschließlich auf Gehirnfunktionen. Die buddhistischen Lehren hingegen sagen, daß nur eine sehr grobe Art von Bewußtsein vom physischen Körper abhängig sei. Die westliche Wissenschaft ist auch der Ansicht, daß das, was uns am Leben erhält, die Endprodukte der Atemluft (Sauerstoff) und der aufgespaltenen Nahrung (Vitamine, Mengen- und Spurenelemente usw.) seien. Die klassische chinesische Heilkunde hingegen sagt, daß das Endprodukt Qi sei, komplexe vitale Energie, und daß es möglich sei, ohne Luft und Nahrung auszukommen, wenn man gelernt habe, Qi direkt aus dem Kosmos aufzunehmen. Indische Yogis, die sich darauf spezialisiert haben, sich tage- oder gar wochenlang lebendig begraben zu lassen, und es überleben, verfügen offenbar über diese Fähigkeit.

Grenzen der Wissenschaft

PSI und Shaolin

Der Mangel an Erfahrung mit den subtilen Energien schürt natürlich Voreingenommenheiten aller Art. Auf der einen Seite droht eine bedenkliche Verengung des Verständnisses auf ein mechanistisches Niveau. In China wird zum Beispiel von der Regierung eine «wissenschaftliche Qi-Gong-Forschung» unterstützt, um das Qi einerseits medizinischen, andererseits aber auch militärischen Zwecken dienstbar zu machen.

Tatsächlich entspricht die grobe Ebene der vitalen Energie dem, was man allgemein als PSI-Kraft bezeichnet. Vor allem in Rußland und China, aber auch in den USA setzt man seit Jahrzehnten auf die hoffnungsvolle Idee, diese PSI-Kraft eines Tages als politisches und militärisches Machtmittel benutzen zu können, eine Vorstellung, die offenbar totalitären Regierungen besonders entspricht. Schon Hitler ließ eine Niederlassung in Tibet einrichten und verfolgte den bizarren Plan, möglicherweise an die sagenhaften Kräfte tibetischer Yogis heranzukommen.

Eine weitere Gefahr liegt jedoch auch in einer inflationären esoterischen Interpretation der subtilen Energien, die zu dem, was sie tatsächlich sind, etwa in demselben Verhältnis steht wie der Begriff «Fantasy» (für eine literarische und filmische Gattung) zur Phantasie. Hier haben wir es eher mit der ausufernden Vorstellung zu tun, daß einfach alles Denkbare möglich sei; ist dies auch kindlicher Omnipotenzwahn, so gibt es doch allzu viele Gläubige, die den aberwitzigsten Versprechungen zu glauben bereit sind.

Neuland

Versuche, die Energieebene in den medizinischen Bereich miteinzubeziehen, gibt es zwar seit einiger Zeit in westlichen alternativen Bereichen der Heilkunst[5]; doch wir sollten nicht vergessen, daß es sich dabei um eine Expedition in Neuland handelt. Nicht selten kommt es vor, daß Spekulation den Boden der Erfahrung ersetzt.

Es ist unumgänglich, daß wir uns an Kulturen wenden, die über große Erfahrung im Umgang mit den subtilen Energien verfügen. Doch auch das ist nicht unproblematisch. Wir können uns nicht einfach kulturfremde Methoden aneignen, denn mit ihnen verbunden ist immer eine ganze Welt andersartigen Denkens und Fühlens. Wenn wir zum Beispiel schamanistische Rituale indianischer Heiler einfach übernehmen würden, wäre das etwa so, als würden wir die Laute einer fremden Sprache nachahmen, ohne die Worte wirklich zu verstehen. Damit die fremden Laute einen Sinn ergeben, brauchen wir das nötige Wissen, um sie übersetzen zu können. Ebenso müssen wir die Theorien und Methoden des Umgangs mit den subtilen Energien in den speziellen Modus unseres Denkens übersetzen. Ohne diesen ersten Schritt ist kein weiterer möglich.

Verstehen statt nachahmen

Auf der Suche nach der «Vision»

In Tibet sagt man: «Der Pilgerweg zum heiligen Berg Kailash beginnt mit dem Schritt vor die Haustür.» Doch auch der Weg zum nächsten Supermarkt beginnt mit dem Schritt vor die Haustür. In beiden Fällen handelt es sich scheinbar um den gleichen Schritt, doch die geistige Verfassung ist dabei sehr unterschiedlich. Als westliche Menschen sind wir im allgemeinen an kurzfristigen Zielen orientiert. In den asiatischen Kulturen hingegen hält man die «Vision», die innere Ausrichtung auf ein größer dimensioniertes Ziel, für unverzichtbar.

Die Vision ist mehr als eine Vorstellung. Sie hat damit zu tun, daß wir uns selbst vertrauen oder uns zumindest einen Vertrauensvorschuß geben, der dann später, nach entsprechenden Erfahrungen, durch gewachsenes Vertrauen abgelöst wird. Dieses Vertrauen in unsere natürliche, angeborene Fähigkeit, uns zu entwickeln, kommt im Buddhismus in dem Begriff «Buddha-Natur» zum Ausdruck, von der es heißt, daß sie jedem Wesen angeboren sei. Nach buddhistischer Anschauung ist die vordergründige «Ich-Natur» sekundär, der Veränderung unterworfen; primär ist die hintergründige, authentische Natur; sie ist überindividuell, unveränderlich und vollkommen. Diese ursprüngliche, gesunde, unzerstörbare Natur ist immer da; unsere Sache ist es nun, uns durch dicke Schichten von konzeptuellen Überlagerungen (gewohnheitsmäßigen Denkmustern, Bewertungen, Projektionen usw.) hindurchzuarbeiten, um diese ursprüngliche Buddha-Natur freizulegen. Die verschiedenen Stadien dieses Freilegens führen durch äußere Schichten zu immer subtileren Schichten. Deshalb spricht man von einem «Stufenweg zur Erleuchtung».

Die Vision zeigt die Richtung

Die Kraft, immer weiter zu gehen, kommt aus der Vision. Die Vision zeigt die Richtung, und zugleich relativiert sie die kleinen Ziele. Wir brauchen die disziplinierte Folge vorläufiger Zielsetzungen, um voranzukommen; gleichzeitig hilft uns die Vision, nicht an ihnen hängenzubleiben.

Der Verlust der Inneren Alchemie

Das moderne Qi Gong betont die Ziele der Verbesserung und Stabilisierung der Gesundheit und des möglichst langen Lebens. Was ich in meiner Ausbildung in *Yi Qi Gong* bei Meister Zhi-Chang Li lernte, hat mir inzwischen wunderbare Dienste geleistet, was die Möglichkeit betrifft, die körperliche Verfassung aus eigener Kraft positiv zu beeinflussen.

Die Machtmöglichkeiten des Qi Gong

Qi Gong betont jedoch auch die Machtmöglichkeiten, die in der Beherrschung der vitalen Energie liegen. Es war ein rechter Schock für mich, als ich bei einem deutschen Qi-Gong-Symposion alte Männer aus Peking, hohe Qi-Gong-Funktionäre, von den hervorragenden Verwendungsmöglichkeiten des Qi Gong im militärischen Bereich schwärmen hörte. Mir wurde klar, wie weitgehend das Qi Gong den Zusammenhang mit der ursprünglichen Vision der jahrtausendealten Inneren Alchemie verloren hat.

Die Innere Alchemie war ein ganzheitliches geistiges System innerhalb der taoistischen Tradition Chinas. Die Energiearbeit, die das Herzstück der Inneren Alchemie ausmachte, begann zwar auf der Ebene des Körpers, seiner Gesundheit und Leistungsfähigkeit, doch war dies ein kleines Ziel, das der großen Vision, der vollkommenen Transzendierung, untergeordnet war[6]. Gesundheit und langes Leben spielten nur insofern eine wichtige Rolle, als sie nötig waren, um das große Ziel zu erreichen.

Diese ganzheitliche Orientierung degenerierte jedoch mit der Zeit immer mehr, und als die chinesische Kultur der rot-chinesischen Ideologie weichen mußte, wurde alles, was noch an die ursprüngliche Vision erinnern mochte, völlig negiert. Das ehemals kleine Ziel trat an die Stelle des großen, übergeordneten Ziels. Solch ein Verlust des umfassenden Zusammenhangs öffnet stets der Trivialisierung und Pervertierung die Tür.

Ein integrales Bewußtsein

Je länger ich mich mit Qi Gong befaßte, desto stärker wurde mein Bedürfnis, eine Form der Energiearbeit zu finden, die der ursprünglichen Ganzheitlichkeit entsprach. An diesem Punkt lernte ich die Arbeit des tibetisch-buddhistischen Gelehrten und Meditationsmeisters Tarab Tulku[7] kennen. Er führte in die Theorie und Praxis der tibetischen Energiearbeit (Tantrayana) in einer Weise ein, die diese Welt der subtilen Energien für uns westliche Menschen zugänglich und überschaubar machte. Nun ließen sich Vision und kleine Ziele der Energiearbeit ordnen und ergaben ein stimmiges Ganzes.

Die Energiearbeit nach den Prinzipien des Tantrayana erfüllt alle Bedingungen eines Wegs zu einem «integralen Bewußtsein». Auf diese Formulierung war ich vor vielen Jahren bei dem Philosophen Jean Gebser[8] gestoßen, der eine Vision von einem ganzheitlichen Bewußtsein entwickelt hat, die mich zutiefst inspirierte.

Gebser beschreibt Entwicklungsphasen des kollektiven Bewußtseins, beginnend mit einer ursprünglichen «archaischen Bewußtseinsstruktur», die dann von einer «magischen» und «mythischen» Struktur abgelöst wurde. Anschließend an diese entwickelte sich die «mentale» Struktur, auf der unsere moderne materialistische Weltsicht beruht.

Suche nach der ursprünglichen Ganzheitlichkeit

Was nur eine Phase im großen Entwicklungsprozeß des menschlichen Bewußtseins hätte sein sollen, wurde verabsolutiert und wird nun für den Gipfel der Entwicklung gehalten. Damit ist die weitere Entwicklung zum «integralen» Bewußtsein hin, in das die vorhergehenden Bewußtseinsweisen integriert werden sollen, gehemmt.

Dominanz des mentalen Bewußtseins

Wir Menschen des Abendlands sind, nach Gebser, reduziert auf die mentale Bewußtseinsebene. Das ist so, als hätten wir zwar ein großes Haus zur Verfügung, würden jedoch nur ein Zimmer bewohnen, ohne die anderen Räume oder gar Stockwerke zu kennen. Wir halten das eine Zimmer, unsere mentale Ebene, für das ganze Haus. Vom Standpunkt der Ganzheit betrachtet ist die mentale Ebene – die Ebene des begrifflichen Denkens, der Ratio, des Strukturierens, des Abstrahierens, des Analysierens – nur ein Teil unseres Bewußtseins, der für bestimmte Zwecke geeignet ist, aber nicht dominieren darf. Doch dies tut er, und das macht uns unzufrieden, einsam und oft sogar krank.

Wir modernen, mentalen Menschen erleben die Welt – das Objekt – als etwas, das auf jeden Fall ganz anders ist als wir selbst, das Subjekt; und mehr noch als anders: zutiefst fremd. Wir haben den Drang, dieses andere kritisch zu beobachten, zu messen, zu wiegen, zu zerlegen, zu kategorisieren und zu katalogisieren; aber näher kommen wir ihm dadurch nicht. Wir bleiben getrennt, isoliert, und wir leben in einer kleinen Zeit und einem kleinen Raum, weil unser Blickwinkel so eng geworden ist.

Die mythische Ebene des Bewußtseins ist uns verlorengegangen. Für den mythischen Menschen ist das Objekt der Wahrnehmung ein symbolhaltiges Bild, und das Bild erzählt eine große Geschichte, eingebettet in eine große Zeit und einen großen Raum. Es ist ein poetisches Weltverständnis, die Wahrnehmung ist bildhaft, mehr Fühlen als Denken. Das Leben ein Abenteuer.

Noch weiter entfernt sind wir von der Erfahrung der magischen Welt, der Welt der Geister, in der Mensch und Welt in einem ständigen Fluß der Kommunikation miteinander verbunden sind und Zeit und Raum magische Qualität haben.

Warum wir so entzaubert sind

Gebsers Modell läßt sich auch als Entwicklungsgeschichte vom Kleinkind zum Erwachsenen verstehen. Die magische Welt ist den kleinen Kindern vertraut, die mythische den etwas größeren. Der Übergang ist fließend, und die magische Ebene wird nicht ganz verlassen. Doch mit dem Schulalter tritt das Kind in die mentale Welt ein. Schluß mit den Märchen, mit dem bildhaften Denken, mit dem Tagträumen, mit der großen Zeit und dem großen Raum.

Die kleine Zeit der Uhren und Schulstunden, der kleine Raum des Klassenzimmers bestimmen nun die Art der Welterfahrung. Das Symbol wird vom Zeichen abgelöst. Unsere Welt gestattet hier keinen fließenden Übergang, und die mentale Struktur mit ihrer Entweder-Oder-Haltung bietet ihn ihrer Natur nach auch nicht an. So kommt es zum völligen Bruch mit den früher erlebten Bewußtseinsmöglichkeiten; sie werden im allgemeinen vergessen, verlernt und leben bestenfalls als vage Sehnsucht weiter.

Die Änderung der Welterfahrung

Kinder bewegen sich in ihren Bewußtseinswelten auf natürliche Weise, und sie benutzen deren Möglichkeiten nach Lust und Laune. Die magische Welt hat ihre Freuden und ihre Schrecken. Sie ermöglicht köstliche Omnipotenzphantasien, aber sie präsentiert auch unerwartete Schrecken, die in jedem Dunkel lauern können. Ebenso die mythische Welt: Sie ist voller Tagträume, voller tiefer Bedeutung, die niemals ausgesprochen werden muß. Aber sie verführt auch zu wilden Geschichten, zum leichtfertigen Spiel mit Realität und Phantasie.

Der Übergang zur mentalen Ebene ist hart und erbarmungslos, vor allem deshalb, weil die frühere, so lebendig erlebte Ebene nun abgewertet wird. «Träumer» ist ein negatives

Etikett; die Verengung der Zeit wird als positiv dargestellt: «Beeile dich, du hast nicht ewig Zeit!» Zeit muß «ausgefüllt», manchmal auch «totgeschlagen» werden, und «Nimm dir Zeit» ist ein wohlfeiler Rat, den niemand befolgt, weil wir es längst verlernt haben.

Integration aller Bewußtseinsebenen

Das müßte alles nicht so sein. Die mentale Struktur ist so gut wie alle anderen; nur: so beherrschend, so abgetrennt und vereinzelt, wie wir sie leben und erleben, ist sie zerstörerisch. Nach Gebsers Modell wäre der wirklich erwachsene Mensch derjenige, der in der Phase der Entwicklung der mentalen Struktur nicht dazu gezwungen wurde, sich völlig mit ihr zu identifizieren bzw. der diese Identifikation wieder gelöst hat. Dieser erwachsene Mensch kann sich dann auf die natürliche weitere Entwicklung einlassen, die zu einem «integralen Bewußtsein» führt, das alle vorigen Strukturen in sich vereint. Und damit ist diese Art von Bewußtsein nicht nur die Summe aller vorhergehenden, sondern etwas Neues.

Die Vision eines integralen Weges

Die Bewegung von der mentalen Ebene zur ganzheitlichen integralen Ebene vollzieht sich als Sprung, sagt Gebser. Hier geht es nicht mehr nur um ordentliche Entwicklungsschritte. Der Sprung bedeutet, daß wir es wagen, den sicheren Boden zu verlassen, und uns nicht mehr an die vertrauten Bezugspunkte klammern. Dann werden sich die magische und die mythische Welt öffnen, ohne daß die mentale Welt verlorengehen muß; aber sie werden allesamt anders erlebt. Sie sind durchsichtig, «diaphan», sagt Gebser. Wie soll man sich das vorstellen?

Nehmen wir den Dalai Lama, der schon als Junge so gern Uhren auseinandernahm und wieder zusammensetzte und auch heute noch Spaß daran hat. Er ist ein weltbekannter Politiker, ausgezeichnet mit dem Friedensnobelpreis; er ist ein Mönch innerhalb der tausend Jahre alten tibetisch-buddhistischen Tradition; er ist ein buddhistischer Gelehrter, der mit großer Leichtigkeit über die differenziertesten philosophischen und psychologischen Themen spricht. Er ist ein Kind einer einstmals schamanistischen Kultur, die vom Buddhismus nicht bekämpft, sondern assimiliert wurde, und er verfügt über Fähigkeiten, die wir «übersinnlich» nennen[9]. Es ist, als spiele er auf einer breiten Klaviatur der Bewußtseinsmöglichkeiten, ohne mit einer davon identifiziert sein zu müssen.

Das ist die Richtung, in welche die Vision des integralen Wegs weist. Diese Vision inspiriert uns dazu, heimliche Ekstatiker, Mystiker und Künstler zu werden. Denn es gilt, eine «innere Kunst» zu erlernen. Das Denken wird sich in Poesie verwandeln, das Sehen wird zu einem kreativen Wahrnehmen des Reichtums und der Tiefe aller Erscheinungen, das Hören wird Wunder des Klangs eröffnen usw. Wir verlassen die eindimensionale Welt kleiner, konzeptueller Realitäten, um in direkte Berührung mit der Wirklichkeit zu kommen.

Künstler, Ekstatiker, Mystiker

So leitet sich die Bezeichnung «integrale Energiearbeit» von zwei Ansätzen ab: einerseits von dem Bestreben, Prinzipien der Energiearbeit, die aus verschiedenen Kulturen herausgelöst wurden, miteinander in Verbindung zu bringen, und andererseits von der Vision eines integralen Bewußtseins, dem wir uns mit den Mitteln dieser Energiearbeit nähern können.

«Arbeit» mit Energie

«Arbeit» ist ein Wort, das man auf den ersten Blick eher mit Mühsal und Plage assoziiert als mit Freude und Ekstase. Dennoch spricht man von einem Bild oder einer Statue eines begabten Künstlers oder von der Komposition eines Musikers usw. als von einer «hervorragenden Arbeit». Es ist also auch das kreative Werk in diesem Wort verborgen; Prozeß und Ergebnis fließen hier zusammen.

In unserem Zusammenhang ist «Arbeit» ähnlich aufzufassen wie das Wort «Gong» in Qi Gong. Qi bedeutet vitale Energie, und Gong bedeutet kontinuierliches, beharrliches Üben. Fassen Sie Energiearbeit etwa so auf, wie ein Hobbygärtner zur Gartenarbeit steht. Morgens in den taunassen Garten zu gehen und die Erde zu lockern, Unkraut zu jäten und den Garten zu hegen und zu pflegen, kann eine zutiefst erfreuliche, befriedigende und wohltuende Tätigkeit sein. Dennoch erfordert diese Tätigkeit die Bereitschaft zu Disziplin, Geduld, Anstrengung und Kontinuität. Man kümmert sich um den Garten auch dann, wenn man gerade nicht so große Lust auf Gartenarbeit hat. Im Frühjahr bearbeitet man ihn, wenn er noch kahl und unattraktiv aussieht, und wartet geduldig ab, bis die Bemühungen Früchte tragen. Manchmal ist es recht anstrengend, sich ständig zu bücken, zu hacken, umzupflanzen usw. Und doch ist zugleich viel Freude damit verbunden.

Gärtner unserer subtilen Energien
Solch ein heiter gestimmter Gärtner sollten wir bei der Kultivierung unserer selbst, unserer subtilen Energien sein. Und Geduld ist wichtig, denn die Ergebnisse dieses Tuns stellen sich ganz unmerklich ein – um so leiser, je subtiler die Energie ist, mit der wir umgehen.

Ungeduldige Gärtner bringen nicht viel zustande. Man stelle sich vor, ein Gärtner könne das Heranwachsen einer Pflanze nicht abwarten und würde an ihr ziehen, um schnellere Ergebnisse zu erzwingen. Auf diese Weise würde er sie höchstwahrscheinlich beschädigen oder gar ausreißen; etwas Positives würde er damit auf keinen Fall erreichen.

Allein üben?

Dieses Buch will Sie auf sanfte Weise in die Welt der Integralen Energiearbeit einführen. Es will Ihnen sowohl die große Vision zeigen als auch ein paar Schritte vor die Haustür. Das heißt, daß Sie versuchsweise ein Stückchen weit allein gehen können, wenn Sie wollen. Natürlich wäre es unsinnig, eine Expedition in ein unerschlossenes Land zu unternehmen, ohne sich einem kundigen Führer anzuvertrauen. Um tiefer in die Welt der subtilen Energien einzudringen und darin heimisch zu werden, braucht man gut ausgebildete und autorisierte Lehrer.

Ich habe versucht, eine Art Landkarte der subtilen Energien zu zeichnen, um Ihnen eine Orientierung zu ermöglichen. Bekanntlich kommt man nicht ans Ziel, indem man eine Landkarte studiert; aber man braucht sie, um den richtigen Weg zu finden. Betrachten Sie also dieses Buch als eine Anleitung zum Nachdenken, zum Entdecken, zum Ausprobieren; nähern Sie sich dem Thema locker, aber nicht übermäßig locker, und gehen Sie ernsthaft vor, aber nicht übermäßig ernsthaft

Keine Expedition ohne kundigen Führer

Vorbereitung

Entspannung

Ganzheitliche Entspannung

Bevor Sie mit Energieübungen welcher Art auch immer beginnen, sollten Sie sich vor Augen halten, daß Sie sich an etwas heranwagen, das Ihnen fremd ist und mit dem Sie keinerlei Erfahrung haben. Stellen Sie sich vor, Sie würden sich in das Cockpit eines Flugzeugs setzen, um loszufliegen. Natürlich würden Sie das nicht tun, ohne gut vorbereitet zu sein. Sie könnten in diesem Fall nicht einmal sagen: «Ich fliege eben schön langsam, dann kann nichts passieren.» Bei der Energiearbeit ist die Situation vergleichbar. Wenn Sie nur gelegentlich und oberflächlich üben, wirkt sie nicht. Üben Sie hingegen intensiv, müssen Sie genau wissen, was Sie tun.

Keine Energiearbeit ohne Entspannungstraining In unserem Fall besteht die nötige Vorbereitung vor allem aus Entspannungstraining. Hierbei ist mit «Entspannung» jedoch weit mehr gemeint als angenehmes Relaxing. Um das klarer zu machen, wollen wir das Phänomen Entspannung ein wenig umkreisen. Der Begriff Entspannung gehört zu jenen Gummibegriffen, die so kunterbunt besetzt werden, daß sie zu nichts mehr nutze sind. Deshalb ist es nötig, als erstes eine Begriffsreinigung vorzunehmen.

Wir haben üblicherweise eine sehr unklare Vorstellung von dem Zustand, den wir «Entspannung» nennen. Oft sagt man, etwas diene der Entspannung, wenn es in Wirklichkeit nur der Unterhaltung oder Ablenkung dient. Diese Begriffsverwirrung kommt daher, daß wir uns in unserem Denken meistens in Extremen bewegen – in diesem Fall in den Extremen von *An*spannung und *Ab*spannung.

Anspannung und Abspannung

Unsere tägliche Arbeit hat üblicherweise etwas mit Anspannung zu tun. Unser kompliziertes Leben macht uns zu hektischen Leuten, die ständig unter Hochspannung stehen. Selten befassen wir uns allein nur mit einer Sache, dazu reicht die Zeit nicht aus. Der geplagte Mensch im Büro zerreißt sich zwischen PC, Telefon und Faxgerät. Die Hausfrau telefoniert am schnurlosen Telefon, während sie mit dem freien Ohr den Verbrauchertips in Radio zuhört und gleichzeitig die Spülmaschine ausräumt. Am Abend ist man nach all der Anspannung dann völlig abgespannt und möchte nur noch zusammenfallen, am besten vor dem Fernseher.

Um der größeren Klarheit willen verwende ich die Begriffe Anspannung und Abspannung anstatt Spannung und Entspannung. Wenn wir uns das Wort Entspannung genauer anschauen, wird deutlich, daß es eine Negativsituation im Verhältnis zu Spannung ausdrückt. Die Vorsilbe «Ent…» bezeichnet einen Gegensatz; sie hat sich aus dem germanischen «and(a)» entwickelt, und das bedeutete «entgegen», «von etwas weg». Entspannung ist das, was nicht Spannung ist.

Es gibt also kein positives Wort für den Zustand, der gemeint ist. Das paßt zu unserer aktivitätsbetonten, extravertierten Kultur, in der man Ruhe mit «Zeitvergeudung» und einen angeborenen introvertierten Charakter mit «depressiver Struktur» gleichsetzt. Selbst das schöne Wort «Muße», das der üblichen Interpretation nach auf einen eher inaktiven Zustand hindeutet und heute kaum mehr benützt wird, hat laut Herkunftswörterbuch die ursprüngliche Bedeutung von «Gelegenheit oder Möglichkeit, etwas zu tun».

Diese Macher-Mentalität verführte uns dazu, eine sehr mechanistische Vorstellung von Entspannung aufzubauen. Ein elektrisches Gerät kann man *an*schalten und *ab*schalten; warum sollte es mit der menschlichen Maschine anders sein? Als Menschen des Nach-Newtonschen Zeitalters drücken wir

Der Mensch als Maschine?

das zwar nicht mehr so grob aus, fühlen uns vielleicht sogar erhaben über die Niederungen derart vordergründiger Anschauungen. Aber das Kulturmuster steckt immer noch in uns. Es ist ein langer Weg, es bis zur Spitze seiner Pfahlwurzel zu verfolgen und auszuräumen.

Ein poetisches Verständnis

Eine gewisse Unterstützung auf diesem Weg können wir uns dadurch geben, daß wir mit der Orientierung vorgehen, ein «poetisches» Verständnis des Phänomens Entspannung zu entwickeln. Das erste Gebot lautet in diesem Fall: «Du sollst nicht machen!» Man kann Entspannung nicht produzieren. Das Problem beginnt in dem Augenblick, in dem wir uns auf eine bestimmte Vorstellung festlegen und versuchen, etwas zu erzwingen, was dieser Vorstellung entspricht. Mit solch einer zweckorientierten Geisteshaltung kann man verwestlichtes Yoga lernen oder autogenes Training betreiben; echte, ganzheitliche Entspannung wird sich jedoch unter dieser Voraussetzung nicht einstellen.

Entspannung läßt sich nicht erzwingen Der Qi-Gong-Meister Zhi-Chang Li beschrieb die innere Ausrichtung beim entspannten Üben mit folgendem Bild: Wenn Sie einen Luftballon werfen wollen und ihn wie einen gewöhnlichen Ball handhaben, d. h. ihn mit Kraft werfen, wird er sich kaum von der Stelle bewegen. Je mehr Kraft Sie aufwenden, desto weniger Erfolg werden Sie haben; denn die Vorgehensweise ist der Natur des Luftballons nicht angemessen. Wenn Sie ihn jedoch nur ganz sanft antippen, mit viel Feingefühl, wird er wunderschön fliegen.

Wie bei der Energiearbeit selbst kann man auch bei der Entspannung eine Einteilung in verschiedene Ebenen vornehmen. Es gibt zum Beispiel eine gewisse körperliche Entspannung, die wohltuend und gesund ist, ohne sehr tief zu gehen. Es gibt eine umfassendere Entspannung, die auch den Bereich der Emotionen miteinbezieht. Und es gibt eine sehr tiefe, ganzheitliche Entspannung, die Körper und Geist völlig durchdringt und damit verwandelt. Diese letztere Art von Entspannung meinte der tibetische Meditationsmeister Chökyi Nyima Rinpoche, als er sagte[10]: «Entspanne dich. Auch der Buddha sagte nicht mehr als das. Der Buddha sagte: Entspanne dich! Echte Meditation *ist* Entspannung.»

Von diesem größeren Blickwinkel aus betrachtet, dient Energiearbeit dazu, die Entwicklung zu einem grundlegenden Zustand hin zu unterstützen, den wir als «vollkommene Entspannung» bezeichnen könnten. Die Entspannung des Geistes ist letztlich nichts anderes als die Auflösung aller dualistischen Fixierungen – der «normalen» Anspannung in unserem Geist. Dann gibt es keine Spannung und kein «ent…» mehr. Das können wir die vollkommene Harmonie von Körper und Geist nennen.

Ganzheitliche Entspannung durchdringt Körper und Geist

Ganzheitliche Entspannung ist das Alpha und Omega der Energiearbeit; sie ist die Grundlage, und in einem gewissen – wenn auch viel tieferen – Sinn ist sie das Ziel des gesamten spirituellen Entwicklungsweges. Bei den einleitenden Übungen zur Entspannung sollten uns die kleinen Schritte vor die Haustür an das übergeordnete Ziel erinnern; und die Vision dieses Ziels inspiriert ihrerseits die kleinen Schritte, so daß wir sie nicht gering einschätzen und meinen: «Ach, das ist ja nichts Besonderes, das ist ja *nur* Entspannung.» Seien Sie also nicht ungeduldig. Blättern Sie nicht einfach weiter bis dorthin, wo es «interessanter» wird und die eigentliche Energiearbeit beginnt. Sie beginnt bereits hier.

Entspannung von Körper und Geist

Ganzheitliche Entspannung bedeutet, daß Körper und Geist – oder besser, Körper, Herz und Geist (im Buddhismus spricht man von Citta, Herz-Geist) – Anteil daran haben. Es reicht nicht «abzuschalten». Es reicht nicht «loszulassen». Und es reicht nicht, brav und diszipliniert «Übungen zu machen». Wir brauchen die Vision und die entsprechende Bereitschaft in Form einer offenen inneren Haltung. Diese Bedingung läßt sich sicher nicht auf Anhieb erfüllen, doch es ist schon sehr gut, wenn man weiß, in welche Richtung man schauen soll.

Die eigene Motivation hinterfragen

Echte Entspannung wirkt sich auf Ihre Geisteshaltung aus. Sie reinigt auch Ihre Motivation, mit der Sie an die Energiearbeit herangehen. Die Frage nach der Motivation sollten Sie auf jeden Fall voranstellen. Oft steht hinter der äußeren Motivation ein weniger offensichtliches Anliegen; meistens hat es mit Macht und Kontrolle zu tun. Vielleicht sind Sie fest überzeugt, daß Sie nichts anderes im Sinn haben, als mittels Energiearbeit heilen lernen oder ihre spirituelle Entwicklung fördern zu wollen; wie edel Ihre Absichten auch klingen mögen – lassen Sie sie nicht unhinterfragt. Versuchen Sie, ganz aufrichtig zu sein; Ihre Antwort hört niemand außer Ihnen selbst.

Wenn Sie in Ihrer Motivation verborgene Aspekte wie das Bedürfnis nach Kontrolle und Machtgewinn aufgestöbert haben, sollten Sie sich dadurch nicht irritieren lassen. Wenn sie ans Licht gekommen sind, können Sie Ihre Identifikation damit zu lösen beginnen. Und eine ganzheitliche Entspannungspraxis hat zudem die natürliche Wirkung, solche Neigungen zu schwächen.

Die hier vorgestellten Übungen bilden eine kleine Stufenleiter von einfacher, an der Körpererfahrung ansetzender Entspannung zu tieferer, ganzheitlicherer Entspannung. Wenn Sie jedoch nach einiger Zeit des Übens zu den einfachen, scheinbar anspruchslosen Übungen für Anfänger zurückkehren, werden Sie feststellen, daß Sie völlig neue Erfahrungen damit machen.

Die Übungssituation

Entspannungs- und Energieübungen können Sie überall praktizieren, wo Sie ungestört sind und die Temperatur gemäßigt ist. Ein Zimmer, in dem Sie sich wohl fühlen, ist geeignet; es kann auch ein ruhiger Ort in der Natur sein. Um eine gute Übungsdisziplin aufzubauen, empfiehlt es sich, einen festen Platz in der Wohnung dafür einzurichten. Wenn dieser Platz einladend gestaltet ist, werden Sie sich gern dort niederlassen und üben.

Je regelmäßiger Sie üben, desto vertrauter werden Sie mit den Übungen, bis sie nicht mehr «Übungen» im technischen Sinn sind. Es gibt wirkungsvolle Hilfen, die Sie darin unterstützen, die Kontinuität aufrechtzuerhalten. Die beste Unterstützung bietet eine Ritualisierung der Übungssituation. Ein Bild, das Sie einstimmt, eine Kerze, ein Sandelholz-Räucherstäbchen, ein Blumenstrauß oder auch nur eine frische Blume, all dies sind Elemente, die der Situation einen speziellen Charakter verleihen. Wir sind nun einmal konditionierbare Wesen – weshalb sollten wir das nicht zu unseren Gunsten nützen. Es fördert die Übungsbereitschaft, wenn Sie den Auftakt zu einem gleichbleibenden kleinen Ritual gestalten.

Einen Platz zum Üben gestalten

Viele westliche Menschen empfinden eine große Abneigung bei dem Gedanken, sich selbst in die Pflicht zu nehmen und eine regelmäßige Übungssituation aufzubauen. Das Leben ist schon pflichtbeladen genug, sagen sie – und sie haben recht. Die Einstellung zum Üben sollte eine ganz andere sein. Damit ist es so, wie wenn Sie «ein halb leeres Glas» oder «ein halb volles Glas» sagen. Der Inhalt des Glases ist derselbe, aber die Geisteshaltung, mit der er betrachtet wird, ist höchst unterschiedlich.

Sie könnten die Situation des Übens als ein Highlight des Tages betrachten, als eine kostbare Gelegenheit, ganz intim mit sich selbst zusammen zu sein. Sie ist ein Geschenk, das Sie sich selbst machen.

Zeit zum Üben

Für so manchen mag der Ausspruch gelten: «Ich habe keine Zeit fürs Leben, ich muß doch leben.» Es gibt keine andere Gelegenheit, so viel Zeit zu «erschaffen», wie dann, wenn Sie sich auf echte Entspannung einlassen. Möglicherweise haben

Sie auf einmal so viel Zeit, daß Sie davonlaufen möchten. Das Bedürfnis, diese Zeitlücke mit irgendwelchen Geschäftigkeiten vollzustopfen, kann übermächtig werden.

Üblicherweise wird unser Leben durch sehr kurze Spannungsbögen strukturiert. Während der Entspannungspraxis sollen sie plötzlich viel weiteren, großzügigeren Bögen weichen. Das ist ungewohnt und verursacht, wie alles Ungewohnte, ein Gefühl der Unruhe, Irritation oder gar Bedrohung. Wenn es Ihnen beim Üben so ergeht, sollten Sie dem Impuls abzubrechen nicht nachgeben. Kehren Sie statt dessen zu Ihrer Übung zurück. Am leichtesten geht es, wenn Sie Ihre Aufmerksamkeit mit dem Atem verbinden. Einatmen. Ausatmen. Pause. Einatmen. Ausatmen. Pause. Und dann fangen Sie mit einer neuen Übungsrunde an.

Übungen nicht einfach abbrechen

Dasselbe gilt natürlich auch für alle anderen Ablenkungen. Ob die Gedanken weggewandert sind oder das Telefon geklingelt hat (man sollte es besser abstellen), ob man eingenickt ist oder unterbrechen mußte, um zur Toilette zu gehen – immer kann man einfach wieder mit einer neuen Übungsrunde beginnen.

Körperlich orientierte Entspannung

Echte Entspannung ist natürlich keine einseitige Angelegenheit des Körpers oder des Geistes; immer sind beide beteiligt. Doch man kann an verschiedenen Seiten ansetzen, vorausgesetzt, man behält die Ganzheit im Auge.

Das richtige Entspannen des Körpers ist insbesondere für Menschen der westlichen Industrienationen von großer Bedeutung. Man sollte meinen, daß Jugendlichkeits- und Körperkult zu einer besonders intensiven Beziehung zum Körper geführt hätten. Aber das Gegenteil ist der Fall. Der Körper wird als Objekt des Narzißmus mißbraucht. Er soll schön aussehen, wie immer die geltende Norm es gebieten mag, oder er soll ein leistungsfähiger, bis an die äußersten Grenzen belastbarer Sklave sein. Mit Beziehung zum Körper hat das natürlich gar nichts zu tun.

Sich selbst spüren lernen

Die folgenden körperorientierten Übungen sollen dazu verhelfen, daß Sie lernen, eine freundliche, zugewandte Haltung
Ihrem eigenen Körper gegenüber einzunehmen, anstatt mit
dem Maßband und Hochglanz-Vorstellungen an ihn heranzugehen. Vielleicht ist Ihr Körper nicht so schön, wie Sie ihn
haben möchten. Vielleicht finden Sie ihn zu dick oder zu
dünn, zu klein oder zu groß. Vielleicht ist er alt und verbraucht. Vielleicht legen Sie ihm zur Last, daß Sie sich ausgebootet und nicht mehr marktfähig im Bazar der Eitelkeiten
fühlen.

Wenn das so ist, dann stellen Sie sich vor, Ihr Körper sei Ihr
Kind und Sie (auch wenn Sie ein Mann sind) seine Mutter.
Eine Mutter, sofern sie nicht psychisch gestört ist, liebt ihr
Kind, ungeachtet, wie andere es sehen mögen. Es braucht keiner Schönheitsnorm zu entsprechen, es muß sich nicht mit besonderer Intelligenz oder großartigen Talenten hervortun,
um ihrer Liebe würdig zu sein. Im Gegenteil, Mütter behinderter Kinder machen oft durch besonders innige Liebe wett,
was die Natur ihrem Kind versagt hat.

Es geht darum, daß wir lernen, uns zu spüren. Westliche
Menschen haben im allgemeinen wenig natürliches Körpergefühl. Zunehmendes Alter macht uns zwar sensibler, schärft
unsere körperliche Wahrnehmung, doch leider dient das selten zur Freude. Denn der falsch behandelte oder vernachlässigte Körper kann nicht mehr angemessen funktionieren.
Dann muß sich die sensibilisierte Wahrnehmung mit den Angeboten körperlichen Leidens herumschlagen.

Sich selbst spüren lernen ist ein wichtiger erster Schritt auf
dem Weg der ganzheitlichen Entwicklung. Wer es auf dem
Weg der Energiearbeit besonders eilig hat und gleich zu
«höheren» Bereichen vorstoßen will, kann leicht in die mißli

Die Körperwahrnehmung sensibilisieren

che Lage kommen, abzuheben und in illusionäre Sphären zu geraten, anstatt echte Erfahrungen zu machen.

Wenn Sie bei den Übungen unruhig und abgelenkt sind oder sich über lange Phasen hin in Träumereien verlieren, sollten Sie sich das nicht übelnehmen. Natürliche geistige Disziplin lernt man nicht an einem Tag. Doch wenn Sie beharrlich bleiben, werden Sie nach einiger Zeit feststellen, daß die Unruhe nachläßt.

Wichtig:
die aufgerichtete
Wirbelsäule

Entspannung von außen nach innen

Die Grundhaltung bei allen stillen Entspannungs- und Energieübungen ist das Sitzen auf dem Stuhl oder auf dem Sitzkissen. Wer Übung darin hat, auf dem Sitzkissen zu sitzen, ist dort sicher am besten aufgehoben. Die Haltung mit überkreuzten Beinen auf dem Sitzkissen gibt ein Gefühl großer Stabilität. Da jedoch die uns Abendländern vertrauteste Haltung das Sitzen auf dem Stuhl ist, geht es auch so, vorausgesetzt, daß die Wirbelsäule gut aufgerichtet ist. Sie können sich entweder auf die vordere Hälfte des Stuhls setzen und frei sitzen oder aber sich an eine gerade Lehne anlehnen, wobei auch das Becken von der Stuhllehne gestützt sein sollte. Wie gesagt, es geht darum, daß die Wirbelsäule so gerade wie möglich ist. Falls die freie Sitzhaltung Ihnen zu schwer fällt (weil sie mit einem ungesunden Haltungsmuster kollidiert!), ist es in diesem Fall besser, sich aufgerichtet anzulehnen.

Die Hände liegen locker auf den Oberschenkeln, die Handflächen können nach oben oder nach unten zeigen. Sind sie nach oben gewandt, wird die Stimmung eher empfangend sein; mit nach unten gerichteten Handflächen stellt sich eher ein Gefühl der Ruhe und Geschlossenheit ein. Wenn Sie sich blockiert und schwerfällig fühlen, ist es besser, die sanft geöffneten Handflächen nach oben zu richten. Tendieren Sie hin-

> gegen dazu, sich ein wenig abgehoben zu fühlen und
> leicht in Phantasien abzugleiten, sollten Sie die Hand-
> flächen nach unten richten.
> Diese Übung läßt sich, wie die meisten stillen Übun-
> gen, auch im Liegen durchführen. In der sitzenden
> Haltung ist die Wirkung im allgemeinen jedoch besser.
> Vor allem dann, wenn Ihr Geist unruhig ist und gerne
> wegwandert oder Sie dazu neigen, beim Üben einzu-
> nicken, ist es sinnvoller, im Sitzen zu üben.

Schließen Sie die Augen, und atmen Sie zunächst ein paarmal **Übung**
tief, aber ruhig ein und aus.

Richten Sie nun die Aufmerksamkeit auf Ihre Haltung.
Spüren Sie, wie Sie sitzen; spüren Sie den aufgerichteten
Rücken und Nacken, die Hände auf den Oberschenkeln, die
Handflächen nach oben oder nach unten gerichtet.

Machen Sie sich deutlich, daß Sie getragen werden. Sie
müssen sich nicht festhalten. Die Erde, der Stuhl, das Sitzkissen sind verläßlich und tragen Sie. Sie können sich in aller
Ruhe anvertrauen und tragen lassen. Es ist ein sehr angenehmes Gefühl, so getragen zu werden.

Gehen Sie nun mit der Aufmerksamkeit in Ihre Hände. *Hände*
Spüren Sie die Umrisse der Hände, dann jeden einzelnen Finger, die Handballen, die weichen Handflächen, die Hand-
rücken. Spüren Sie die Bewegung, das Leben darin.

Möglicherweise kommen Assoziationen dazu, wie etwa,
daß die Hände sehr kraftlos sind oder danach drängen, etwas
zu packen, oder daß sie davonfliegen wollen usw. Solche Gedanken sollten kurz betrachtet und dann wieder verabschie-
det werden. Halten Sie sich nicht bei ihnen auf.

In der gleichen Weise entspannen Sie Ihre Füße. Spüren Sie *Füße*
möglichst jede einzelne Zehe, die Ballen, die Fersen, die zarte
Mitte der Fußsohlen.

Spüren Sie den Fluß lebendiger Bewegung. Nehmen Sie das innere Bild Ihrer Füße wahr.

Auch hier können sich Assoziationen einstellen, wie etwa, daß die Füße schwach sind wie die eines Kleinkindes, das noch nicht richtig laufen kann, oder daß sie weit weg sind, kaum erreichbar, oder daß sie ungeschlacht und häßlich sind (viele Menschen haben gar keine oder eine ablehnende Beziehung zu ihren Füßen). Spüren Sie nun Hände und Füße zugleich, ohne sich auf ein bestimmtes Detail zu konzentrieren. Hände und Füße sind einfach ganz gegenwärtig in Ihrem Bewußtsein.

Arme   Dasselbe wie zuvor geschieht nun mit den Armen. Spüren Sie die Unterarme, die verletzlichen Ellenbogen, die Oberarme, die Schultern. Ganz locker hängen die Arme in den Schultergelenken, wie an feinen Fädchen. Spüren Sie die Außenarme, die zartere Oberfläche der Innenarme, die empfindsamen Achselhöhlen. Nehmen Sie das sanfte Fließen in den Armen wahr.

Beine   Lenken Sie Ihre Aufmerksamkeit in die Unterschenkel und Knie. Vor allem die Knie sind sehr wichtig; lassen Sie sich Zeit, sie gut zu spüren. In der chinesischen Tradition sagt man: «Das Altern des Körpers beginnt in den Knien.» Deshalb ist es sehr wichtig, die Knie zu entspannen. Dann folgen die Oberschenkel, in denen sich oft Spannungen verbergen. Nehmen Sie den Unterschied zwischen der Außenseite und der Innenseite der Beine wahr. Achten Sie auf die lebendige Qualität der fließenden Bewegung im Inneren der Beine.

Kopf   Die Aufmerksamkeit richtet sich nun auf den Kopf und den Hals. Die Halswirbelsäule sollte gut aufgerichtet sein. Das erreicht man, indem man das Kinn ein wenig anzieht, den Nacken dehnt und sich vorstellt, er sei geschwungen wie ein Pferdehals.

Die Entspannung des Kopfes beginnt zunächst im Gesicht. Lockern Sie Ihre Züge. Der Mund ist entspannt, am besten sogar ein wenig geöffnet, der Kiefer ist locker. Entspannen Sie nach und nach den Bereich um die Nase, um die Augen, die Stirn und schließlich die gesamte Kopfhaut. Richten Sie Ihre Aufmerksamkeit auf die Ohren und spüren Sie ihre Form. Sie werden sehr schnell mit einem Gefühl von Wärme reagieren.

Das Innere des Kopfes ist hell und fühlt sich leicht an. Der Hals ist stark, aber durchlässig. Kopf und Hals sitzen frei auf den Schultern. Stellen Sie sich die würdige und souveräne Haltung eines Königs vor. Das ist die Haltung, die für Kopf und Schultern natürlich ist.

Die nächste Station Ihrer Aufmerksamkeit ist die Brust. *Brust*
Spüren Sie den Rippenkorb, der die empfindlichen Organe schützt, die Front, die Seiten, den oberen Rücken. Die sanfte Bewegung des Einatmens dehnt den Brustkorb sanft nach allen Seiten. Im Ausatmen zieht er sich wieder zusammen. Die Brust ist ein weiter Raum, hell und kühl.

Möglicherweise haben Sie ein Gefühl von Druck oder Enge in der Brust. In diesem Fall heben Sie die Arme über den Kopf und atmen leicht in den Brustraum. Ist der Druck hartnäckig, können Sie sich auch hinlegen und die Arme mit nach oben geöffneten Handflächen seitlich ausstrecken oder angewinkelt in Babyhaltung zu beiden Seiten den Kopfes ablegen. Lassen Sie diese geöffnete Haltung auf sich wirken. Atmen Sie ruhig in den Brustraum, und stellen Sie sich vor, daß sich mit jedem Ausatmen ein wenig Widerstand löst und ausgeatmet wird.

Ihre Aufmerksamkeit richtet sich auf Magen, Bauch und *Bauch*
Becken. Spüren Sie die Bewegung des Unterleibs beim Atmen. Der Bauch weckt Assoziationen von Dunkelheit und Wärme. Hier liegt der Schwerpunkt des Körpers, seine vitale Basis. Im Zen ist dies *Hara,* die ruhende Mitte.

Nehmen Sie nun den gesamten Körper wahr, ohne die Aufmerksamkeit auf irgendein Detail zu richten. Das ist ein Zustand der Sammlung, in dem die Konzentration leicht und schwebend ist. Man könnte sagen: zehn Prozent Konzentration, und der Rest ist einfach Anwesend-Sein.

Verweilen Sie in dieser Situation noch einige Minuten, und genießen Sie den Zustand der Entspannung. Insgesamt sollten Sie sich für die gesamte Übung mindestens fünfzehn bis zwanzig Minuten Zeit nehmen. Danach fühlen Sie sich wach und gelöst. Sie können diese Entspannungsübung allein oder als Vorbereitung für eine Energieübung oder eine Meditationspraxis verwenden.

Entspannung von oben nach unten

Diese Übung stammt aus der chinesischen Tradition und soll siebenhundert Jahre alt sein; sie dient außer der Entspannung auch dem Ausgleich des Blutdrucks. Wir verwenden hier die einfachste Version ohne besondere Rücksicht auf Energiepunkte.[11] Die geeignetste Haltung ist ein entspanntes Sitzen mit gut aufgerichteter Wirbelsäule. Aber Sie können sich mit dieser Übung auch im Liegen entspannen.

Die Entspannung verläuft in vier Bahnen vom Kopf abwärts – vorn, hinten, seitlich und im Körperinnern. Bei sehr niedrigem Blutdruck wird die Bahn von den Füßen aufwärts zum Scheitel zurückverfolgt.

**Übung
Erste Bahn (vorn)**

Kopf

Richten Sie Ihre Aufmerksamkeit zuerst auf den Scheitelpunkt, an dem sich die Mittellinie des Kopfes und eine gedachte Linie, die quer über den Kopf von einem Ohr zum anderen führt, kreuzen. An diesem Punkt beginnt die Entspannung, und zu ihm führt sie im Falle eines niedrigen Blutdrucks zurück.

Entspannen Sie nun das Gesicht von oben nach unten: Stirn, Augenbrauen, die Umgebung der Augen, die Umgebung der Nase, den Mund, die Kiefergelenke. Die Züge werden still und ausdruckslos.

Die Welle der Entspannung verläuft weiter über den Hals *Brust*
und zur Brust. Es entsteht ein Gefühl von Weite und Offenheit in der Brust. Obwohl sie so offen und ungeschützt ist,
vermittelt dies keine Beunruhigung. Vielleicht verspüren Sie
den Impuls, stärker zu atmen, um die Brust noch mehr zu öffnen. Solch einem Impuls sollte man immer nachgeben. Wenn
jedoch ein Gefühl von Enge oder Druck auftritt, sollten Sie
sich damit nicht weiter aufhalten, sondern mit der Aufmerksamkeit weiter zum Unterleib gehen und versuchen, von dort
her die gesamte Vorderseite des Körpers zu entspannen.

Ober- und Unterbauch reagieren auf die Entspannung mit *Bauch*
stärkerer Atembewegung. Auf natürliche Weise verlagert sich
die Atmung von der Brustatmung zur Bauchatmung.

An der Vorderseite und Außenseite der Beine fließt die Welle *Beine*
der Entspannung abwärts bis zu den Füßen und endet im
großen Zeh. Falls Sie unter zu niedrigem Blutdruck leiden,
verfolgen Sie denselben Weg nach oben zurück: die Beine aufwärts zum Bauch und zur Brust, über den Hals und über das
Gesicht bis zur Mitte des Scheitels.

Die Entspannung setzt wieder am Scheitelpunkt an und ver- **Zweite Bahn (hinten)**
läuft diesmal am Hinterkopf abwärts. Lassen Sie sich Zeit, die
kleinen Verspannungen in der Kopfhaut aufzuspüren. Viel- *Kopf*
leicht wird der Bereich in der Mitte des Schädelansatzes deutlich. Dort befindet sich das «Jadekissen», ein Energiepunkt,
der in der Qi-Gong-Praxis sehr wichtig ist. An dieser Stelle
sind Rückenmark und Gehirn miteinander verbunden, und
es heißt, daß die Durchlässigkeit dieser Stelle für den Ener-
giefluß von außerordentlich großer Bedeutung ist. Während
nach der chinesischen Heilkunst das Altern des Körpers in
den Knien beginnt, beginnt das geistige Altern im Genick.

Hat die Welle der Entspannung den Rücken erreicht, reagiert *Rücken*
dieser mit stärkerer Atembewegung. Stellen Sie sich vor, daß
sich die Schulterblätter wie Flügeltüren öffnen, und atmen Sie

in die so entstehende Dehnung hinein. Je intensiver Sie den Atem im Rücken spüren, desto besser ist es. Diese sanfte Massage hilft, Verspannungen im Rücken zu lockern.

Becken

Die Dehnung im Rücken regt auch eine größere Lebendigkeit im hinteren Becken an. Der Kreuzbeinbereich ist sehr sensibel und braucht viel Zuwendung; doch gerade dorthin geht unsere Aufmerksamkeit besonders selten, es sei denn, er macht sich durch Schmerzen bemerkbar.

Beine

An der Hinterseite der Beine entlang, durch die zarten, verletzlichen Kniekehlen fließt die Entspannung in die Füße und endet im kleinen Zeh. Wieder wird im Falle eines zu niedrigen Blutdrucks die Bahn nach oben bis zum Scheitel zurückverfolgt.

Dritte Bahn (seitlich)

Beginnend am Scheitelpunkt, bewegt sich die Welle der Entspannung nun zu beiden Seiten des Kopfes abwärts. Bleiben Sie mit der Aufmerksamkeit ein wenig bei den Ohren, und spüren Sie deren Form und Befindlichkeit. Vielleicht hören Sie, wenn es still genug ist, Ihren Herzschlag oder das leise Rauschen des Bluts. Auch den Kiefergelenken sollten Sie Ihre Aufmerksamkeit widmen, bis sie ganz locker sind.

Kopf

Schultern und Arme

Die Welle der Entspannung fließt zu beiden Seiten des Halses abwärts und umspült die Schultern. Möglicherweise wird der Schultergürtel auf ungemütliche Weise «wach», indem er sich schmerzhaft bemerkbar macht. Dann stellen Sie sich vor, daß eine Welle der Entspannung nach der anderen durch die Schultern hindurchfließt und die verspannten Stellen wärmt und lockert.

Von den Schultern verläuft die Entspannung über die Arme abwärts bis zur Spitze des Mittelfingers. Drei Atemzüge lang lassen Sie Ihre Aufmerksamkeit dort verweilen.

Brust

Entspannen Sie nun die Achselhöhlen mit einem leichten Heben der Schultern. Wenn Sie die Schultern wieder senken, fließt gleichzeitig die Welle der Entspannung an beiden Seiten des Brustkorbs hinab. Sie spüren, wie sich die Seiten dehnen und der Atembewegung nachgeben. Es wird deutlich, daß die Körperseiten auf natürliche Weise am Atmen beteiligt sind.

Nun fließt die Entspannung in die Hüften und Leisten, dann an den Außenseiten der Beine abwärts in die Knöchel und Füße bis in den vierten Zeh (neben dem kleinen Zeh). Verfolgen Sie die Bahn zurück, wenn Ihr Blutdruck zu niedrig ist.

Becken und Beine

Von der Scheitelmitte bewegt sich die Welle der Entspannung abwärts in das Innere des Kopfes. Stellen Sie sich vor, daß sich alle Sinnesorgane im Kopf entspannen: das Innere der Augen, der Nase, der Ohren, des Mundes. Auch das Gehirn wird von einer sanften Entspannungswelle durchflutet. Es entsteht eine Empfindung von Helligkeit und Leichtigkeit im Kopf. Im Kehlbereich spüren Sie eine intensive Belebung. Sollte ein Gefühl von Druck oder Enge entstehen, gehen Sie weiter zum Brustraum und versuchen, den Hals von dort aus zu entspannen.

Vierte Bahn (innen)

Kopf

Wenn die Welle der Entspannung durch den Brustraum fließt, haben Sie vermutlich ein Gefühl von Wärme und Helligkeit. Stellen Sie sich vor, daß das Herz und alle anderen Organe im Brustraum in dieser Entspannung gebadet werden.

Brust

Die Entspannung fließt weiter nach unten in den Bauch mit seinen Organen, bis in den Beckenboden und in den Genitalbereich. Hier teilt sich die Entspannungswelle und fließt durch das Innere der Beine abwärts. Verharren Sie ein wenig bei den Knien, bis Sie diese deutlich spüren. Schließlich endet der Fluß der Entspannung in den Fußsohlen. Bleiben Sie mit der Aufmerksamkeit noch ein paar Atemzüge lang dort.

　Zuletzt spüren Sie den gesamten Körper ohne gerichtete Aufmerksamkeit. Genießen Sie die Wärme und ruhige Lebendigkeit Ihres Körpers und das Gefühl der Sanftheit und

Unterleib

Gelöstheit, das Sie nach dem Üben empfinden. Auch diese Übung kann für sich allein stehen oder den Auftakt zu Energiearbeit oder Meditation bilden.

> *Bewegung im Raum*
>
> Einen Übergang von körperlicher zu geistig orientierter Entspannung bietet die Bewegung im Raum. Das können Sie am besten in der Natur üben, etwa in einem Park oder auf einem Wanderweg.

Übung Gehen Sie langsam und in aufgerichteter Haltung, und nehmen Sie jeden Schritt deutlich wahr. Schauen Sie geradeaus in die Weite, ohne mit dem Blick irgendein Detail der Landschaft festzuhalten. Sie sehen alles zugleich. Öffnen Sie sich für die Erfahrung der Bewegung im Raum. Beides ist da – Ihre spürbare Körperlichkeit und der Raum, der die Bewegung möglich macht. Sie sind Körper und zugleich ein Teil des Raums.

Ihre Wahrnehmung ist weit geöffnet. Sie spüren jeden einzelnen Schritt: die Fußsohlen, die abwechselnd den Boden berühren und wieder verlassen, das Muskelspiel der Beine und Hüften. Sie spüren Ihre aufgerichtete Haltung. Vielleicht spüren Sie einen leichten Luftzug auf Ihrem Gesicht.

Wenn Sie eine Weile so gegangen sind, werden Sie bemerken, daß sich Ihr Gemütszustand verändert hat. Ihre Haltung ist einfach und klar. Die Situation ist einfach und klar. In beidem ist Würde.

Geistig orientierte Entspannung

> *In die Weite schauen*
>
> Sie können sich auch von der geistigen Seite her ent-
> spannen. Das ist vor allem dann empfehlenswert,
> wenn es Ihnen sehr schwer fällt, gesammelt zu bleiben
> und sich auf Ihren Körper zu konzentrieren.

Nehmen Sie, wann immer es möglich ist, die Gelegenheit
wahr, um in die Weite zu schauen. Wenn Sie sich in einer
weitläufigen Landschaft, am Ufer eines Sees oder an einem
Meeresstrand befinden, können Sie sich Zeit nehmen, um die
Weite bewußt auf sich wirken zu lassen. Setzen Sie sich bequem hin – natürlich sollte die Witterung angenehm sein,
ohne heftigen Wind oder pralle Sonne –, und lassen Sie den
Blick auf dem Bild vor sich ruhen, ohne etwas Bestimmtes
festzuhalten. Hängen Sie nicht irgendwelchen Gedanken
nach, sondern bleiben Sie mit sanfter Aufmerksamkeit in der
Situation anwesend. Ihr Geist wird wahrscheinlich Kommentare anbieten: «Das Wasser ist so ruhig wie geschmolzenes
Blei», oder: «Diese Landschaft sieht aus wie ein Bild von Kas-
par David Friedrich», oder: «Wie schön warm es ist». Lassen
Sie diese Kommentare einfach vorbeiziehen. Sie sind etwas
ganz Natürliches, und es hätte keinen Sinn, sie verhindern zu
wollen. Aber gehen Sie ihnen nicht weiter nach. Erinnern Sie
sich einfach immer wieder daran, sich mit der Weite zu verbinden und die entspannende Qualität dieser Weite wahrzunehmen.

Übung

Brechen Sie diese Übung nicht zu schnell wieder ab, weil sie
Ihnen zunächst vielleicht langweilig erscheint. Machen Sie
sich klar, daß es nicht um den Unterhaltungswert geht, sondern um Entspannung. Am besten nehmen Sie sich einen bestimmten Zeitraum – zum Beispiel eine halbe Stunde – vor
und halten ihn ein. Ihre Gedanken werden immer wieder ein-

**Nicht Unterhaltung,
sondern Entspannung**

mal wegwandern, aber Sie erwachen mit Sicherheit nach einiger Zeit aus Ihrer Träumerei, und dann können Sie von neuem mit der Übung des In-die-Weite-Schauens beginnen.

> *In den Himmel schauen*
>
> Für diese Übung ist am besten ein wolkenloser Himmel an einem warmen Tag geeignet. Ein klarer Himmel hinter einem großen Fenster kann auch genügen.

Übung Setzen Sie sich bequem hin, oder legen Sie sich auf den Rücken, und schauen Sie in den Himmel. Schicken Sie den Blick über die Atmosphäre hinaus. Verbinden Sie sich mit der Tiefe und Grenzenlosigkeit des Universums, in das Sie hinausschauen.

Lassen Sie das blaue Licht des Himmels, das keinen Mittelpunkt und keine Begrenzung hat, auf sich wirken. Verbinden Sie sich aufmerksam mit diesem Bild ohne Form. Geben Sie Ihrem Geist die Chance, sich an die Wahrnehmung von etwas Formlosem zu gewöhnen. Es wird Ihnen später bei den Energieübungen zugute kommen.

Schließen Sie zwischendurch die Augen, und schaffen Sie ein inneres Bild des blauen Himmels, bis Ihr ganzes inneres Sehfeld vom blauen Licht des Himmels ausgefüllt ist.

Wahrscheinlich wird Ihr Geist versuchen, in den blauen Raum Formen zu projizieren, denn es fällt ihm schwer, auf Formen (Bezugspunkte) zu verzichten. In dieser Hinsicht geht es ihm ähnlich wie meinem Fotoapparat. Ich wollte mit eingeschaltetem Autofokus den blauen Himmel fotografieren. Aber der Apparat löste nicht aus. Der Sucher suchte vergeblich und kollabierte schließlich. Erst als ich ihm einen Bezugspunkt in Form einer kleinen Schleierwolke anbot, war er bereit, das Bild aufzunehmen.

Entspannung mit dem Ausatem

Die Konzentration auf den Atem in vielen detaillierten Abwandlungen ist in östlichen Traditionen eine zentrale Methode der Beruhigung und Entspannung. Der Atem ist ein sehr geeignetes Objekt der Wahrnehmung, denn er bringt Sie dazu, sich selbst wahrzunehmen. Er hat keine Form und keine Farbe; er ist nicht greifbar. Sie können ihn nur wahrnehmen, indem Sie sich selbst wahrnehmen. Sie denken nicht «ich atme», wenn Sie den Atem spüren; Sie spüren ihn einfach.
Wir werden uns im Kapitel «Die Äußere Ebene» noch ausführlicher mit dem Atem befassen. Hier geht es zunächst nur um die entspannende Wirkung der Verbindung mit dem Ausatem. Die folgende einfache Version können Sie im Sitzen oder im Liegen anwenden.

Schließen Sie die Augen. Atmen Sie durch die Nase ein paarmal langsam tief ein und aus. Dann atmen Sie ruhig, aber tief ein. Lassen Sie den Atem durch die Nase sanft wieder ausströmen. Verfolgen Sie das Ausströmen mit Ihrer Aufmerksamkeit, bis es völlig zur Ruhe gekommen ist. Lassen Sie die anschließende Ruhepause zu.

Übung

Der natürliche Einatemimpuls läßt sich Zeit, sofern Sie sich Zeit lassen. Unterdrücken Sie den Impuls jedoch nicht, wenn Sie das Bedürfnis zum Einatmen verspüren. Es geht darum, daß Sie sich der kleinen Pause hingeben, die sich nach dem Ausklingen des Ausatems einstellt. Dann erleben Sie einen Moment großer innerer Stille, in der sich Körper und Geist zugleich wohltuend entspannen.

Das Innere Lächeln (Stufe 1)

> Eine Übung, die sowohl Entspannung bewirkt als
> auch gleichzeitig zur Ebene der Energieübungen hin-
> führt, ist das «Innere Lächeln», das aus der chinesi-
> schen Tradition stammt. Man kann es überall und zu
> jeder Zeit üben, und sei es auch nur ganz kurz, wie
> etwa in einer kleinen Pause, die man sich am Schreib-
> tisch gönnt, oder während einer Fahrt in der U-Bahn.
> Die Basis ist jedoch eine formale Übung, die für sich al-
> lein stehen oder durch Energieübungen ergänzt wer-
> den kann. Als formale Übung läßt sich das Innere
> Lächeln sehr gut mit einer der zuvor beschriebenen
> Entspannungsübungen verbinden; in diesem Fall ver-
> wendet man die Entspannungsübung als Vorberei-
> tung für das Innere Lächeln.

Grundlegende Gesundheit

Die Grundidee hinter dieser Übung ist die Vorstellung, daß
alle menschlichen Wesen ein Fundament grundlegenden In-
Ordnung-Seins in sich tragen. Man könnte es auch grundlegende Gesundheit oder grundlegendes Gutsein nennen; die
Buddhisten nennen es «Buddha-Natur». Das ist unsere Basis.

«Buddha-Natur» Diese Vorstellung ist der abendländischen Kultur fremd.
Selbst wer nicht mehr an die christliche Erbsünde glaubt, hat
dennoch von klein auf bestimmte Gewohnheitsmuster des
Denkens und Fühlens vermittelt bekommen, die christlich
geprägt sind. Man mag sie nicht als solche wahrnehmen,
doch ihre Auswirkungen sind wohlbekannt. Viele Menschen
haben ein Gefühl von mangelndem Selbstwert oder von alter
Schuld, die nicht tilgbar ist (etwa verstorbenen Eltern gegenüber). Manche glauben auch an eine Art «Urfehler», einen
psychischen Defekt, der ihrer Ansicht nach von Eltern oder

Schule oder Gesellschaft verursacht wurde und mit dem sie sich als unschuldige Opfer ein Leben lang geschlagen fühlen. Solche Inhalte werden in der Mehrzahl der Fälle nicht reflektiert; sie sitzen unter der Bewußtseinsschwelle und beeinflussen sowohl die Gemütslage als auch die körperliche Verfassung.

Gehen wir jedoch einmal davon aus, daß wir grundlegend in Ordnung sind. Das ist der primäre Zustand. Alles, was die grundlegende Gesundheit daran hindert, sich zu manifestieren, ist sekundär, vergleichbar einem Schmutzfilm, der einen Spiegel verdunkelt. Beseitigt man den Schmutz, ist der Spiegel wieder klar.

Das Innere Lächeln kann diese Grundlage erfahrbar machen und damit eine bessere Voraussetzung zur Arbeit mit sich selbst schaffen, sowohl was die psychologische Arbeit angeht als auch im Hinblick auf die Energiearbeit.

Die Übung des Inneren Lächelns hat mehrere Stufen, vom einfachen Entspannungstraining bis zu subtiler Energiearbeit. Allein schon eine ganz gewöhnliche heitere Stimmung hat erstaunliche Wirkungen. So wurde zum Beispiel in Laborversuchen an amerikanischen Universitäten festgestellt, daß Lachen die Streßhormone senkt und den Anteil der Endorphine (körpereigene «Glückshormone») erhöht. Wurde Studenten ein lustiger Film vorgeführt, der sie zum Lachen brachte, führte das zu einer Erhöhung der Immunglobuline A im Speichel – was auf eine Erhöhung der Infektionsabwehr hinweist.

Lachen senkt den Streßhormonspiegel

Das Innere Lächeln der ersten Stufe ist eine Basisübung, die als eigenständige formale Übung dienen kann; gleichzeitig ist es sehr geeignet, den Boden für weitere Übungen zu bereiten. Vor allem für Anfänger im Bereich der Energiearbeit ist diese Übung eine große Hilfe, denn sie ist recht leicht aufzubauen, und man kann ihre Wirkung unmittelbar spüren.

Das Innere Lächeln wird am besten zuerst als formale Praxis eingeübt. Hat man sich damit vertraut gemacht, kann man es auch in zwangloser Weise verwenden. Zu einer formalen

Übung gehört eine gewisse Strukturierung: Anfang, Mitte und Ende. Der Anfang besteht immer darin, bewußt mit der Situation Beziehung aufzunehmen: sich selbst spüren, die Haltung spüren, die Umgebung wahrnehmen, sich in der Situation «niederlassen». Die Mitte ist die Übung selbst, und das Ende ist ein Nachhallen-Lassen der Übung, ohne irgend etwas Bestimmtes zu beabsichtigen oder zu tun.

Für eine formale Übung sollte man sich einen bestimmten festgelegten Zeitraum vornehmen, etwa zwanzig Minuten oder eine halbe Stunde, den man genau einhält. Man kann eine Uhr vor sich hinlegen oder ein Räucherstäbchen in bestimmter Länge abbrennen. Das bewahrt davor, aufkommender Ungeduld nachzugeben und einfach aufzuhören, weil man die Lust zum Üben verloren hat. Mit ein wenig Disziplin wird die Erfahrung an Tiefe gewinnen.

Übung
Das Innere Lächeln
(Stufe 1)

Wenn Sie eine aufgerichtete und zugleich bequeme Sitzhaltung eingenommen haben, lassen Sie die Hände auf den Oberschenkeln ruhen, und schließen Sie die Augen. Spüren Sie Ihren Körper, wie er in einer Haltung der Würde und der Wachheit sitzt. Spüren Sie, wie Sie atmen. Es ist ein angenehmer Augenblick des Bei-sich-selbst-Ankommens. Der Geist ist da, wo der Körper ist. Das ist eine sehr ruhige, abgerundete Situation.

Versuchen Sie, ein bißchen in dieser Stimmung zu verweilen. Denken Sie immer wieder daran, daß Sie sich beim Üben nicht beeilen müssen und daß es auch nicht darum geht, etwas zu «machen» oder gar «gut zu machen». Gönnen Sie sich vielmehr diese Pause inmitten der Alltagsgeschäftigkeit, um etwas für sich selbst zu tun.

Lächeln mit
Mund und Augen

Nun lassen Sie ein leises Lächeln entstehen. Zuerst lächelt der Mund, dann folgen die Augen. Manchmal fällt es schwer, auf Kommando zu lächeln. Dann kann ein bestimmtes inneres Bild helfen, das dieses sanfte Lächeln provoziert. Denken Sie zum Beispiel an jemanden, den Sie sehr lieben; oder vielleicht ist es das Bild eines kleinen Kindes, das Sie zum Lächeln

bringt, oder das eines Kätzchens, das schnurrt unter der strei-
chelnden Hand.

Sehr schnell folgt diesem Lächeln eine bestimmte innere Ge-
stimmtheit und zugleich auch eine deutliche körperliche
Empfindung. Beide scheinen sehr eng miteinander verbun-
den zu sein. Da ist ein Gefühl der Heiterkeit, und Wärme und
Helligkeit werden spürbar.
   In der chinesischen Tradition heißt es:

Aus den Augen lächeln.
Aus dem Scheitel lächeln.
Aus der Brust lächeln.

Es ist bekannt, daß man mit dem Mund lächeln kann, ohne
die Augen miteinzubeziehen. Es ist das berühmte «kalte
Lächeln», dem die Wärme des Herzens fehlt, ein falsches
Lächeln, das nur Fassade ist. Ebenso wie bei einem echten,
aus dem Innern kommenden Lächeln die Augen beteiligt
sind, wirkt auch das bewußte Lächeln mit den Augen auf das
Innere ein – es führt zur Ursache des Lächelns zurück: zu Heiterkeit und Freundlichkeit, die von Herzen kommen.

Nun bewegt sich die Aufmerksamkeit von den Augen zum
oberen Bereich des Kopfes. Dadurch dehnt sich das durch das
Lächeln ausgelöste sanfte, warme, helle Gefühl, das wir die
«Energie des Lächelns» nennen wollen, in den Kopf aus, und
der «Scheitelpunkt» oder «Himmelspaß», der in Übungen
des Qi Gong eine wichtige Rolle spielt, wird entspannt. Sie
spüren die Wirkung als wohltuende Leichtigkeit im gesamten Bereich des Gehirns.
   Natürlich muß das Lächeln nicht dauernd angestrengt auf-
rechterhalten werden. Es wird sich, wenn die Aufmerksamkeit es nicht mehr hält, einfach auf einen weichen, entspannten Gesichtsausdruck reduzieren, mit einem Hauch von
Lächeln, wie man es bei vielen Buddha-Statuen sehen kann.

**Stimmung und Körper-
empfindung gehören
zusammen**

Kopf

Herz   Als nächstes richten Sie Ihre Aufmerksamkeit in die Brust. Schnell wird deutlich, daß hier die Quelle des Lächelns liegt. Es geht tatsächlich vom Herzzentrum aus. Das können Sie körperlich spüren.

Nun lenken Sie die Energie des Lächelns in alle Bereiche des Körpers. Das Lächeln breitet sich vom Herzen in die Schultern, Arme und Hände aus, bis in die Fingerspitzen. Es strömt in das Becken, in die Beine und Füße und in die Zehenspitzen. Es dringt in alle Kapillaren. Beobachten Sie, wie sich die Energie des Lächelns vom Herzen aus in sanften Wellen ausbreitet, bis Sie vollkommen davon erfüllt sind. Sie erleben sich als einen Körper, der aus der Energie des Lächelns besteht.

Wenn die Gedanken wandern

Versuchen Sie, diese Wahrnehmung aufrechtzuerhalten. Nach einiger Zeit werden Ihre Gedanken anfangen zu wandern, ohne daß Sie dessen zunächst gewahr sind. Doch plötzlich wachen Sie auf und stellen fest, daß Sie an etwas ganz anderes als an das Innere Lächeln gedacht haben. Dann lassen Sie den Inhalt, mit dem Ihre Gedanken beschäftigt waren, augenblicklich los und kehren mit der Aufmerksamkeit zur Übung zurück. Sie können einfach von vorn anfangen und das Lächeln wieder vom Gesicht her aufbauen; dabei gehen Sie genauso wie am Anfang vor, nur daß es diesmal wahrscheinlich viel schneller geht.

Es kann auch geschehen, daß die plötzliche Entspannung so überwältigend ist, daß Sie einnicken. Das geschieht vor allem dann leicht, wenn Sie sich anlehnen oder, falls Sie krank oder sehr schwach sind, im Liegen üben. In diesem Fall gehen Sie genauso vor wie schon beschrieben. Es kommt der Augenblick, in dem Sie wieder wach werden. Dann richten Sie sich auf, verbinden Ihre Aufmerksamkeit mit dem Körper, atmen ein paarmal lang und tief und bauen das Lächeln wieder vom Gesicht her auf.

Kontinuität der Übung

> Entwickeln Sie die Fähigkeit zu balancierter Entspannung durch regelmäßiges Üben. Es genügt nicht, nur hin und wieder einmal zu üben. Am besten ist konsequente tägliche Praxis.

Neben einer formalen Übungssituation können Sie das Innere Lächeln auch ganz unformal einsetzen – zum Beispiel im Bett. Die Basisübung des Inneren Lächelns ist eine gute Einschlafhilfe und auch geeignet, die Neigung zu Alpträumen zu reduzieren. Doch sollten Sie nicht das Zubettgehen als den Zeitpunkt für die Hauptübung wählen. Es ist sinnvoller, dann zu üben, wenn Sie wach und ausgeruht genug sind, um die Mitte zwischen Anspannung und Abspannung zu finden.

Wer eine Neigung zu depressiver Verstimmung am Morgen hat (die berüchtigte «Morgen-Depression»), kann den Tag einfach schon im Bett mit dem Inneren Lächeln beginnen. Bei täglicher Praxis kann dieses unangenehme Muster in erstaunlich kurzer Zeit verschwinden.

Kontinuität und Regelmäßigkeit sind die Pfeiler jeder Art von inneren Übungen. Mein Zen-Lehrer Nagaya Roshi sagte einmal in seinem köstlichen Deutsch, das er sich nach dem Ersten Weltkrieg als Philosophiestudent in Berlin angeeignet hatte: «Wenn Wasser soll kochen, Topf muß auf Feuer bleiben.» Wenn Sie ein Ei kochen wollen, hilft es nichts, wenn Sie das Wasser immer wieder ein bißchen anwärmen. Es muß kontinuierlich erhitzt werden, bis es kocht. Diese Kontinuität braucht es auch bei der Energiearbeit. Es muß nicht immer dieselbe Übung sein; sie können auch verschiedene Übungen wie Perlen auf eine Schnur reihen. Doch sollten Sie eine Übung erst einmal gründlich kennenlernen, bevor Sie zur nächsten übergehen.

Üben Sie ein paar Wochen lang möglichst jeden Tag eine halbe Stunde (ein Urlaub eignet sich natürlich besonders gut

**Das Innere Lächeln als
natürlicher Zustand**

zum Einsteigen). Man kann sich dieses Üben zur täglichen Gewohnheit machen, wie Zähneputzen. Dann werden Sie das Innere Lächeln – und später auch manche andere Übung – immer weniger als eine «Übung» und immer mehr als einen natürlichen, spontan entstehenden Zustand erleben.

Die Regelmäßigkeit ist auch deshalb wichtig, weil man sonst einfach nicht im passenden Augenblick an die Möglichkeit des Inneren Lächelns denkt. Es ist eine Art Konditionierung – es wird zu einer vertrauten Sache, die einem immer wieder einfällt. Und vielleicht erleben Sie, daß sogar Ihre Umwelt davon angesteckt wird. Versuchen Sie es zum Beispiel einmal, wenn Sie in der U-Bahn sitzen, umgeben von gehetzten, frustrierten Menschen. Vielleicht wundert sich jemand über Sie, dessen Blick zufällig auf Ihr Gesicht mit den geschlossenen Augen und dem Lächeln fällt; doch die Wahrscheinlichkeit ist gering, denn üblicherweise schauen die Menschen in der U-Bahn einander nicht an.

Bauen Sie, wo immer Ihnen danach ist, in aller Ruhe Ihr Inneres Lächeln auf. Und möglicherweise spüren Sie, wie die Atmosphäre in Ihrer Umgebung – zu Hause, am Arbeitsplatz usw. – nach und nach immer friedlicher und freundlicher wird.

Aufbau des
Energie-Mandala

Wirklich ist, was wirkt

In Anbetracht dessen, daß wir keine Begriffe zur Verfügung haben, mit denen wir die «unsichtbare Welt» darstellen können, müssen wir uns an das halten, was wir haben. Unser Begriff Energie kommt dem, was ausgesagt werden soll, am nächsten. Energie ist unsichtbar; dennoch wissen wir, daß es sie gibt – denn sie wirkt. Energie bewirkt Bewegung; man könnte sogar sagen, Energie ist Bewegung (Schwingung).

Das Wort Energie kommt vom griechischen érgon, «Werk, wirken». In der Physik definiert man Energie als «die Fähigkeit eines Körpers oder Systems, Arbeit zu verrichten». Im allgemeinen Sprachgebrauch bedeutet Energie im geistigen Zusammenhang soviel wie Willenskraft, Tatkraft, Schwung, Entschlossenheit, Nachdruck.

Energie wirkt Die westliche Wissenschaft ist noch nicht oder nur zögernd bereit, die Existenz einer extrem feinen, nicht meßbaren Energie zu akzeptieren. Der Tiefenpsychologe C. G. Jung hingegen sprach ganz selbstverständlich von «psychischer Energie». In der Bioenergetik arbeitet man mit bestimmten Aspekten der psychosomatischen Energie. Der Naturwissenschaftler Rupert Sheldrake spricht im biologischen Zusammenhang von «morphogenetischen Feldern», die der Idee eines subtilen Energiekörpers nahekommen. «Energiearbeit» ist ein bereits etablierter Begriff im Bereich der holistischen Medizin. In der Esoterik wird der Begriff Energie gern, aber konfus verwendet.

Es ist also zunächst wichtig, uns mit Hilfe von Anleihen aus anderen, im Bereich der subtilen Energie erfahrenen Kulturen einen Überblick zu verschaffen. Tarab Tulku erklärt vom Standpunkt des buddhistischen Tantrayana:

Das Äußere der Materie ist das Sichtbare.
Das Innere der Materie ist Energie.
Das Äußere des Geistes ist das Denken.
Das Innere des Geistes ist Energie.

Das macht deutlich, daß Körper und Geist auf der Ebene der Energie miteinander verbunden sind. Wenn wir uns nur auf das Äußere beziehen, gibt es das Sichtbare einerseits und die Gedanken andererseits, und wie wir wissen, können die beiden weit voneinander entfernt sein. Wir können uns körperlich an einem bestimmten Ort befinden, während sich die Gedanken ganz woanders aufhalten. Wir können Erfahrungen denken, anstatt sie in Verbindung mit dem Körper wirklich zu erleben. Das ist ein dualistischer (getrennter) Zustand. Im Bereich der Energie jedoch gibt es diesen Dualismus, je nach Ebene, weit weniger bis gar nicht.

Im tibetischen Buddhismus beschreibt man die Ganzheit des Menschen als «Körper–Rede–Geist». «Rede» ist eine vordergründige und einengende Übersetzung; es ist damit eher Schwingung gemeint[12], ähnlich der Bedeutung der biblischen Formulierung «Am Anfang war das Wort». Man könnte umformulieren: «Am Anfang war Energie, und Energie ist Materie geworden.»

Die Version «Körper–Energie–Geist» findet sich auch in der mittelalterlichen Alchemie als «corpus–anima–spiritus». Das lateinische «anima» (weiblich) hat viele Bedeutungen, wie Luft, Hauch, Wind, das Belebende, Leben und Geist. Eine ähnliche Vielzahl von Bedeutungen enthalten auch der chinesische Begriff «Qi», das tibetische «Lung» oder das indische «Prana».

Anleihen aus anderen Kulturen

Die Energieebenen

Es gibt unterschiedliche Modelle der verschiedenen Ebenen der subtilen Energie. Ich habe mich weitgehend an den Lehren des Tantrayana orientiert. Um des leichteren Verständnisses willen nehme ich jedoch eine spezielle Einteilung vor, die helfen soll, verschiedene Methoden der Energiearbeit angemessen zu plazieren. Solch eine Einteilung ist jedoch nur als Orientierungshilfe zu verstehen. Denn wir können, wie schon festgestellt, «Energie» nicht festnageln. Selbst auf der groben Ebene beziehen wir uns nur auf Auswirkungen der Energie; die subtilen Energien selbst bleiben – ebenso wie die physikalisch nachweisbar gröberen Energien – ein Geheimnis.

Die subtilsten Energien sind identisch mit den höchsten geistigen Qualitäten der Weisheit und des Mitgefühls. Man könnte aber auch sagen, daß die Energie zwar immer dieselbe ist, jedoch verschiedene Informationen trägt. Da wir es mit einer anderen Realität als der uns vertrauten materiellen Realität zu tun haben, können wir im Umkreisen des Phänomens nur annähernde Aussagen machen.

Nehmen wir als Vergleich das Element Wasser. Vollkommen reines, also destilliertes Wasser (H_2O) enthält keine zusätzlichen Anteile, wie Mineralien, Bakterien usw. Es gibt sehr unterschiedliche Gewässer mit sehr unterschiedlichen Gehalten. Wasser ist nicht gleich Wasser. Wir sagen zwar einfach Wasser; doch um präzise zu sein, müssen wir jedes Wasser nach seinen Inhalten bestimmen. Ähnlich können wir mit den subtilen Energien verfahren. Zum Beispiel ist die Energie auf der Ebene des Traums subtiler als die vitale Energie, die unsere organischen Funktionen in Gang hält.

Energie trägt verschiedene Informationen

Vom Standpunkt der Energiearbeit kann man es hingegen so sehen: Wie grob oder subtil die Energie ist, mit der wir es zu tun haben, ist eine Frage sowohl unserer Zielsetzung als auch unseres geistigen Entwicklungsstands. Wenn also in diesem Buch von verschiedenen subtilen Energien die Rede ist, sollten Sie im Auge behalten, daß es sich um Bezeichnungen handelt, die einzig und allein zum Zweck einer gewissen Überschaubarkeit der Energiearbeit gewählt wurden.

Körperliche, psychische und spirituelle Energieebenen

Die erste Ebene
Die Energie der ersten Ebene (Äußere Ebene) ist die vitale Energie oder Lebensenergie, die vor allem mit dem Körper und den groben, mit dem körperlichen Geschehen verbundenen geistigen und psychischen Funktionen zusammenhängt.

Die zweite Ebene
Die Energie der zweite Ebene (Innere Ebene) nenne ich die psychische Energie, die mit einer höheren Energieebene der Existenz verbunden ist.

Die dritte Ebene
Die Energie der dritten Ebene kann man als spirituelle Energie bezeichnen; sie geht über den körperlichen und psychischen Bereich hinaus und liegt jenseits des Individuellen. Die subtile Energie dieser überindividuellen Ebene ist mit den Energiezentren (Chakren) des Körpers verbunden.

Die Ebenen unterscheiden sich im Hinblick auf die Subtilität der Energie; je höher die Ebene, desto «einheitlicher» (weniger dualistisch) die Energie. Nehmen wir die etwas holperige Analogie einer Kokosnuß: Außen ist die harte Schale, innen das weichere Mark, und ganz innen ist die flüssige, fast klare Kokosmilch. Erst alle drei Ebenen zusammen bilden die Kokosnuß.

Erinnern Sie sich an das Bild mit der zentralen Vision und den näheren oder ferneren kleinen Zielen. Die kleinen Ziele sind mit dem körperlichen und dem psychologischen Bereich verbunden, während die Vision das große spirituelle Ziel beinhaltet. Ein klassischer taoistischer Spruch sagt: «Der Weg ist das Ziel.» In unserem Zusammenhang können wir das so verstehen, daß bei einer integralen Orientierung auch jene Ebene der Energiearbeit, die nur auf körperliche Gesundheit ausgerichtet ist, die spirituelle Zielsetzung in sich trägt.

Wenn Sie das Buch durchgelesen und das gesamte Mandala der Integralen Energiearbeit kennengelernt haben, können Sie von vorn anfangen und nun jeden Schritt vom äußeren Rahmen bis zum Mittelpunkt des Mandala neu und mit einem komplexeren Verständnis vollziehen. Dann wird deutlich, daß «Anfang» und «Ende» relative Begriffe sind.

Das Mandala der Integralen Energiearbeit

Um die Struktur der Integralen Energiearbeit zu erklären, erscheint mir die Form des Mandala als besonders gut geeignet. Mandala ist ein Sanskrit-Wort und bedeutet Kreis. Es ist ein grundlegendes Symbol für Ganzheit, für das Ordnungsprinzip, das dem gesamten Universum zugrunde liegt.

Das Mandala als Symbol für Ganzheit

Alles, was existiert, hat ein Innen und ein Außen, ein Zentrum und umgebende Anteile. Das ist die natürliche Hierarchie. Ist keine Mitte da, fällt alles Umgebende auseinander, und es gibt kein Ganzes. Ebenso kann es keine Mitte geben ohne die umgebenden Anteile. Das ist das Grundprinzip des Mandala-Symbols.

Der Tiefenpsychologe C. G. Jung, der sich sein Leben lang mit östlicher Weisheit befaßte, stellte fest, daß seine Patienten oft ganz spontan ihren Heilungsprozeß mit dem Malen von einfachen oder auch komplizierteren Mandalas begleiteten, auch wenn sie noch nie das Bild eines traditionellen Mandala gesehen hatten.

In der tibetisch-buddhistischen Tradition, die sich im Laufe von etwa eintausendzweihundert Jahren aus der indischen buddhistischen Tradition entwickelt hat, ist das Mandala ein zentrales und überaus differenziertes Symbol für die präzise Ordnung des Seins auf allen Ebenen – der Ebene der elementaren Energien, der universalen Energien und der spirituellen

Energien. Die Grundidee des Mandala ist dreidimensional; das Äußere ist sichtbar, das Innere ist verborgen.

Äußere, Innere und Geheime Ebene

Wir begnügen uns hier zunächst mit einem einfachen Aspekt des Mandala: Es besteht aus einer «Äußeren», einer «Inneren» und einer «Geheimen» Ebene. Die Aufteilung in diese drei Ebenen ist in den Lehren des tibetischen Buddhismus von grundlegender Bedeutung. So ist zum Beispiel die Rede von «äußeren, inneren und geheimen Hindernissen» auf dem Weg zum Erwachen. Die äußeren Hindernisse haben mit der physischen Welt zu tun, die inneren mit der Balance der subtilen Energien und die geheimen mit der geistigen Transformation.

Das Mandala der Integralen Energiearbeit soll einen klareren Überblick über die Zuordnung bestimmter Methoden zu bestimmten Zielen ermöglichen. Die Vision, von der schon die Rede war, gehört in diesem Schema zur Geheimen Ebene, dem Zentrum des Mandala («geheim» bedeutet hier «sich selbst geheimhaltend»). Gleichzeitig steht sie mit den kleinen Zielen der Äußeren und Inneren Ebene in enger Verbindung, so wie Mittelpunkt und Kreis zueinandergehören.

Jede der drei genannten Ebenen läßt sich wiederum in die drei Aspekte «außen», «innen» und «geheim» aufteilen usw., wie ein Hologramm, das in jedem Fragment die Gesamtheit abbildet. Mit einer linearen Vorstellung wird man also dieser Struktur nicht gerecht.

Die Äußere Ebene

Im Mandala der Integralen Energiearbeit bezieht sich die Äußere Ebene auf den Bereich des Körpers und der mit der körperlichen Ebene verbundenen Energien, einschließlich den gewöhnlichen geistigen Aktivitäten und den sinnlichen Funktionen. Ohne unsere Sinne – Sehsinn, Hörsinn usw. –

gäbe es keine Wahrnehmung. Diese körperlichen Funktionen und Wahrnehmungsfunktionen basieren auf der Lebensenergie oder «vitalen Energie», wie wir sie hier nennen wollen.

In der chinesischen Tradition der Inneren Alchemie unterscheidet man auf der Energieebene den Qi-Körper und den Geistkörper. Während im Qi Gong mit dem Qi-Körper (vitale Energie) gearbeitet wird, bezieht sich das tibetische System des Tantrayana auf den subtileren Geistkörper (spirituelle Energie). In unserem Energie-Mandala liegt die Ebene der psychischen Energie dazwischen, die an beiden Anteil hat und beide miteinander verbindet.

Arbeit mit vitaler Energie

Mit der Ebene der vitalen Energie befaßt sich vor allem das moderne Qi Gong, eine chinesische Energiearbeit, die aus der weitgehend verlorenen Tradition der Inneren Alchemie übriggeblieben ist. Das Ziel dieser Übungen ist ein freier Fluß der vitalen Energie, um eine bestmögliche Funktion des Körpers zu ermöglichen (also physische und psychophysische Störungen zu beseitigen) und den Prozeß des Alterns zu verzögern. Dementsprechend wird die chinesische Energiearbeit vor allem als ein Gesundheitstraining verstanden. Doch die Arbeit mit der vitalen Energie unterstützt auch die emotionale Ausgeglichenheit und ist eine gute Basis für die Arbeit mit der psychischen Energie.

Hier kann es leicht zu Verwirrungen kommen, vor allem deshalb, weil Energiearbeit, vor allem Energiearbeit ohne Bewegung, oft auch als «Meditation» bezeichnet wird. Meditation wird im allgemeinen nicht als Begriff für Gesundheitstraining verwendet, sondern als eine Methode, die zur Erleuchtung (auch Erwachen, Verwirklichung, Transformation) führen soll. In unserem Modell gehört die spirituelle Verwirklichung zur Geheimen Ebene im Zentrum des Mandala. Die Methoden der beiden anderen Ebenen unterstützen die eigentliche spirituelle Arbeit, können sie jedoch nicht ersetzen.

Gesundheitstraining

Wahrnehmung entwickeln

Auf der geistigen Seite unserer körperlich-geistigen Ganzheit (die wir üblicherweise willkürlich trennen) haben wir es zunächst mit den mentalen Funktionen zu tun: Ratio, Emotionen, Vorstellungen. Die Sinne des Körpers ermöglichen den Kontakt mit der äußeren Welt; die mentalen Funktionen werten diese Kontakte aus. Die Arbeit mit der vitalen Energie unterstützt auch diese Funktionen. Ohne einen gesunden Haushalt der vitalen Energie erlahmt die Denkfähigkeit, Wille und Vorstellung sind kraftlos, und die Wahrnehmung ist schwach.

Reinigung der sinnlichen Wahrnehmung

Die Integrale Energiearbeit auf der Äußeren Ebene befaßt sich außer mit der Pflege der Gesundheit auch mit der Reinigung der sinnlichen Wahrnehmung. Das ist besonders für westliche Menschen wichtig, bei denen das Denken dominiert und damit das Fühlen, die direkte Wahrnehmung durch die Sinne, oft verhindert. Diese Reinigung der Sinnesenergie ist eine wichtige Voraussetzung für die Arbeit mit subtileren Formen der Energie.

Die Innere Ebene

Die Innere Ebene bezieht sich auf die subtile Energie der psychischen Ebene, die feiner (weniger dualistisch) ist als die vergleichsweise grobe vitale Energie. Allgemein gilt, daß wir auf der Ebene der subtilen Energien in direkterem Kontakt mit unserer körperlich-geistigen Ganzheit sind. Je feiner die Energie ist, desto weniger ist das Prinzip der Trennung wirksam.

Arbeit mit emotionaler Energie

Bevor man mit den subtileren Energien arbeiten kann, ist es nötig, allgemeine Blockaden im emotionalen Bereich abzubauen (schwerere Störungen müssen allerdings zuerst psychologisch bearbeitet werden). Auf der Energieebene hat man leichter Zugang zu diesen Blockaden. Emotionen bestehen immer aus einem energetischen Anteil und einem mentalen Anteil. Auf der mentalen Ebene (psychologische Erklärungen) ist eine völlige Auflösung recht schwierig. Die Beziehung zur Energieebene ermöglicht es hingegen, die «Story», die sich mit einer Emotion verbindet, abzutrennen und die Energie wieder zum Fließen zu bringen. Auf diese Weise können wir schließlich zur ursprünglichen, reinen Qualität der Energie zurückkehren. Dies ist ein grundlegendes Prinzip der tibetisch-tantrischen Psychologie.

Emotionale Blockaden abbauen

Das Mandala der psychischen Energien

Im tibetisch-buddhistischen Tantrayana werden die hauptsächlichen Erscheinungsformen der psychischen Energie als Mandala der fünf Prinzipien oder «Buddha-Familien» dargestellt; «Familien» weist hier auf die Vereinigung von weiblichem und männlichem Prinzip und das daraus entstehende Dritte, die geistige Gesundheit, hin. Vereinfacht ausgedrückt sind dies:

1. Die Energie von Ruhe und Raum *(Buddha-Familie)*
2. Die Energie des Intellekts *(Vajra-Familie)*
3. Die Energie der Fülle/Großzügigkeit *(Ratna-Familie)*
4. Die Energie der Kommunikation *(Padma-Familie)*
5. Die Energie des Handelns *(Karma-Familie)*

Der tibetische Meditationsmeister Chögyam Trungpa Rinpoche gestaltete auf der Basis dieser Prinzipien eine meditative Praxis, die er «Maitri Space Awareness Training» nannte. Durch diese Methode kann man mit den fünf Energien unmittelbare Verbindung aufnehmen.

Traumarbeit

Festgefahrene Muster in der psychischen Struktur lassen sich von der Energieebene her wesentlich leichter auflösen als mit psychologischen Mitteln. Im Buddhismus gibt es zwei Vorgehensweisen, die man als Sutra-Weg und Tantra-Weg bezeichnet. Der Sutra-Weg beinhaltet psychologische Gegenmittel gegen die Gewohnheitsmuster, die das bilden, was wir «Ego» nennen. Gegen Gier wird das Heilmittel der Entsagung eingesetzt, gegen Aggression das Heilmittel der Freundlichkeit und des Mitgefühls, gegen Ignoranz die Schulung der Achtsamkeit. Der Tantra-Weg hingegen bezieht sich auf die Methoden der Arbeit mit der subtilen Energie.

Die vom Tantrayana abgeleitete Traumarbeit, wie Tarab Tulku sie lehrt, unterscheidet sich von den verschiedenen Formen westlicher Traumarbeit vor allem darin, daß die Deutung des Inhalts eine weitaus geringere Rolle spielt als die sinnliche Erfahrung, die man im Traum macht. Das Ziel des tibetischen Traum-Yoga ist das luzide Träumen und der willentliche Umgang mit dem «Traumkörper».

Mit Hilfe bestimmter Prinzipien, die dem klassischen Traum-Yoga entnommen sind, kann man auf der Ebene des Tagtraums (Imagination) lernen, mit den Sinnen des Energiekörpers zu arbeiten. Damit wird innerhalb der Hierarchie der Energieebenen eine höhere, subtilere, weniger dualistische Ebene erreicht.

Die Tagtraum-Praxis gibt die Möglichkeit, von der mentalen Ebene aus Kontakt mit dem Energiekörper aufzunehmen und die Energiesinne zu trainieren. Auf diese Weise läßt sich eine Brücke zur Traumebene des Geistes, zum «Traumbewußtsein» herstellen.

Luzides Träumen   Die Arbeit mit *Chakra*-Energie führt zur Fähigkeit des «luziden» Träumens (das heißt man weiß im Traum, daß man träumt). Auf der Ebene des Traum(energie)körpers lassen sich im Traum störende psychische Strukturen auflösen.

Die Innere Ebene und die Geheime Ebene – die Ebene der Spiritualität – überschneiden einander insofern, als sich die kleinen Ziele, die mit der Auflösung von blockierenden Strukturen im psychologischen Bereich zu tun haben, mit
zunehmender Einsicht ausweiten. Nach Tarab Tulku geht es
auf der spirituellen Ebene darum, «unser existentielles Sein
zu verändern, um die Distanz zwischen unseren rationalen
und nichtrationalen Fähigkeiten zu verringern bzw. sie zu
vereinigen, oder anders ausgedrückt, unsere weiblichen und
männlichen Energien, unseren Körper und Geist, Materie
und Bewußtsein einander näherzubringen und schließlich zu
vereinigen».

Weibliche und männliche Energie

Auf der Inneren Ebene arbeiten wir mit der subtilen Energie
der rationalen und der nichtrationalen Funktion. Die Energien, die diesen Funktionen zugrunde liegen, sind die männliche und die weibliche Energie. Es geht hier darum, mit diesen Energien eine bewußte Verbindung aufzunehmen und sie
in Balance zu bringen.

Die Steuerung emotionaler Impulse hängt von der Art des   **Intellekt und Intuition**
Zusammenspiels der weiblichen und männlichen Energie ab.
Ist einer der beiden Energieanteile geschwächt, wird dadurch
der andere Energieanteil gestört und manifestiert sich als
neurotisches Symptom. Die Heilung und der Ausgleich der
beiden Energien ist also von großer Bedeutung für die geistige Gesundheit und bereitet den Boden für die spirituelle
Arbeit.

Die Geheime Ebene

Damit haben wir die Ebene erreicht, deren Mittelpunkt die «Vision» ist – in unserem Mandala ist es derjenige Bereich, in dem wir uns der Nicht-Dualität nähern. Hier beziehen wir uns auf den überindividuellen, universalen Energieaspekt. Die Abgrenzung der Ebenen ist allerdings, wie schon gesagt, willkürlich; wir haben es eher mit fließenden Übergängen zu tun. So ist diese Ebene derart zu verstehen, daß die besagten kleinen Zielsetzungen nun immer mehr im großen Ziel aufgehen.

Die Energie der Vision

Im zentralen Sinn bedeutet spirituelle Arbeit, daß wir die grundlegenden Strukturen unserer Beziehung zur Realität verändern. Wir nähern uns der Geheimen Ebene, indem wir zunächst unsere rationale und unsere nichtrationale Beziehung zur Realität in Balance bringen. Damit schaffen wir die Voraussetzung, um mit unserer spirituellen Energie in Verbindung kommen zu können. Die Erfahrungen, die durch die Arbeit auf der Energiekörper-Ebene möglich sind, unterstützen die klare Einsicht. Klare Einsicht bedeutet, nicht an den dualistischen Vorstellungen unseres gewöhnlichen Bewußtseins hängenzubleiben, die ja die Ursache allen Leidens sind.

Die Vision beinhaltet das Ende der Getrenntheit, das Ende des Leidens; man könnte auch sagen: die vollkommene Entspannung des Geistes. Der vollkommen entspannte, von jeglicher Struktur und Aktivität befreite Geist hat keine Inhalte und kein Zentrum. Dennoch hat er Bewußtheit.

Weisheit und Mitgefühl in Vollkommenheit

Der befreite Geist manifestiert sich existentiell als Weisheit und Mitgefühl in Vollkommenheit. Weisheit und Mitgefühl basieren auf weiblicher und männlicher Energie. Sind diese beiden Energieaspekte miteinander verbunden, so sind Weisheit und Mitgefühl ebenfalls verbunden und bilden zusammen eine wirkende Einheit. Das erklärt, warum Weisheit und

Mitgefühl um so reiner in Erscheinung treten, je tiefgreifender die Verbindung der weiblichen und männlichen Energie ist.

Die dominanten dualistischen Strukturen des Geistes werden im Buddhismus als Verdunkelungen bezeichnet. Man kann den reinen Geist mit der Sonne vergleichen und die Verdunkelungen mit den Wolken. Wie die Sonne ist der reine Geist immer vorhanden, ungeachtet dessen, wie uns die Situation erscheinen mag. Deshalb zielt das buddhistische Tantrayana, der Weg der Energie, eher darauf ab, daß wir uns über die Wolken erheben, als daß wir versuchen, sie irgendwie loszuwerden. Letzteres entspricht dem psychologischen Weg, der vom Standpunkt des Tantrayana weit weniger wirkungsvoll ist als der Weg der Energie.

Die Energiezentren des Körpers

Die Energiearbeit des Tantrayana stammt ursprünglich aus
Indien und bezieht sich, anders als das taoistische System der
chinesischen Inneren Alchemie, auf Energiezentren im Körper *(Chakren)*, die über ein zentrales Kanalsystem in der Körpermitte miteinander verbunden sind. Im indischen System
verwendet man sieben Zentren, im tibetischen fünf (im Zusammenhang mit bestimmten Übungen auch sechs oder sieben, die jedoch nicht mit den indischen identisch sind). Die
außerordentlich subtile Chakra-Energie wird jedoch erst zugänglich, wenn die Trennung von Körper und Geist über-
wunden ist.

Die Energien der Elemente

Das Mandala des Tantrayana, das die Prinzipien der körperlichen und geistigen Welt repräsentiert, basiert auf den fünf
Elementen: Erde, Wasser, Feuer, Luft, Raum. Die Energien der
Elemente manifestieren sich auf drei Ebenen: auf der physischen (Äußeren) Ebene als die körperliche Ausdrucksform
der psychosomatischen Ganzheit; auf der psychischen (Inneren) Ebene als die psychische Ausdrucksform der psychosomatischen Ganzheit; auf der geistigen/spirituellen (Geheimen) Ebene spricht man von der Energieebene der Existenz,
auf der man mit der subtilen Energie der fünf Elemente Verbindung aufnehmen kann.

Der Prozeß des Sterbens

Nach den Lehren des Tibetischen Totenbuchs präsentiert der
Augenblick des Todes das Angebot, mit der Vision – dem Ziel
der Transformation – eins zu werden. Die Identifikation mit
dem dualistischen Zustand des normalen Bewußtseins macht
es dem individuellen Geist jedoch unmöglich, das Angebot
anzunehmen, und er strebt in die alte, vertraute Situation
zurück.

Viele Situationen des Alltags, die man als «kleine Tode» bezeichnen kann, lassen sich damit vergleichen. Das Prinzip ist dasselbe, und daran orientiert sich die Energiearbeit auf dieser Ebene. Die entsprechenden Methoden dienen dazu, die Fixierung an Strukturen zu lockern oder gar aufzulösen, die uns an der Verwirklichung der Vision hindern. Das ist das Herz des spirituellen Wegs.

Erfahrung der reinen Geistenergie

Im alltäglichen Leben wirkt sich diese Energiearbeit dahingehend aus, daß die allzeit bereite Angst vor Veränderungen, die den gewohnten Gang des Lebens bedrohen, vermindert wird. Gleichzeitig wachsen Zuversicht und kreative Akzeptanz den Angeboten des Lebens gegenüber.

Auf dieser Ebene umfaßt die Energiearbeit auch eine Verbindung mit den Energien der Elemente. Im Todesprozeß führt die Auflösung der Elemente des Körpers zur Erfahrung der reinen Geistenergie, die als klares Licht wahrgenommen wird. Mit Hilfe der Energiearbeit kann man lernen, sich bis zu einem gewissen Grad in diesen Prozeß einzufühlen und damit jeder Art von Angst – selbst der Todesangst – die Grundlage zu nehmen.

Es ist der Grundsatz des Tantrayana, sich nicht mit den Erscheinungen der Oberfläche aufzuhalten, sondern über die materielle Manifestation hinaus zur Energie und damit letztlich zum nichtdualistischen Zustand zu gehen. Damit sind tantrische Übungen immer auch eine Vorbereitung auf den Tod.

Energiearbeit

Die Äußere Ebene

Körperliche Gesundheit

Unter «Gesundheit» versteht man im allgemeinen, daß man
munter und leistungsfähig ist und keine Schmerzen hat. Viele
westliche Menschen begegnen ihrem Körper mit derselben
Einstellung wie ihrem Auto: Er soll funktionieren und nicht
stören. Dementsprechend wird der Arzt als eine Art Mechani-
ker betrachtet, der reparieren soll, was kaputt ist. Das ist die
Einstellung, die man am häufigsten antrifft.

Gesundheit als Leistung
Dann gibt es andere, die GESUNDHEIT groß schreiben und
sich abverlangen, viel dafür zu tun. In diesem Fall ist Gesundheit etwas, das man durch Anstrengung und Leistung er-
wirbt; sie wird als herstellbar und meßbar betrachtet und hat
perfekt zu sein. Tägliche Fitneßprogramme müssen pflichtge-
treu absolviert werden. Der Urlaub muß aktiv im Dienst der
Gesundheit stehen. Gewicht, Cholesterinspiegel und Höhe
des Blutdrucks werden mit peinlicher Genauigkeit über-
wacht und jede Abweichung vom Idealwert mit gesteigerter
Bemühung beantwortet. «Gesundheitssüchtig» könnte man
diese Haltung nennen; gut für die Gesundheit ist sie – bei so
viel innerer Anspannung – sicherlich nicht.

Zudem kann solch ein Gesundheitsaktivismus zum Bume-
rang werden: Haben die Bemühungen nicht den gewünsch-
ten Erfolg und der arme Mensch erkrankt trotz alledem, wird
die Krankheit als Beweis für das eigene Versagen interpre-
tiert. Eine falsch verstandene Auffassung der psychosomatischen Prinzipien unterstützt oft die Neigung zur Schuldzu-
weisung an sich selbst. «Wenn du krank wirst, hast du etwas

falsch gemacht», lautet die Maxime, die man nicht selten zu hören und zu lesen bekommt. Wie schuldig, muß man fragen, sind dann wohl Tiere, wenn sie krank werden?

Ein weiteres Verwirrspiel ist die Verpsychologisierung jeder körperlichen Störung. Wenn man von einer vornehmlich sitzenden Berufstätigkeit schließlich Stauungen in den Beinen bekommt, muß dies nicht unbedingt zu einem psychologischen oder gar einem «spirituellen» Problem aufgebläht werden.

Rechtzeitig angewandt, bevor die Sache chronisch geworden ist, können zum Beispiel einfache Ableitungsübungen des Qi Gong die Stauung beseitigen. Reicht das nicht aus, bedarf es stärkerer energetischer Heilverfahren, wie der Akupunktur oder der Akupunktmassage, die um so nachhaltiger wirken, je mehr man sie durch eigene Energiearbeit unterstützt.

Was bedeutet «gesund»?

Gesundheit ist letztlich eine subjektive Angelegenheit. Es mögen zwei Menschen die gleiche körperliche Störung haben, aber psychisch ganz unterschiedlich darauf reagieren. Beide haben völlig verschiedene Erfahrungen von ihrer Situation. Und bei beiden wird die Heilung oder Besserung unterschiedlich verlaufen.

Auf der äußeren Ebene der Integralen Energiearbeit befassen wir uns mit den Möglichkeiten, unsere Gesundheit in einer ganzheitlichen Weise zu schützen oder, falls Störungen da sind, zu verbessern. Dabei spielen natürlich Ernährungs- und Lebensgewohnheiten eine gewisse Rolle. Der wichtigste Maßstab ist dabei allerdings, wie wohl und im Gleichgewicht man sich fühlt. Sie können das raffinierteste Fitneßprogramm anwenden, die ausgefeilteste Diät einhalten – und sich dabei scheußlich fühlen! Wer mit dem Pflichtprügel und Zwang auf sich selber losgeht, wird letztlich nur Streß und negative Gefühle ernten.

Wohlbefinden als Maßstab

Die Balance finden

Das soll natürlich nicht heißen, daß es sinnvoll wäre, sich gehenzulassen und allen Gelüsten nachzugeben. Wer genau hinschaut, kann erkennen, daß dies kein echtes Wohlbefinden erzeugt. Vielmehr geht es um die Balance zwischen zuviel und zuwenig – zwischen zuviel und zuwenig Disziplin, zuviel und zuwenig Großzügigkeit, zuviel und zuwenig Aufmerksamkeit für sich selbst.

Beziehung zum Körper

Welche Beziehung haben Sie zu Ihrem Körper? Mögen Sie ihn? Ist er Ihnen gleichgültig? Mögen Sie ihn nicht? Wie reagieren Sie, wenn der Körper sich nicht so verhält, wie Sie es wünschen? Etwa, wenn Sie eine Erkältung bekommen, obwohl Sie viel Arbeit zu erledigen haben. Sind Sie ärgerlich auf den störrischen «Bruder Esel»?

Wie erleben Sie Ihren Körper in Gesellschaft? Haben Sie das Gefühl, sich gelassen und natürlich zu bewegen? Oder sind Sie sich Ihres Körpers allzu sehr bewußt? Tragen Sie Ihren Körper zu Markte, indem Sie sehr «körperbetont» auftreten? Oder versuchen Sie, eher unsichtbar zu sein, nicht aufzufallen, um die Blicke nicht auf Ihren ungeliebten und von ihnen selbst abgelehnten Körper zu ziehen?

Vernachlässigen Sie Ihren Körper und bringen so Ihre Ablehnung oder Verachtung für ihn zum Ausdruck?

Bemühen Sie sich, Klarheit über die Art der Beziehung zu Ihrem Körper zu gewinnen. Ob Aufwertung oder Abwertung – in beidem manifestiert sich eine gestörte Körperbeziehung.

**Die Wahrnehmungs-
fähigkeit unterstützen**

Der verbreitete Mangel an Beziehung zu sich selbst geht Hand in Hand mit einem Mangel an Wahrnehmung der eigenen körperlichen Funktionen. Oft werden Warnsignale, daß etwas nicht in Ordnung ist, so lange ignoriert, bis eine Erkrankung manifest geworden ist. Die intuitive Erkenntnis, daß man Ruhe braucht, welche Ernährung in dieser Situation bekömmlich ist und welche weiteren Hilfen man sich selbst geben könnte, dringt nicht zum Bewußtsein durch. Alle Übungen der Integralen Energiearbeit – Entspannung, Atemübungen und Energieübungen – verhelfen zu größerer Sensibilität auf allen Ebenen und unterstützen die intuitive Wahrnehmungsfähigkeit.

Mit der vitalen Energie arbeiten

Mit den Mitteln der Energiearbeit läßt sich die körperliche Gesundheit auf direkte Weise fördern, ohne daß der Umweg über Gesundheitskonzepte genommen werden muß. Wie schon ausgeführt, ist das ein «kleines Ziel», und es ist wichtig, es in einen größeren Kontext eingebunden zu sehen. Wenn wir mit dem Energiekörper arbeiten, haben wir es immer mit der Gesamtheit unserer inneren Energie zu tun, auch wenn die Betonung auf einem vereinzelten Aspekt liegt, in diesem Fall auf dem Aspekt der körperlichen Gesundheit.

Am besten nähert man sich der vitalen Energie auf dem Weg über den Atem. Der Atem bildet eine Brücke zwischen Körper und Energie, und als solche findet er in vielen Kulturen Verwendung. Die Bezeichnungen der inneren Energie wie Qi, Prana oder Lung haben unter anderem auch die Bedeutung von Atem, wobei jedoch mehr der Energieaspekt als der physikalische Aspekt des Atems angesprochen ist. Früher bezeichnete man das gesamte Tao-Yoga oder Qi Gong pauschal als «Atemtherapie», weil sich eine Reihe von Übungen, vor allem für spezielle medizinische Zwecke, direkt auf den Atem bezieht. Auch das indische Pranayama wird oft als reine Atemschulung mißverstanden. In Wirklichkeit arbeiten beide Systeme primär mit den subtilen Energien.

    Es unterstützt das Verständnis für den Platz, den der Atem in unserer Ganzheit von Körper–Energie–Geist einnimmt,

Der Atem verbindet Körper und Energie

wenn wir seine symbolische Qualität betrachten. Seine regelmäßige Ein-aus-Bewegung läßt sich mit der Auf-ab-Bewe-
gung von Wellen assoziieren. Leben ist Bewegung; es «pul-
siert»; es ist keine lineare, sondern eine zyklische Art von
Bewegung, wie das Symbol des Dao, der Kreis der Yin- und
Yang-Energie, es zum Ausdruck bringt. Die Bewegung des
Atems ist das Symbol der Bewegung des Lebens selbst. Ist
kein Atem mehr da, kommt das Leben – zu verstehen als individuelle Existenz – zum Stillstand.

**Mit dem Atem Freund-
schaft schließen**

Im fortgeschrittenen Stillen Qi Gong tritt die äußere Aktivität
des Atems zunehmend zurück und wird vom «Qi-Gong-
Atem» abgelöst, der nicht mehr an die Aktivität der Lungen
gebunden ist. Man könnte auch sagen, der äußere Atem wird
vom «Energieatem» abgelöst. Doch bis man diese Stufe der
Beherrschung des Qi erreicht hat, ist es ein langer Weg.
Zunächst steht uns nichts anderes zur Verfügung als der nor-
male Atem, und es ist notwendig, zunächst mit diesem
Freundschaft zu schließen und auf diese Weise einen guten
Boden für die Energiearbeit zu bereiten.

Atmen

Der große Einfluß, den die Art des Atmens auf die körperliche und emotionale Befindlichkeit hat, ist zwar auch der
westlichen Medizin bekannt, doch wird er bis heute nur relativ wenig berücksichtigt. Untersuchungen haben zum Beispiel gezeigt, daß eine ruhige, tiefe Atmung die Produktion
des «Glückshormons» Endorphin anregt, das sich positiv auf
organische Funktionen und Gemütszustände auswirkt.

Den Atem befreien

Bevor man mit Energiearbeit beginnt, sollte der Atem zumin-
dest bis zu einem gewissen Grade befreit werden. Ungesunde
Atemmuster sind sehr hinderlich für den Fluß der Energie.
Untersuchen Sie zunächst die Art und Weise, wie Sie atmen.

Wie atme ich?

Die sichtbarste und spürbarste Wirkung des Atmens ist die Dehnung in bestimmten Körperbereichen. Machen Sie die Probe wie folgt:

Dehnung
Atmen Sie tief ein und beobachten Sie, wo sich Ihr Körper dehnt.
Dehnt sich die Brust aus?
Dehnt sich der Bauch aus?
Spüren Sie den Atem im Rücken, in den Seiten?
Spüren Sie ihn im Becken, im Kreuz?
Weitet der Einatem die Brust?
Fällt sie beim Ausatmen ein?
Dehnt sich beim Einatmen der Bauch?
Oder bewegt sich fast gar nichts?

Sitzhaltung
Achten Sie jetzt auf Ihre Sitzhaltung. Wie sitzen Sie?
Ist Ihre Brust eingezogen oder frei und offen?
Ist Ihr Rücken aufgerichtet oder gebeugt?
Richtet der Einatem Sie auf?
Sinken Sie beim Ausatmen zusammen?

Falls Sie die Beobachtung machen, daß der Einatem Sie aufrichtet, während Sie mit dem Ausatem zusammenfallen, können Sie daraus entnehmen, daß Ihr unwillkürliches Atemmuster hemmend wirkt. Versuchen Sie, mit der folgenden Übung – *Mit dem Rücken atmen* – Ihren Atem «umzudrehen»: Anstatt «Atem zu holen» lassen Sie den Atem einfach zu. Er kommt von selbst; je mehr Raum Sie geben, desto tiefer ist der Einatem. Das Sich-Sammeln-Lassen des Einatmens ist eine empfangende Situation (chinesisch *Yin*), in der es nicht um Tun, sondern um Lassen geht. Das Ausatmen hingegen unterstützt die Aktivität (chinesisch *Yang*); der gesammelte Atem

Der Atem kommt von selbst

drängt nach oben und außen und richtet den Körper auf natürliche Weise auf.

In den ostasiatischen Kampfkünsten ist es üblich, den Ausatem, der einen Stoß oder Schlag unterstützt, lautstark auszustoßen. Versuchen Sie es selbst. Stoßen Sie mit aller Kraft die geballte Faust nach vorn, in die Luft oder in ein Kissen. Selbst wenn Sie völlig ungeübt darin sind, atmen Sie mit Sicherheit nicht während des Stoßes ein!

Übung *Mit dem Rücken atmen*
Setzen Sie sich auf einen Stuhl, der Ihnen eine freie, aufgerichtete Sitzhaltung ermöglicht.

Legen Sie die Hände so auf die Oberschenkel, daß die Daumen in den Leisten liegen, und schließen Sie die Augen.

Lassen Sie das Becken im Einatmen ein wenig zurückkippen, und runden Sie den Rücken ganz leicht. Bewegen Sie dabei die Ellenbogen wie Flügel nach außen.

Atmen Sie mit der Vorstellung ein, in den Rücken zu atmen. Stellen Sie sich Ihre beiden Lungenflügel vor, die den Brustkorb ausfüllen; ihre Spitzen reichen bis zum Schultergürtel, unten sind sie mit dem Zwerchfell verbunden. Atmen Sie langsam und leicht ein, ohne Druck. Der Bauch wölbt sich ein wenig vor. Die Brust weitet sich dabei nur sehr gering.

Beim Ausatmen lassen Sie die Ellenbogen wieder in ihre Ausgangshaltung zurücksinken. Becken und Rücken richten sich auf.

Wenn Sie durch die Nase einatmen und den Ausatem durch die leicht geöffneten Lippen ausströmen lassen, intensiviert dies Ihre Erfahrung.

Wiederholen Sie diese Art des Atmens aufmerksam eine oder zwei Minuten lang. Das Gefühl der Atembewegung im Rücken nimmt langsam zu.

Bleiben Sie nach der Übung sitzen, und lassen Sie den Atem machen, was er will. Ihre Aufmerksamkeit ist noch im Rücken, aber um den Atem kümmern Sie sich nicht weiter. Sie werden feststellen, daß die Muskulatur des Rückens die Anregung bereitwillig aufgenommen hat. Die natürliche

Atemmuskulatur im Rücken hat nur darauf gewartet, beachtet und aktiviert zu werden.

Wenn Ihren die Rückenatmung sehr schwer fällt, ist die Atemmuskulatur eingefroren und muß wieder aufgetaut werden. Das bedeutet nicht, daß Sie sich beim Einatmen mehr anstrengen sollten. Das beste Hilfsmittel ist sanfte, gesammelte Aufmerksamkeit, die Beziehung herstellt und wie ein wärmendes Öfchen wirkt. Lassen Sie Ihre freundliche Aufmerksamkeit in den Rücken ausstrahlen. Stellen Sie sich vor, daß er warm, weich und beweglich wird.

Aufmerksame Atemarbeit wirkt auf die subtile Energieebene ein. Der Übergang zur Energiearbeit ist fließend. Der Einstieg besteht zwar in der bewußt unterstützten Aktivität von Ein- und Ausatem und in der Beobachtung der Dehnungsbewegungen und der körperlichen Empfindungen; doch mit entsprechend gelenkter Aufmerksamkeit tritt bald die Reaktion auf der Energieebene in den Vordergrund – **Wärme und Helligkeit** Wärme, Helligkeit, ein Gefühl der Belebtheit und des Fließens, vielleicht weißes oder farbiges Licht in dem Bereich, in den Sie «hineinatmen».

Wiederholen Sie diese kleine Übung des Rückenatmens immer wieder, jeden Tag oder besser noch mehrmals am Tag. Das falsche Atemmuster hat sich im Lauf vieler Jahre eingenistet; Sie werden es nicht innerhalb von ein paar Tagen verändern können!

Katzenbuckeln **Übung**
Eine vergnügliche Art, die Rückenatmung anzuregen, ist das Katzenbuckeln. Selbst wenn Sie sich zu alt und zu steif für diese Übung fühlen, sollten Sie es dennoch mit ihr versuchen. Lassen Sie sich auf Hände und Knie nieder, die Hände schulterbreit voneinander entfernt, die Knie mit geringem Abstand nebeneinander. Arme und Beine stehen jeweils etwa im rechten Winkel zum Körper.

Atmen Sie durch die Nase ein, und dehnen Sie dabei Becken und Rücken. Stellen Sie sich vor, daß die Welle des

卧虎撲食勢

两足分蹲身似倾
屈仰左右發相更
昂頭胸作探前勢
俯背膝還似砥平
鼻息調元均出入
指尖著地賴支撐
降龍伏虎神仙事
學得真形也衛生

Atems im Becken ansetzt, dann durch den Rücken rollt und die Wirbelsäule dehnt, bis sie am Ende der Halswirbelsäule angekommen ist.

Lassen sie beim Ausatmen den Atem durch die leicht geöffneten Lippen ausströmen, während der Rücken sich senkt und der Kopf angehoben wird.

Wenn Sie sich mit dieser Übung vertraut gemacht haben, können Sie die Wirkung vertiefen, indem Sie Ihre Aufmerksamkeit auf mögliche Licht- und Farberscheinungen richten. Sie empfinden den «Atem» nun als Wärme und Helligkeit in Ihrem Rücken.

Mit den Seiten atmen

Wenn der Rücken nicht atmen kann, ist natürlich auch in den Seiten wenig oder gar keine Atembewegung zu spüren. Doch auch hier befindet sich natürliche Atemmuskulatur, die geweckt werden sollte. Mit einer kleinen Übung im Stehen oder Sitzen können Sie die Seiten öffnen.

Wie ein Weidenzweig im Wind

Stehen Sie mit schulterbreit auseinandergestellten Beinen, die Füße parallel zueinander, die Knie gelockert. Heben Sie beim Einatmen den rechten Arm, sanft gerundet, die Handfläche nach unten. Dehnen Sie die rechte Seite, und runden Sie sich nach links wie ein Weidenzweig, der sich dem Wind beugt. Spüren Sie, wie der Atem die Seite weitet und ausfüllt. Beim Ausatmen lassen Sie den Arm langsam sinken und richten sich wieder auf.

Beim nächsten Einatmen heben Sie den linken Arm und dehnen die linke Seite auf dieselbe Weise. Es ist eine sehr natürliche, fließende Bewegung.

Lassen Sie sich so vom Atem hin- und herwiegen wie ein Weidenzweig, der in der chinesischen Tradition oft als Symbol für Flexibilität genannt wird. Die nachgiebige Weide überlebt den Sturm, heißt es, während die unnachgiebige Kiefer gebrochen wird.

Wenn Sie sehr schwach sind, können Sie auch im Sitzen üben.

Dehnen in Reiterhaltung

Intensiviert wird diese Übung durch die «Reiterhaltung», der Grundhaltung vieler Übungen der ostasiatischen Bewegungskunst. Dabei stehen Sie sehr breitbeinig mit abgewinkelten Knien und gerade aufgerichteter Wirbelsäule. Diese Haltung vermittelt ein Gefühl von Erdung, Kraft und Flexibilität.

Sie können der Übung noch mehr Form geben, indem Sie den inaktiven Arm miteinbeziehen. Runden Sie ihn mit nach oben gerichteter Handfläche, so daß Sie bei voller Dehnung den Eindruck haben, Sie hielten einen großen unsichtbaren Ballon.

Nach ein paar Atemrhythmen wird die Übung immer fließender und ist mehr Tanz als abstrakte «Übung». Die Dehnung wird zunehmend lockerer und weiträumiger, und die einzelnen Atemrhythmen werden länger. Wenn Sie eine passende Musik finden, die Ihnen die Freiheit des eigenen Rhythmus läßt, können Sie die tänzerische Komponente verstärken.

Es bietet sich auch an, beim Einatmen beide Arme zu heben. Achten Sie dabei darauf, daß Sie die Arme weit öffnen, sich Zeit lassen und sehr ruhig einatmen. Auch die Anmut der Bewegung ist wichtig; erst wenn Ihnen die Bewegung wirklich Freude macht, unterstützt sie den Atem in der richtigen Weise. Das gilt natürlich auch für alle später folgenden Energieübungen, die mit Bewegung verbunden sind.

Zwerchfellatmung

Ein tiefer Atem bewegt das Zwerchfell. Wenn Sie es gewöhnt sind, nur mit der Brust zu atmen, bewegt sich das Zwerchfell nur geringfügig. Das ist ein Atemmuster, das starke Blockierungen der inneren Energie bewirkt. Sie können das Zwerchfell bewußt in Bewegung versetzen.

Übung

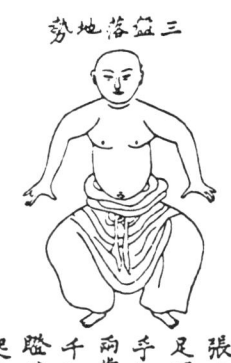

Übung

Zwerchfellatmung 1
Stehen Sie mit schulterbreit auseinandergestellten Beinen,
oder setzen Sie sich mit aufgerichteter Wirbelsäule auf einen
Stuhl. Atmen Sie langsam und tief durch die Nase ein. Atmen

Lachen...

Sie ruckweise durch die Nase aus, so daß die Muskulatur in
der Magengegend hüpft. So atmet man aus, wenn man lacht!
Wahrscheinlich wird diese Übung Sie zum Lachen reizen.

Zwerchfellatmung 2
Nach ein paar Wiederholungen können Sie das Atemspiel
umkehren. Atmen Sie nun ruckweise durch die Nase ein, so
daß die Muskulatur wieder hüpft, und lassen Sie dann den

...und Weinen

Atem durch die Nase ausströmen. So atmet man, wenn man
man schluchzend weint! Lachen und Weinen regen also offensichtlich die Bewegung des Zwerchfells an und stimulieren damit die organischen Funktionen.

Zwerchfellatmung 3
Eine weitere Möglichkeit, die Bewegung des Zwerchfells zu
aktivieren, ist eine Art des Ausatmens, als würden Sie Kirsch-
kerne in die Landschaft spucken. «Spucken» Sie beim Ausatmen mehrmals mit den Konsonanten p, t oder k. Der Magen
zieht sich dabei jedesmal heftig zurück und schnellt wieder
vor und bringt den gesamten Oberkörper in Bewegung.

> Mit diesen Zwerchfellübungen können Sie auch die
> Herztätigkeit anregen und einen lahmen Blutdruck
> wieder in Gang bringen. Wenn Sie sich müde oder er-
> schöpft fühlen und wenig Lust auf die tägliche Ener-
> gieübung haben, ist die Zwerchfellatmung gut geeig-
> net, um Sie munter zu machen. Solche Übungen lassen
> sich auch mit anregender Musik verbinden.

> *Froschatmung*
>
> Wenn Sie müde und abgespannt sind oder gewohn-heitsmäßig sehr flach atmen, können Sie Ihr Atemvo-lumen auf einfache Weise vergrößern und so Ihre Vitalität stärken.

Nehmen Sie eine bequeme, aber aufgerichtete Sitzhaltung ein, schließen Sie die Augen, und atmen Sie ruhig, bis Sie das Gefühl haben, «in sich angekommen» zu sein. Dann atmen Sie durch die Nase kräftig ein, bis sich Ihrem Gefühl nach etwa zwei Drittel Ihres natürlichen Atemvolumens gefüllt hat. Halten Sie dann drei Sekunden lang den Atem an (zählen Sie: eins-zwei-drei), und atmen Sie daraufhin weiter ein, bis Sie die Grenze des Atemvolumens erreicht haben.

Übung

Lassen Sie den Atem durch die leicht geöffneten Lippen wieder ausströmen. Das können Sie mehrere Male wiederholen, nach Belieben auch mit je einem normalen Atemzug dazwischen.

Der Name «Froschatmung» bezieht sich auf die angeregte Bauchatmung und das reiche Atemvolumen, das durch diese klassische Qi-Gong-Übung erreicht wird. Diese Übung verhilft Ihnen zu einer verbesserten Sauerstoffversorgung, die zum Beispiel auch das Einschlafen erleichtern kann.

Energieübungen mit Bewegung

Die uralte chinesische Tradition der Inneren Alchemie verfügt über einen großen Reichtum an äußeren und inneren Energieübungen. Die äußeren Übungen sind zur Erleichterung mit Atem und Bewegungen verbunden. Die inneren, stillen Übungen sind zwar wirkungsvoller, aber für Anfänger nicht unbedingt geeignet. Atem und Bewegung bieten sich als unterstützende Bezugspunkte an, die uns helfen, unsere Aufmerksamkeit zu zentrieren.

Die Übungen des modernen Qi Gong beziehen sich vornehmlich auf diejenige Ebene des Energiekörpers, die mit den körperlichen Funktionen verbunden ist. Sie nehmen also bei diesen Übungen Beziehung zu Ihrem vitalen Energiekörper auf. Dem entspricht die Orientierung auf das unterste der drei Zentren oder Speicher der chinesischen Energiearbeit, das «Untere Dantien». Es liegt zwischen Schambeinrand und Nabel (verschiedene Qi-Gong-Richtungen plazieren es unterschiedlich innerhalb dieses Bereichs).

Die folgenden Übungen sind so gestaffelt, daß sie die Verbindung mit dem Energiekörper Schritt für Schritt aufbauen und vertiefen.

Übungen für die Wirbelsäule

Eine Richtung der traditionellen chinesischen Energiearbeit, die früher streng geheimgehaltene buddhistische Schule des *Chan Mi Qi Gong*, befaßt sich hauptsächlich mit Übungen für die Wirbelsäule und bezieht sich auf den Energiekanal, der an ihr entlang verläuft. Die Grundausrüstung für alle komplizierteren Wirbelsäulenübungen des Qi Gong besteht aus vier Bewegungsabläufen: Wellen, Pendeln, Drehen und Dehnen.

Übung

Wellen

Stehen Sie mit schulterbreit auseinandergestellten Beinen; die Füße stehen parallel oder zeigen mit den Zehen ein bißchen nach außen (je weiter sie nach außen zeigen, desto mehr wird die Wirkung einer Übung abgeschwächt). Die Schultern sind nicht angespannt, die Arme baumeln locker, die Knie sind nachgiebig. Stellen Sie sich vor, daß Sie mit den Füßen ganz tief im Boden verwurzelt sind, wie ein Baum.

Das Wellen ist eine schlangenlinienförmige Bewegung der Wirbelsäule nach hinten und nach vorn. Die Welle beginnt unten im Steißbein und rollt den Rücken aufwärts bis zum obersten Halswirbel. Dann beginnt sie wieder im Steißbein.

Am Anfang ist es wichtig, die Wirbelsäule möglichst genau zu spüren, Wirbel um Wirbel, sonst besteht die Gefahr, daß die Übung zu oberflächlich ist. Gehen Sie schrittweise vor; der erste Schritt besteht immer darin, zum Körper Beziehung aufzunehmen.

Begleiten Sie dann diese Wellenbewegung mit der Vorstellung, daß die Wirbelsäule eine Energiebahn ist, in der sich ein helles, strahlendes Fluidum befindet, das durch die Übung in Bewegung versetzt wird. Stellen Sie sich das Qi als in sich kreisend vor. Der rückwärtige Kanal ist natürlich mit einem vorderen Kanal verbunden, denn die Energie kreist ständig im Körper; doch es genügt, wenn sich Ihre Vorstellung in diesem Fall auf den Bereich der Wirbelsäule richtet.

Die Wirbelsäule als Energiebahn

Nach und nach wird sich ein inneres Bild von dieser Energiebahn einstellen. Ihre Breite variiert je nach Ihrer Verfassung, ebenso wie die Qualität des Qi. Haben Sie den Eindruck, daß die Energiebahn sehr dünn ist, nur ein kleines Rinnsal, oder daß Ihre Energie eher dickflüssig ist und nur schwerfällig fließt? Beides sind Zeichen von Schwäche. Sind Sie gesund, so haben Sie das Gefühl, daß die Energie schnell und leicht auf breiter Bahn dahinströmt.

Beim Pendeln verläuft die Schlangenbewegung seitlich. Der Schwerpunkt des Körpers liegt nicht genau zwischen den Beinen, sondern ein kleines Stückchen dahinter.

Pendeln

Schwingen Sie das Becken erst nach der einen, dann nach der anderen Seite. Die Welle der Bewegung rollt in der Wirbelsäule nach oben und versetzt sie in Schlangenbewegung. Die Spitze des Steißbeins zeichnet eine Linie von einer Seite zur anderen, welche die vorige Linie, die nach vorn und hinten verlief, kreuzt. Spüren Sie Wirbel um Wirbel.

Begleiten Sie die Bewegung wieder mit der Vorstellung der Energiebahn, in der sich das helle Fluidum bewegt, fließend und in sich kreisend.

Kombinierte Übung

Wenn Sie sich mit diesen Übungen gut vertraut gemacht haben, können Sie sie auch kombinieren und ausweiten. Die Spitze des Steißbeins kann jetzt mit dem Wellen und mit dem Pendeln je eine 8 zeichnen – eine 8 nach vorn und hinten, eine 8 von einer Seite zur anderen –, dann wird die Bewegung noch vielfältiger.

Drehen

Sie stehen noch immer wie zuvor und drehen nun den ganzen Körper um seine Mittelachse abwechselnd nach beiden Seiten, je nach Beweglichkeit der verschiedenen Partien. Der Kopf dreht sich wahrscheinlich am weitesten, das Becken am geringsten. Beginnen Sie langsam, mit sanft schwingenden Armen. Stellen Sie sich die Bewegung der Energie in der Bahn entlang der Wirbelsäule vor. Grundsätzlich ist bei der Energiearbeit die Vorstellung immer wichtiger als die Bewegung selbst! Ohne die Imagination ist die Bewegung wie eine leere Hülse und bewirkt wenig.

Die Vorstellung ist wichtiger als die Bewegung

Dehnen

Stehen Sie wie zuvor mit lockeren Knien. Ziehen Sie das Kinn ein wenig an, damit die Halswirbelsäule gestreckt wird.

Lassen Sie das Steißbein in Ihrer Vorstellung nach unten sinken, als hinge ein schweres Senkblei daran. Dabei geben die Knie zunehmend nach. Stellen Sie sich vor, daß die Wirbelsäule gestreckt wird und sich die Wirbel voneinander lösen, einer nach dem anderen.

Dieses Dehnen der Wirbelsäule ist auch eine gute Vorbereitung für die folgende Qi-Gong-Übung *Stehen wie ein Baum*.

Stille Übungen

Das Stille Qi Gong besteht hauptsächlich aus inneren Übungen ohne Bewegungen. Diese Übungen gelten als die wirkungsvollsten. Sie werden auch als «taoistische Meditationen» bezeichnet. Wir wollen jedoch hier die Begriffe Meditation und Energiearbeit getrennt verwenden. Wann immer sich Übungen gezielt auf eine der subtilen Energien beziehen, sind sie der Energiearbeit zuzurechnen.

Stehen wie ein Baum

Diese wahrscheinlich mehr als zweitausend Jahre alte chinesische Energieübung gehört zur Grundausstattung des *Wushu* (Kampfkünste); sie stärkt die vitale Energie ganz ungemein. Eine überlieferte Geschichte macht deutlich, wie hoch im Ansehen diese eher unscheinbare Übung bei den chinesischen Praktizierenden der Energiearbeit steht.

Der beste Schüler

Ein berühmter Wushu-Meister suchte sich seine Schüler sehr sorgfältig aus. Nur die diszipliniertesten, begabtesten, eifrigsten, kurz die besten Schüler nahm er an. Um so mehr wunderte sich einer seiner Schüler, daß er immer nur in der Ecke stehen und die Baumübung machen mußte, während die anderen Schüler alle möglichen attraktiveren Übungen lernen durften. Lange nahm er es widerspruchslos hin, denn in der Tradition der chinesischen Energiearbeit wurde von einem Schüler bedingungsloser Gehorsam verlangt. Aber schließlich hielt er es einfach nicht mehr aus und fragte den Meister, warum er ihn nun schon so lange Zeit nur diese eine Übung machen lasse. Der Meister zog verwundert die Brauen hoch und sagte gelassen, als verstehe sich die Antwort von selbst: «Nun, weil du der Beste bist.»

Stehen Sie mit schulterbreit auseinandergestellten Beinen. Die Füße stehen parallel; noch intensiver wirkt die Übung, wenn die Zehen leicht einwärts zeigen. Verankern Sie die Füße in der Vorstellung ganz tief im Boden.

    Ziehen Sie das Kinn etwas an, damit der Nacken gedehnt wird, und lockern Sie die Schultern.

    Stimmen Sie sich ein in das taoistische Bild von «Himmel–Erde–Mensch», in dem Sie die Verbindung zwischen Himmel und Erde darstellen und an beiden teilhaben – an der

Übung

«Himmel–Erde–Mensch»   Festigkeit und Beständigkeit der Erde und an der Weite und
Offenheit des Himmels.

Atmen Sie ruhig und tief, bis Sie das Gefühl haben, daß in
Ihrem Körper viel Raum entsteht.

Kippen Sie das Becken ein bißchen nach außen, und ziehen
Sie das Steißbein nach innen. Spannen Sie dabei die Muskulatur des Beckenbodens ein wenig an.

Gehen Sie leicht in die Knie, als würden Sie sich auf einem
hohen Hocker niederlassen. Wenn die Haltung stimmt, fühlt
es sich an, als säßen Sie tatsächlich auf einer unsichtbaren
Stütze.

Heben Sie nun die Arme bis Brusthöhe, als würde Sie einen
Ballon an sich drücken. Die locker geöffneten Hände sind
etwa um Brustbreite voneinander entfernt.

Wenn Ihr Blutdruck normal ist, halten Sie die Arme und
Hände in der Höhe des Herzens. Ist er zu hoch, senken Sie die
Arme ein wenig ab und wenden die Handflächen leicht nach
unten. Bei zu niedrigem Blutdruck ist die Position der Hände
höher und die Handflächen weisen leicht nach oben.

Den Energiekörper wahrnehmen

Versuchen Sie, sich selbst nicht als materiellen Körper, sondern als Energiekörper wahrzunehmen. Die Energie durch-
strömt Sie, und Sie sind gleichzeitig von Energie umgeben.
Wenn die Arme sehr schwer werden und die angespannten
Muskeln zu schmerzen beginnen, sollten Sie nicht gleich
nachgeben. Versuchen Sie die unangenehme Empfindung
durch die starke Visualisierung Ihres Energiekörpers auszu-
gleichen. Dann können sich die Muskeln wieder entspannen.
Die Arme werden allein von der Energie getragen.

Wenn Ihnen heiß wird, ist dies ein Zeichen, daß die Energie
aktiviert wird. Gehen Sie mit Ihrer Aufmerksamkeit in die tief
in der Erde verankerten Füße, so daß die Energie absinkt und
Sie damit noch mehr stabilisiert. Genießen Sie das Gefühl der
flexiblen Stabilität Ihres Energiekörpers.

Sie können sich vorstellen, ein Baum zu sein, der still in der
Landschaft steht und doch so lebendig ist! Vielleicht steigen

auch andere Assoziationen auf – etwa, wie Tang im Meer zu treiben, verwurzelt und zugleich getragen. Lassen Sie diese Assoziationen ruhig aufsteigen, achten Sie jedoch darauf, daß Sie nicht in Träumerei verfallen. Das könnte zwar ganz angenehm sein, weil Sie sich selbst völlig vergessen und sich gar nicht mehr spüren würden, aber dies ist nicht der Sinn der Übung.

Am Anfang werden Sie vielleicht nicht länger als fünf Minuten durchhalten. Nehmen Sie sich einen festen Zeitraum vor und halten Sie ihn ein, damit Sie nicht in Versuchung geführt werden, einfach aufzuhören, wenn Sie keine Lust mehr haben. Falls Schmerzen in den Armen entstehen, können Sie die Arme etwas senken, aber geben Sie nicht einfach auf. Nach einiger Praxis werden Sie die Übungszeit verlängern können – und Sie werden anfangen, die Übung zu genießen!

Imaginatives Spüren mit den Energiesinnen
Diese Übung wird Ihnen leichter fallen, wenn Sie vorher entspannt auf einem Stuhl sitzen und diese Haltung imaginieren. Dabei sollten Sie die Haltung in Ihrer Vorstellung wirklich spüren; wenn Sie nur ein Bild von sich selbst in dieser Haltung schaffen, hat es keine Wirkung. In die Imagination auf der Ebene der Sinne des Energiekörpers («Energiesinne») führen die Übungen im nächsten Kapitel ein.

Energiehülle

Wenn Sie häufig die Erfahrung machen, daß Sie in bestimmten Situationen wie etwa in großen Menschenmengen, bei einer Diskussion mit einem Vorgesetzten oder einer Autoritätsperson usw. Energie zu verlieren scheinen und sich entsprechend geschwächt fühlen, können Sie sich mit einer Energiehülle umgeben.

Übung

**Sich in einen Energie-
mantel einhüllen**

Sitzen oder stehen Sie entspannt. Breiten Sie die Arme aus, und tun Sie so, als würden Sie ein großes Tuch um sich legen. Stellen Sie sich dabei vor, daß Sie sich in vitale Energie einhüllen, bis Sie lückenlos davon umgeben sind, einschließlich Kopf und Füße. Ziehen Sie in der Vorstellung diesen Energiemantel zusammen, so daß er dichter wird. Sie können dazu auch die in der folgenden Übung beschriebene *Gegenbauchatmung* verwenden.

Befinden Sie sich dann in der entsprechenden Situation, vor der Sie sich gefürchtet haben, denken Sie immer wieder kurz an die schützende Hülle. Wenn Sie trinken oder essen, können Sie sich vorstellen, durch die Hülle hindurch hinauszugreifen und das Glas oder etwas anderes zu sich hereinzuholen. Auch die Worte anderer müssen erst durch die Hülle hindurchdringen, um Sie zu erreichen.

Diese Methode ist wesentlich wirkungsvoller als Schutzmaßnahmen auf der psychologischen Ebene, wie zum Beispiel die Affirmation, in einer schwierigen Situation distanziert zu bleiben. Doch es sollte kein dauerhaftes Gewohnheitsmuster daraus werden, denn dies könnte sich als entwicklungshemmend erweisen. Das Ziel sollte letztlich sein, das Gewohnheitsmuster der Abgrenzung aufzulösen – nicht im dualistischen Sinn, denn das würde bedeuten, daß das Bewußtsein von außen überflutet wird, sondern im nichtdualistischen Sinn der verwirklichten Einsicht, daß Abgrenzungen Spiele der Projektion in einem unendlichen Feld der Einheit sind.

Als temporäre Schutzmaßnahme hingegen, wenn Sie sich gerade in einer Phase befinden, in der Sie größeren Belastungen nicht gewachsen sind, ist die Energiehülle sehr brauchbar. Manche Qi-Gong-Heiler benützen übrigens die Energiehülle auch, um sich gegen physische und psychische Krankheitseinflüsse seitens ihrer Patienten abzuschirmen.

> *Pflege des Qi*
>
> Diese Übung ist eine der zentralen Übungen des Stillen Qi Gong. Sie scheint außerordentlich einfach zu sein, aber der Schein trügt. Sie reicht von der untersten Anfängerstufe bis zur spirituellen Ebene.

Übung

Sitzen Sie aufgerichtet und entspannt, und legen Sie die Hände übereinander auf den Unterbauch über dem Unteren Dantien. Schließen Sie leicht die Augen.

Formale Übungen des Stillen Qi Gong werden immer mit drei kurzen vorbereitenden Übungen eingeleitet, die helfen, Sie schnell in einen ruhigen, für die Übung bereiten Zustand zu versetzen:

1. Zwischen den Augenbrauen entspannen
Die Spannung im Bereich der Augen und der Stirn lockert sich am leichtesten, wenn Sie Ihre Aufmerksamkeit auf die Stelle zwischen den Augenbrauen richten, wo nach asiatischer Vorstellung das «dritte Auge», ein spezielles feinstoffliches Wahrnehmungsorgan, sitzt. Im Bereich der Stirn entsteht das Gefühl von Helligkeit.

Helligkeit in der Stirn

2. Bis ans Ende des Universums lauschen
Richten Sie Ihre Aufmerksamkeit auf das Hören. Sie werden alle möglichen Vordergrundgeräusche hören – ein Auto, das vorbeifährt, eine Vogelstimme, spielende Kinder oder vielleicht nur das Rauschen des Verkehrs in der Ferne. Lauschen Sie nun in der Vorstellung weiter hinaus, über die Stadt, das Land, die Atmosphäre hinaus, noch weiter hinaus in die Tiefe des Weltalls. Es entsteht ein Gefühl von sehr viel Raum.

Raum entsteht

3. Lächeln
Dies ist eine Kurzversion des Inneren Lächelns, das sozusagen nur leicht «angetippt» wird.

Die vorbereitenden Übungen brauchen wenig Zeit; es genügt, wenn Sie sich je eine oder zwei Minuten dafür nehmen.

Richten Sie nun Ihre Aufmerksamkeit auf das Untere Dantien, bis Sie sich mit diesem Speicher der vitalen Energie verbunden fühlen. Vielleicht haben Sie eine Empfindung von Wärme oder Schwere; es kann auch ein inneres Bild entstehen, wie etwa eine Kugel aus einer Art silbernem oder goldenem Fluidum. Lassen Sie sich Zeit, bis sich die Verbindung mit dem Unteren Dantien stabilisiert hat.

Der nächste Schritt führt in einen offenen, entspannten Zustand, in dem Sie Ihre Wahrnehmung darauf richten, der vitalen Energie ihren freien Lauf zu lassen, so daß sie sich im ganzen Körper ausbreiten kann. Stellen Sie sich vor, daß die Energie normalerweise von einem «Ignoranz-Filter» daran gehindert wird, sich so unbehindert zu verteilen. Diesen Filter beseitigen Sie jetzt bewußt.

Das Qi ist «intelligent» Falls Sie krank sind oder eine Störung in irgendeinem Bereich Ihres Körpers haben, wird die vitale Energie ihren Weg dorthin finden. Es heißt, das Qi sei «intelligent». Es agiert als eigenständiger innerer Heiler; es löst Blockaden und balanciert energetische Ungleichgewichte aus.

Nach einiger Zeit wird Ihre Aufmerksamkeit wahrscheinlich erlahmen. Nehmen Sie immer wieder leicht Verbindung mit dem Unteren Dantien auf, und kehren Sie wieder zur Wahrnehmung des Verteilens zurück.

Für diese Übung sollten Sie sich eine halbe Stunde Zeit lassen. Sie verbindet Entspannung, geistige Beruhigung und Energieverteilung miteinander.

Konzentrieren Sie sich zum Abschluß wieder auf das Untere Dantien, und stellen Sie sich vor, daß Sie alle Energie, die der Körper im Augenblick nicht braucht, in den Speicher zurückziehen.

Energieverlust

Je älter wir werden, desto deutlicher spüren wir den Verlust an vitaler Energie. Das ist ein natürlicher Prozeß, den man nicht verhindern, aber doch immerhin verzögern kann. Es wird von großen Qi-Gong-Meistern der Vergangenheit erzählt, die noch im Alter von weit über hundert Jahren taufrisch und jung aussahen und über die Beweglichkeit der Jugend verfügten. Sterben mußten auch sie, doch es gelang ihnen, die Pein des langsamen Verfalls zu vermeiden. Ihr Qi war wie das Feuer einer Kerze, das munter brennt bis zum letzten Wachströpfchen.

Taufrisch mit hundert Jahren

Abgesehen vom Alterungsprozeß sind auch Krankheiten unvermeidliche Qi-Räuber. Durch besonders gute Ernährung und gutes Atmen kann sich das Energie-Reservoir wieder bis zu einem gewissen Grad auffüllen. Aber nicht selten hört man von jemandem, der schwer krank war, er sei nach der Krankheit «nie mehr der Alte» geworden; das bedeutet, daß der Energieverlust nicht wieder ausgeglichen wurde.

Den Verlust an vitaler Energie durch Heilen erleben viele Menschen, die physische Heilbehandlungen mit den Händen durchführen – wie Massagen, Heilgymnastik, Akupressur, Akupunktur u. ä. In der Mitte der Handflächen befinden sich «Energietore», die sich beim Behandeln öffnen und Qi abgeben. Je stärker sich der Behandelnde darauf konzentriert, heilen zu wollen, desto mehr vitale Energie fließt zum Patienten hin. Das erklärt die oft unverhältnismäßige Erschöpfung vieler Physiotherapeuten. Wenn Sie gelegentlich jemandem helfen wollen, indem Sie die Hand auflegen – es ist kein Märchen, daß dies wirklich oft hilft –, brauchen Sie jedoch keinen großen Verlust zu befürchten. Im allgemeinen schützt Ihr System sich selbst zur Genüge. Noch größer ist der Verlust für solche, die bewußt mit Energie heilen[13]. Das bewußte Abgeben von vitaler Energie kann zum eigenen Energiemangel führen. Das Resultat sind Erschöpfungsgefühl, Anfälligkeit für Infektionen (Immunschwäche), geschwächter Stoffwechsel und, von alledem gefördert, Neigung zu depressiven Verstimmungen.

Drogen sind mächtige   Es gibt auch vermeidbare Umstände, die zum Verlust vitaler
Qi-Räuber   Energie führen. Mächtige Qi-Räuber sind Rauschmittel
(einschließlich Beruhigungs- und Aufputschmittel) aller möglichen Art. Suchterzeugende Medikamente, Alkohol, Amphe-
tamine und Opiate sind die großen Killer der Vitalenergie. Bedroht sind vor allem junge Menschen. Der Tao-Yoga-Lehrer
Mantak Chia erklärt: «Junge Menschen besitzen sehr viel Le-
benskraft-Energie, wissen aber nicht, wie man sie in die richtigen Bahnen lenkt. Sie reagieren häufig damit, daß sie sie auf
schnellstmöglichem Wege wieder verbrauchen: durch Dro-
genkonsum, Sex, Alkohol, Rauchen oder andere Reizmittel.
Ein Aufputschmittel verleiht dem Betreffenden anfänglich
zehn- oder zwanzigmal so viel Energie wie im Normalzustand, aber diese Energie muß aus allen zugänglichen Reser-
voirs – nämlich den Organen, den Drüsen und dem Gehirn –
abgezogen werden. Anschließend bleibt nur ein energetisches
Tief zurück… Ein Mensch, der wenig Qi hat, wird die Wirkung
der Droge nicht so deutlich spüren, denn das Energiereservoir,
das die Droge aktivieren könnte, ist nicht besonders groß.»[14]

Schließlich führt auch der Geschlechtsverkehr zu Energieverlust, falls die sexuelle (Primär-)Energie nicht nach innen
und oben geleitet und zu vitaler Energie transformiert wird.
Die Praxis des Umwandelns von sexueller Energie in vitale
Energie und subtile Energie wird später beschrieben.

Vitale Energie aufladen

Zu den wichtigsten – und einst eifersüchtig geheimge-
haltenen – Übungen des Qi Gong gehören die Aufla-
deübungen. Erinnern wir uns daran, daß wir uns auf
der Ebene der Arbeit mit der grundlegenden vitalen
Energie noch in einem relativ dualistischen Bereich
unserer Energiewelt befinden. Auf dieser Ebene kann
man Energie verausgaben, und man kann auch wieder
Energie aufladen.

Die europäische Alchemie sagt: «Wie oben, so unten, wie innen, so außen» und drückt damit die untrennbare Verbindung von allem Seienden aus. Vom Standpunkt dieser Einheit sind wir selbst und das Universum, unsere individuelle Energie und die universale Energie nicht getrennt. Doch auf der Ebene unserer alltäglichen Wirklichkeit, auf der wir uns mit einer abgegrenzten Form identifizieren, besteht Trennung, und wir müssen Wille und Vorstellung einsetzen, um sie zu überwinden. Diese Zweiseitigkeit der Wirklichkeit wird mit dem Zen-Wort angesprochen: «Zwei sind zwei, aber nicht getrennt.»

Körperatmung
Setzen Sie sich mit aufgerichteter Wirbelsäule auf einen Stuhl, oder stehen Sie mit gelockerten Knien, und schließen Sie die Augen.

Übung

Atmen Sie ein paarmal mit der *Gegenbauchatmung:* Ziehen Sie beim Einatmen den Bauch ein, und spannen Sie die Beckenmuskulatur ein wenig an. Beim Ausatem lassen Sie wieder los.

Verbinden Sie jetzt diese Form des Atmens mit der Vorstellung, daß sich beim Einatmen alle Poren öffnen und reine Lebensenergie aus dem Universum ansaugen. Während des Ausatmens strömt die aufgenommene Energie in den Speicher der vitalen Energie im Unterbauch zwischen Nabel und Schambein (Unteres Dantien).

Energie ansaugen

Die Atemrthythmen und die körperliche Sensation des Gegenbauchatmens dienen in erster Linie zur Unterstützung; die Betonung liegt jedoch auf der Vorstellung. Imaginieren Sie das Öffnen der Poren (Sie können möglicherweise mit Gänsehaut darauf reagieren); stellen Sie sich vor, daß die Poren eine feine, helle Substanz einschlürfen und daß diese Substanz zum Unteren Dantien hinstrebt, um sich dort zu sammeln und zu verdichten. Ihr ganzer Körper atmet Energie ein.

> *Energie sammeln beim Spazierengehen*
>
> Sie können auch beim Spazierengehen Energie ein-
> sammeln. Es kann sehr inspirierend für die Imagina-
> tionskraft sein, wenn Sie in einer schönen, freien Land-
> schaft, an einem Seeufer oder am Meeresstrand
> spazierengehen, wenngleich die kosmische Energie,
> die Sie heranziehen, unabhängig von der Beschaffen-
> heit Ihrer Umgebung ist. Das entscheidende Moment
> ist die Intensität Ihrer Imagination.

Integrale Energiearbeit ohne Gewalt

Denken Sie daran, daß Energiearbeit nie mit Gewalt vor sich
gehen sollte. Es nützt also wenig, wenn Sie besonders heftig
einatmen; es besteht eher die Gefahr, daß Sie sich dabei ver-
krampfen. Vielleicht haben Sie Auftritte von modernen chinesischen Shaolin-Mönchen im Fernsehen gesehen, die mit angespannten Gesichtszügen und vor Anstrengung zitternd
wilde Konzentrationsleistungen vollbringen. Dies sollte kein
Vorbild für Sie sein. Man kann zwar mit solch einer hochge-
spannten Konzentration gewisse ungewöhnliche Fähigkeiten
erreichen, doch das ist nicht die Zielrichtung der Integralen
Energiearbeit.

   Der Abt des chinesischen Shaolin-Klosters sagte einmal zu
diesem Thema: «Die (Energie-)Arbeit ist bitter; je bitterer, de-
sto größer die Leistung»[15]. Um das zu verstehen, muß man
sich den Hintergrund der Tradition des «Eisenhemd-Qi-
Gong» vor Augen halten. Es wurde vor anderthalbtausend
Jahren entwickelt, um die stets von Räubern gefährdeten
Mönche des buddhistischen Shaolin-Klosters, die sich dem
Weg der Gewaltlosigkeit verschrieben hatten, mit geeigneten
Verteidigungsmitteln auszurüsten.

Himmels-Qi sammeln

Fühlen Sie sich häufig müde und abgespannt? Haben Sie eine Neigung zu depressiven Verstimmungen? Dann kann Ihnen das Himmels-Qi möglicherweise Auftrieb geben. Diese Übung hebt das allgemeine Energieniveau, regt die Antriebskraft an und vertreibt Müdigkeit.

Am besten wählen Sie für diese Übung bei gutem Wetter ein ruhiges Plätzchen in freier Natur. Wenn das nicht möglich ist, stellen Sie sich auf den Balkon oder an ein offenes Fenster und wenden sich dem Himmel zu. Theoretisch kann man natürlich jede Energieübung an jedem Ort machen; doch die Inspiration, die ein weiter, freier Himmel bietet, ist eine gute Hilfe für die Imagination. Aber selbst wenn Sie in einer zugebauten Großstadt leben oder gar Ihre Zeit im Gefängnis verbringen sollten, kann nichts Sie daran hindern, sich in Ihrer Vorstellung dem Himmel zuzuwenden.

Übung

Stehen sie gut aufgerichtet, die Beine schulterbreit auseinandergestellt und fest im Boden verwurzelt. Schließen Sie die Augen.

Stellen Sie sich nun vor, daß in der Mitte Ihres Körpers eine Energiebahn vom Scheitel bis zum Unteren Dantien, dem Qi-Speicher im Unterleib, verläuft.

Heben Sie die Arme, als sammelten Sie die Energie des Himmels ein, und «gießen» Sie diese gesammelte Energie in die als Trichter vorgestellte obere Öffnung der zentralen Energiebahn.

Natürliche Anmut

Je besser es Ihnen gelingt, sich durch die Vorstellung mit der Energieebene zu verbinden, desto natürlicher und anmutiger wird die Bewegung. Versuchen Sie nicht, von außen her eine «schöne» Bewegung zu produzieren. Sie sind nicht auf der Bühne; die Bewegung hat nur eine unterstützende Funktion.

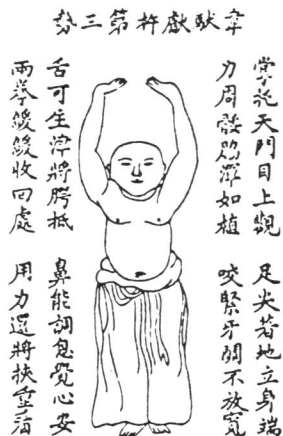

常從天門目上觀
刀周骸跳濟如植
足尖苍地立身端
咬緊牙關不放寬

舌可生津將腭抵
鼻能詞息覺心安
兩拳緩緩收回處
用力逯將挾查插

Die Energie des Himmels fließt nun durch die mittlere Bahn hinunter zum Unteren Speicher und sammelt sich dort. Ihre Hände begleiten diesen Vorgang, als würden sie nachhelfen und die Energie sanft nach unten drücken.

Sie können dabei den Atem zu Hilfe nehmen, wenn Sie wollen. Während des Einatmens sammeln Sie Energie, und während des Ausatmens befördern Sie sie in den unteren Speicher.

Diese Übung können Sie wiederholen, so oft Sie wollen.

Wenn Sie die Übung beenden wollen, legen Sie die Hände abschließend noch ein paar Atemzüge lang auf den Bereich des Unteren Dantien im Unterbauch und lassen Ihre Aufmerksamkeit darin ruhen.

Einen energetisch geladenen Platz finden

Erd-Qi sammeln

Wenn Sie sich sehr wenig «geerdet» fühlen, wenig «Boden unter den Füßen» haben, wirkt sich dies als geistige Unruhe und eine Neigung zu Ängsten aus. Dann fehlt Ihnen Yin-Energie, die Sie aus der Erde ziehen können.

Für diese Übung gilt dasselbe wie für das Einsammeln des Himmels-Qi: Sie können überall üben. Natürlich ist es besonders inspirierend, dabei auf einem schönen Fleckchen Erde zu stehen. Suchen Sie nach Möglichkeit einen Platz, an dem Sie sich besonders wohl fühlen und der Ihnen energetisch geladen erscheint; an dieser Stelle befindet sich vielleicht eine Kreuzung von «Drachenadern», wie die alten Chinesen die subtilen Energieströme der Erde und des Himmels bezeichneten. Auf das System der Drachenadern bezieht sich vor allem «Feng Shui», die geomantische Kunst des alten China.

Schließen Sie die Augen, und beginnen Sie mit den drei vorbereitenden Übungen – *Zwischen den Augenbrauen entspannen,
Bis ans Ende des Universums lauschen* und *Lächeln*. **Übung**

Lenken Sie dann Ihre Aufmerksamkeit in die Fußsohlen.
An der Fußsohle liegt in der Mitte des vorderen Quergewöl-
bes – am Übergang vom ersten zum zweiten Drittel des Fußes
– der *Yongquan*-Punkt oder die «Sprudelnde Quelle». Diese
Yongquan-Punkte sind Tore zur Erde, und sie sind mit den
Nieren verbunden, nach dem System der Inneren Alchemie
der Speicher der Primärenergie *(Jing-Qi)*.

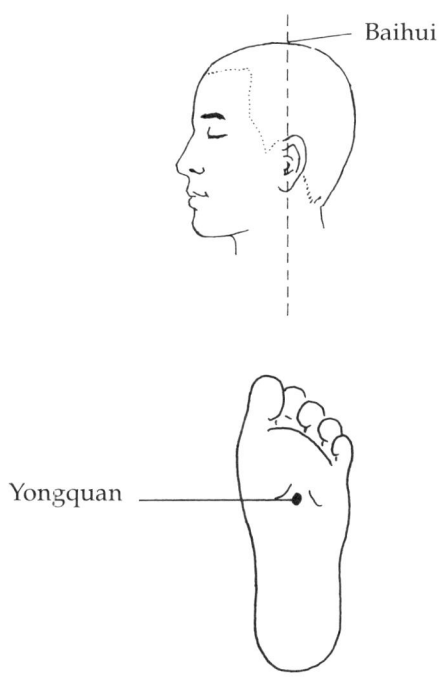

Baihui

Yongquan

Stabilisierende Energie aus der Erde hochziehen

Stellen Sie sich vor, daß Sie aus dem reichen Energieschatz der Erde stabilisierende Energie hochziehen, durch die Quellpunkte in die Beine, in den Beinen aufwärts zum Dammpunkt, der zwischen Genitalien und After liegt, und von dort im mittleren Energiekanal hinauf bis zum unteren Speicher im Unterbauch.

Öffnen Sie beim Einsammeln die Arme mit gerundeten Händen nach beiden Seiten, als würden Sie Energie schöpfen, und begleiten Sie das Hochziehen des Qi mit den Händen zum Unteren Dantien. Lassen Sie nach Beendigung der Übung die Hände kurz auf den Unterbauch ruhen.

Wenn Sie mit den Übungen des Einsammelns von Himmels-Qi und Erd-Qi ein wenig Erfahrung gewonnen haben, werden Sie feststellen, daß die beiden Energien recht unterschiedliche Empfindungen und Assoziationen wecken. Und natürlich sind auch die Wirkungen entsprechend verschieden.

Gibt Ihnen die Himmels-Energie ein Gefühl von Leichtigkeit und Antrieb? Wirkt die Erd-Energie beruhigend und vermittelt sie Ihnen ein Gefühl von Geborgenheit und Standfestigkeit?

Wertschätzung
Und noch andere Erfahrungen können sich einstellen, zum Beispiel Dankbarkeit dem Himmel, der Erde gegenüber. Die Dankbarkeit dem Himmel und der Erde gegenüber hat nicht

Dankbarkeit dem Himmel und der Erde gegenüber

die Schwere einer Verpflichtung; sie ist einfach Freude. Durch diese Übungen nehmen Sie Beziehung auf, und Beziehung ist Lebendigkeit, Austausch, fließende Energie (das gilt für jede natürliche, gute Art von Beziehung).

Sie bemächtigen sich der Energie des Himmels und der Erde nicht mit der Haltung eines Unternehmers, der Bodenschätze ausbeutet. Sie nehmen Beziehung auf, und Sie erhalten ein Geschenk, denn die Energien des Himmels und der Erde sind überaus großzügig. Ihr Gegengeschenk besteht aus Dankbarkeit, Wertschätzung und Ehrfurcht.

Ganzheitliche Energiearbeit ist ein kreatives Geschehen, und wie jeder kreative Akt bringt sie Freude. Ist das nicht der Fall, so ist die Motivation nicht in Ordnung. Moderne Menschen sind häufig von den Phänomenen des Schamanismus fasziniert, doch zumeist in erster Linie angesichts der offensichtlichen Macht, die in den schamanistischen Fähigkeiten zum Ausdruck kommt. Häufig wird übersehen, daß die Kommunikation mit den Energien der Natur für die Schamanen aller Kulturen in der Form heiliger Rituale stattfand und ebenso von Ehrfurcht wie von Hingabe bestimmt war.

Matsuwa, ein alter Schamane der Huichol-Indianer aus den mexikanischen Sierras, sagte in New York zu der Anthropologin Dr. Joan Halifax:

«Ich sehe, wie die meisten Menschen hier derart in ihre eigenen kleinen Leben verstrickt sind, daß sie ihre Liebe nicht zur Sonne hinauftragen können, hinaus aufs Meer und in die Erde. Nur wenn Ihr Zeremonien abhaltet, wird die Lebenskraft in Euch einströmen, wenn Ihr Eure Liebe in die fünf Himmelsrichtungen aussendet – nach Norden, Süden, Osten und Westen und in die Mitte. Immer war es so, seit Anbeginn menschlicher Geschichte: Die Menschen sind in ihre kleinen Welten vernagelt, und sie vergessen die Elemente, sie vergessen die Quelle ihres Lebens.»[16]

Die Welt der subtilen Energien ist unendlich viel größer als die kleinen vernagelten Welten unserer ich-bezogenen Alltagserfahrungen. In die Energiearbeit wirklich einzutauchen bedeutet, das inhärente Wissen von der Verbundenheit aller Dinge wieder zu berühren. Ein chinesischer Adliger des elften Jahrhunderts drückte es so aus:

«Der Himmel ist mein Vater
Und die Erde ist meine Mutter,
Und selbst solch ein kleines Geschöpf wie ich
Findet in ihrer Mitte seinen geborgenen Platz.
Das, was sich ausbreitet im Universum,
Betrachte ich als meinen Körper,
Und das, was das Universum lenkt,
Betrachte ich als meine Natur.
Alle Menschen sind meine Brüder und Schwestern,
Und alle Dinge sind meine Kameraden.»[17]

Sammeln der Energie von Bäumen und Blumen

Nach chinesischer Tradition sind bestimmte Bäume mit bestimmten Organen verbunden. So heißt es zum Beispiel, das Qi der Kiefer sei gut für die Leber, das Qi der Zypresse für die Nieren, das Qi der Pappel für die Lungen, das Qi der Weide für die Milz und das Qi der Platane für das Herz.

Sie können also bei Problemen mit einem dieser Organe den entsprechenden Baum wählen. Doch ganz allgemein stärkt die Energie der Bäume Ihre inneren Funktionen, und diese Übung verhilft Ihnen auch zu einer innigeren Beziehung zu Bäumen.

Übung   *Aufnehmen der Baumenergie*
Stellen Sie sich in einem Abstand von etwa 20 cm vor einen gesunden Baum mittleren Alters (er sollte weder sehr jung noch sehr alt sein). Entspannen Sie sich kurz mittels der drei vorbereitenden Übungen *Zwischen den Augenbrauen entspannen*, *Bis ans Ende des Universums lauschen* und *Lächeln* (siehe S. 93).

Öffnen sie die Arme und Hände, als wollten Sie den Baum umarmen. Nehmen Sie die schon beschriebene Haltung des Qi-Gong-Stehens ein – ausbalanciert, entspannt und gut verankert.

Spüren Sie nach, ob sie den Eindruck einer Berührung mit der Energie haben, die dieser Baum ausstrahlt. Sie können den Abstand ein wenig verändern, näher rücken oder ein wenig zurücktreten, bis Sie zumindest eine Ahnung dieser Berührung wahrnehmen.

Nehmen Sie nun diese Energie durch die Tore in den Handflächen auf und leiten Sie sie in das Untere Dantien.

Vollziehen Sie diese Übung nicht mechanisch. Bitten Sie den Baum um seine Energie, und danken Sie ihm nach der Übung dafür.

Freundlichkeit und Respekt der Natur gegenüber

Wie auch immer Sie zu dem Baum als Lebewesen stehen mögen – es ist auf jeden Fall gut für Ihre psychische Hygiene, wenn Sie mit einer Haltung der Freundlichkeit und des Respekts der Natur gegenüber üben.

Aufnehmen von Blumenenergie
In derselben Weise können Sie auch das Qi von Blumen sammeln. Natürlich sollten es keine abgeschnittenen Blumen und auch keine Topfpflanzen sein. Wählen Sie eine Blume im Garten oder auf der Wiese, deren Form und Farbe Sie besonders anspricht, oder eine Heilpflanze, deren heilende Energie Sie sammeln möchten.

Achtsamkeit und Freiheit
Wenn Sie sich mit diesen Übungen vertraut gemacht haben, entwickeln Sie vielleicht spontan eigene Bewegungen, die Ihrer persönlichen Art der Kommunikation mit der Natur Ausdruck geben.

Die eigene authentische Form finden

Denn aus dieser Kommunikation heraus sind solche Übungen ja entstanden. Vielleicht wollen Sie auch ganz auf Bewegung verzichten und sich nur auf die Imagination konzentrieren. Es steht Ihnen frei, Ihre eigene authentische Form zu finden.

Qi Gong ist wie ein riesengroßer Garten mit einer unendlichen Vielfalt von Pflanzen. Uralte Bäume sind
darin, in Jahrtausenden gewachsene Übungen mit tiefen Wurzeln in die Vergangenheit, aber auch neue Blu-
menzüchtungen, manche eher modisch; und vielleicht
sind auch ein paar exotische Giftgewächse dazwischen, Anleihen aus dem benachbarten Tibet, die man
wie potente Arzneipflanzen betrachten sollte, äußerst
wirkungsvoll bei wissendem Gebrauch, aber höchst
gefährlich für den Unwissenden.

Für Anfänger sind komplexere Energieübungen gefährlich. Das gilt selbst für Fortgeschrittene, sofern
Energieübungen ohne Supervision durch einen erfahrenen Lehrer vorgenommen werden. Wenn Sie sich
hingegen, wie hier empfohlen, zunächst darauf konzentrieren, eine gute Basis der ganzheitlichen Entspannung zu schaffen, und den Entspannungsaspekt
einer jeden der vorgestellten einfachen Energieübungen im Auge behalten, kann sich Ihre Beziehung zur
Welt der subtilen Energien auf natürliche Weise aufbauen, ohne zu «Energieunfällen» zu führen.

Wahrnehmung entwickeln

Die Sinne

Die Körperebene ist auch die Ebene der Sinnesfunktionen.
Unsere Sinne sind die Mittel unserer Wahrnehmung. Sie verbinden uns mit der Welt, in der wir leben.

Im allgemeinen ist unsere Erfahrung nicht direkt. Im Buddhismus unterscheidet man zwischen direkter Sinneswahrnehmung – das ist eine Wahrnehmung ohne Sprache, eine
eher fühlende Wahrnehmung – und der Beschreibung dieser

Erfahrung, die der rationale Geist hinzufügt. Unser begriffliches Denken bemächtigt sich dessen, was wir wahrnehmen, oft so schnell, daß wir nur noch eine sehr eingeschränkte Sinneserfahrung machen können. Was übrigbleibt, ist lediglich eine indirekte Wahrnehmung. Das ist zutiefst unbefriedigend, und meistens kennen wir nicht einmal den Grund für unser unbefriedigtes Gefühl – die Trennung von Körper und Geist.

Zweifelhafte Medikamente wie die häufig verschriebenen Tranquilizer, die zu einer «besseren» psychischen Verfassung verhelfen sollen, vertiefen die Kluft. Sie unterbinden die unmittelbare, fühlende Wahrnehmung und können auf längere Sicht den Geist so weit vom Körper trennen, daß psychotische Reaktionen beim plötzlichen Absetzen des Medikaments die Folge sind.

Vielleicht haben Sie manchmal den starken Wunsch, die Realität wirklich zu erleben, ganz direkt; aber trotz aller Bereitschaft kommt nur eine sehr oberflächliche Berührung zustande. Irgendwie erscheint die Welt nur zweidimensional, ohne die Tiefe, an die Sie sich vielleicht aus Ihrer Kindheit erinnern. Das kommt daher, daß Sie auf der Ebene der Gedanken festgehalten werden. Dies ist ein Gewohnheitsmuster, das man nicht auf Anhieb abstellen kann. Doch man kann lernen, es Schritt für Schritt aufzulösen.

Wenn wir uns an die Qualität der Erfahrung in unserer Kindheit erinnern, steht vor allem eines im Vordergrund: Die Zeit schien viel länger zu sein, oder das Jetzt war viel größer. Bestimmte Eindrücke waren ungeheuer intensiv: der Geruch von gemähten Wiesen, ein sonnenbeschienener Waldrand mit einem geheimnisvollen Waldesdunkel dahinter; das blasse, weiße Licht unter dem tiefgrauen Himmel vor Beginn eines Gewitters, das alles aussehen läßt wie unter Wasser; der Sommergeschmack der ersten reifen Erdbeeren… Sie werden sich an Augenblicke erinnern, die sich tief eingegraben haben, zeitlose, wirklich gefühlte Augenblicke. Damals waren Ihre Sinne noch weit offen, nicht bedrängt vom geschäftigen Denken. Es waren wirkliche, echte Erfahrungen der Sinne.

Direkte und indirekte Wahrnehmung

Gegen das begriffliche Denken wäre nichts einzuwenden, wenn es nur dann in Aktion träte, wenn man es braucht. Um vollere, reichere Sinneserfahrungen zu entwickeln, müssen wir lernen, die Überaktivität der Gedanken zu beruhigen und so die Sinneserfahrungen zu reinigen.

Sinneswahrnehmungen trainieren

Am besten trainiert man die Sinneswahrnehmungen zunächst einmal in der Natur. Eine schöne, weite Landschaft, ein See, ein Flußufer, ein Meeresstrand, irgendein ruhiges Plätzchen, wo Sie ungestört und nicht abgelenkt sind, ist geeignet. Die zuvor beschriebenen Übungen unterstützen dieses Training der reinen Sinneswahrnehmung; und natürlich lassen sich alle diese Übungen miteinander kombinieren.

Wenn Sie versuchen, Ihre Sinne zu öffnen, wird Ihr denkender Geist vielleicht anfangen, eifrig alles Gesehene aufzählen zu wollen; er wird sich kommentierend und urteilend einmischen wollen; es wird ihm leicht langweilig, und er will sich lieber mit Gedanken beschäftigen. Wahrscheinlich wandert er immer wieder davon, um seine eigenen Geschichten zu spinnen. Sie werden sich also immer wieder selbst «aufwecken» müssen. Wenn Sie sich mit dem Inneren Lächeln einstimmen, wird es Ihnen wahrscheinlich leichter fallen, einigermaßen gesammelt zu bleiben.

Übung   *Sehen*

Setzen Sie sich auf einen ruhigen Platz in einer Landschaft oder in einem Park. Schließen Sie die Augen, und nehmen Sie fühlend Verbindung mit Ihrem Unterleib auf. Richten Sie von hier aus die Aufmerksamkeit auf Ihre Umgebung. Leiten Sie jede der folgenden Wahrnehmungsübungen mit dieser Sammlung im Bauch ein.

Öffnen Sie dann die Augen. Lassen Sie Form und Farben

auf sich wirken. Wenn Sie eine grüne Wiese sehen, werden Sie vermutlich denken «grüne Wiese». Bleiben Sie nicht beim Denken stehen. Nehmen Sie «sprachlos» wahr.

Aktivieren Sie die Qualität des Inneren Lächelns. Lächeln Sie die grüne Wiese an, verbinden Sie sich mit ihr. Grün ist eine Farbe, die bekanntlich für die Augen sehr wohltuend ist. Überlassen Sie sich der beruhigenden Wirkung des Grüns.

Vielleicht sehen Sie einen Baum. Öffnen Sie Ihr Sehen nicht nur für den sichtbaren Aspekt des Baumes, sondern auch für seine «Persönlichkeit». Ein Baum ist nicht einfach nur ein Baum. Er ist ein ganz bestimmter, einmaliger Baum. Versuchen Sie, ihn ganz neu und frisch zu sehen.

Sehen, ohne auszuwählen

Wenn Sie dieses fühlende Sehen trainieren, werden Sie mit der Zeit viel mehr sehend wahrnehmen. Ihre Neugier wird wachsen und damit die Genauigkeit. Und die Welt wird reichhaltiger – sie hat so viele Formen und Farben anzubieten. Sie werden das Entzücken eines Malers erleben können, der die Welt vor allem sehend erfährt.

In der tantrischen Praxis setzt man Farben und Formen gezielt ein, um über den Sehsinn eine Brücke zum subtilen Energiekörper zu bauen. Bestimmte Farben hängen mit bestimmten inneren Energien zusammen (siehe «Innere Ebene», *Das Mandala der psychischen Energien*), und bestimmte Gestalten personifizieren transformierte psychische Energie oder «Weisheitsenergien».

Hören
Um das Hören zu trainieren, ist es zunächst gut, nur mit geschlossenen Augen zu hören. Setzen Sie sich in die Natur und hören Sie deren Geräusche – das Rascheln des Windes in den Bäumen, das Summen von Insekten, Verkehrsgeräusche auf einer entfernten Straße. Vor allem im Frühling ist es ein großes Vergnügen, den vielfältigen Gesängen der Vögel zuzuhören.

Übung

**Der «Musik» eines
Flusses lauschen**

Sie können sich an den Rand eines Flüßchens setzen und seinem Lied zuhören; sie werden staunen, wie nuancenreich die «Musik» eines Flusses sein kann. Eines meiner Kinder sagte einmal, kaum daß es ein paar Worte sprechen konnte, am Rand eines Flusses voll andächtiger Begeisterung: «Wasser… Musik!».

Das Hören schafft eine ganz andere Verbindung zur Welt als das Sehen. Sie können zwar die Augen zumachen, die Ohren jedoch nicht. Sie können den Blick gezielt auf etwas richten und alles andere ausklammern; beim Hören hingegen sind Sie allen vorhandenen Geräuschen ausgeliefert. Eine Form der auditiven Tortur erlebte ich in der tibetischen Hauptstadt Lhasa, wo die chinesischen Besatzer per Lautsprecher mit großer Lautstärke kommunistische Parolen und chinesische Popmusik auf die Tibeter herunterdonnern lassen, die sich vor dem Jokhang-Tempel, Tibets größtem Heiligtum, zur religiösen Praxis versammeln.

**Geräuschüberflutung
macht Streß**

Es ist bekannt, daß ab einer bestimmten Menge von Geräuschüberflutung Streßsymptome entstehen. Wir brauchen Stille. Wenn wir genügend Stille genießen können, wächst die Fähigkeit zu differenziertem Hören.

Bei der Beurteilung dessen, was wir hören, spielen auch «Hörgewohnheiten» eine große Rolle. Musik, die unseren Hörgewohnheiten entspricht, gefällt uns im allgemeinen, während die Musik eines anderen Kulturkreises, die andere musikalische Muster verwendet, als sehr unangenehm empfunden werden kann. Man sagt dann: «Diese Musik ist schön! Jene Musik ist scheußlich!» ohne zu ahnen, daß das Urteil allein nur auf Hörgewohnheiten beruht.

In der tantrischen Praxis setzt man bestimmte Töne ein, um die Beziehung zu den subtilen Energieebenen anzuregen. Während andere Arten von Musik bestimmte Gefühlszustände zu erzeugen versuchen, will die tibetische Sakralmusik jegliche «Zustände» durchbrechen und die Ebene der subtilen Energie freilegen.

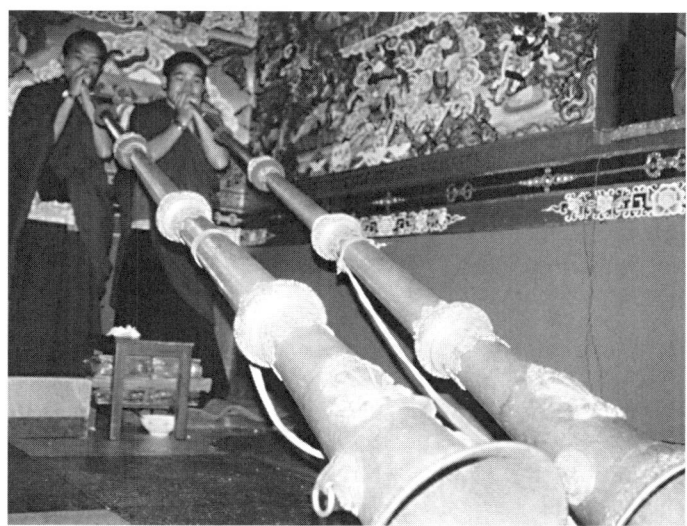

Riechen

Am besten üben Sie das Riechen in der Natur. Schließen Sie die Augen und nehmen Sie aufmerksam die Gerüche auf. Nasses Gras riecht sehr frisch und intensiv, im Wald riecht es moderig, am See riecht es nach Wasserpflanzen usw. Versuchen Sie, auch feine Geruchsnuancen aufmerksam wahrzunehmen.

Wenn Sie anfangen, sich auf Ihren Geruchssinn zu konzentrieren, werden Sie feststellen, wie groß die Vielfalt der Gerüche ist. Sie stimulieren uns sehr unauffällig, und sie scheinen einen tiefen Eindruck in uns zu hinterlassen.

Haben Sie schon einmal erlebt, daß ein bestimmter Geruch Sie intensiv an eine bestimmte, längst vergangene Situation erinnerte, und zwar so stark, daß Sie fast das Gefühl hatten, wieder mitten in dieser Situation zu sein? Ein Geruch kann der Anker sein, der ein Erlebnis tief in Ihrem Gedächtnis verankert.

Der Geruchssinn läßt sich, ebenso wie der Hörsinn, nicht willentlich ausschalten. Wenn es unangenehm riecht, sind Sie

Übung

Gerüche hinterlassen oft tiefe Eindrücke

diesem Geruch ausgesetzt. Angenehme Gerüche können hingegen außerordentlich stimulierend wirken.

In der tantrischen Praxis wird – als Nebenwirkung des Opferrituals mit aromatischem Räucherwerk *(Lhasang)* – das Bewußtsein über den Geruchsinn in die spirituelle Übung eingestimmt. Der würzige Rauch von Räucherstäbchen und getrocknetem Wacholder bereitet eine rituelle Atmosphäre, die den Geist dabei unterstützt, das konzeptuelle Denken hinter sich zu lassen.

Übung

Schmecken
Wenn Sie etwas essen oder trinken, können Sie das unmittelbar zur Schmeckübung machen. Richten Sie Ihre Aufmerksamkeit ungeteilt auf den Geschmack des Nahrungs- oder Genußmittels. Welche Geschmacksrichtung oder -richtungen entdecken Sie? Wie zart oder intensiv sind sie? Am besten schließen Sie die Augen, um ganz unabgelenkt zu sein.

Langsam und aufmerksam essen

Wenn Sie so aufmerksam schmecken, essen Sie mit Sicherheit langsamer. Und der Drang, noch etwas anderes zu tun, während Sie essen – wie Fernsehen, Reden oder Zeitunglesen – wird abnehmen. Wir berauben uns einer reichhaltigen Möglichkeit der sinnlichen Erfahrung, wenn wir unseren Geschmacksinn vernachlässigen.
    Traditionelle tibetische Ärzte, die noch heute ihre Heilkräuter in den Bergen suchen, testen vor allem durch Schmecken, ob das jeweilige Kraut schon den rechten Reifegrad für eine Ernte erreicht hat. Die umfangreiche tibetische Diätlehre richtet sich völlig nach Geschmacksrichtungen. Bei bestimmten Krankheiten soll man bestimmte Geschmacksrichtungen meiden beziehungsweise bevorzugen. Die Zuordnungen sind manchmal nicht auf den ersten Blick einleuchtend, weil wir es nicht gewöhnt sind, so genau «hinzuschmecken». Zwiebeln gelten zum Beispiel als «süß und salzig», Pilze als «zusammenziehend und süß», Fleisch und Eier als «süß» usw.
    In der tantrischen Praxis hat das Schmecken seinen Platz im

rituellen Fest (Ghanachakra); dabei ist jede Geschmacksrichtung vertreten, und von allem wird ein wenig gegessen und getrunken, als Ausdruck der Wertschätzung für den Reichtum an Geschmackserfahrung, den die Welt anzubieten hat.

Spüren (Tasten)
Was man als Tastsinn bezeichnet, sollte eigentlich «Körpersinn» heißen. Es ist unsere Fähigkeit zu spüren – unseren eigenen Körper und andere Körper und Dinge, unsere eigene Form und andere Formen, in Ruhe und in Bewegung.

Sie können Ihren Körpersinn auf einfache Weise dadurch trainieren, daß Sie ein paar bewußte Bewegungen machen. Zum Beispiel folgende:

Schulter hochziehen
Stehen Sie aufgerichtet mit leicht auseinandergestellten Beinen. Heben Sie eine Schulter an, so weit Sie können. Achten Sie darauf, daß Sie nur diejenigen Muskeln anspannen, die für diese kleine Bewegung gebraucht werden. Entdecken Sie vielleicht eine Anspannung in der anderen Schulter, im Hals oder sonst irgendwo? Lassen Sie sie los.

Übung

Gehen
Nehmen Sie beim Spazierengehen Ihre Haltung bewußt wahr:

Gehen Sie mit aufgerichteter Wirbelsäule (einschließlich der Halswirbelsäule)? Oder hängt Ihr Kopf nach vorn?

Sind die Schultern hochgezogen? Können Sie sie loslassen?

Ist Ihr Schritt munter oder schleppend?

Spüren Sie bei jedem Schritt in den muskulären Ablauf der Bewegung hinein: Welche Muskeln werden gebraucht? Welche spannen Sie möglicherweise ganz unnötig an?

Streicheln
Im Liebesspiel können Sie Ihren Körpersinn besonders leicht zum Leben erwecken. Gehen Sie über alle Routine hinaus, als würden Sie zum erstenmal die Erfahrung der sexuellen Be-

gegnung machen. Öffnen Sie den Körpersinn, und erspüren Sie – vielleicht unterstützt von Innerem Lächeln – den geheimen Reichtum liebevoller Berührungen.

Sinnliche Erfahrung «befriedet» den Geist

> Zum Wecken der Sinneswahrnehmungen brauchen Sie Zeit, äußere Zeit und innere Zeit. Unmittelbare sinnliche Erfahrung ist sehr befriedigend; Sie «befriedet» den unruhigen Geist, so daß er nicht mehr so sehr im konzeptuellen Denken gefangen ist. Außerdem ist die Kultivierung der reinen Sinneswahrnehmung eine wichtige Voraussetzung für die Übungen der Inneren Ebene, der Wahrnehmung mit den Sinnen des Energiekörpers.

Drei Stufen der Wahrnehmung

Wir können drei Stufen der Wahrnehmung unterscheiden:

Die erste Stufe ist die konventionelle Wahrnehmung, die wenig Aufmerksamkeit beinhaltet und durch abschweifende Gedanken oder durch Kommentare verdunkelt ist. Das Resultat wird unbesehen für «wahr» gehalten.

Die zweite Stufe ist die im Erwachen begriffene Wahrnehmung; die Aufmerksamkeit ist bewußt geschärft, doch zugleich ist auch eine gewisse Verwirrung damit verbunden. Die Trennung zwischen dem Beobachter und dem Beobachteten wird plötzlich schmerzhaft deutlich. Obwohl dieser Zustand im Vergleich zur ersten Stufe zunächst als weniger wünschenswert erscheint, bedeutet er in Wirklichkeit einen großen Fortschritt.

Auf der dritten Stufe ist die Wahrnehmung wach. Hier gibt es keine absichtliche Aufmerksamkeit – sie ist nicht nötig. Die Verbindung zwischen dem Beobachter und dem Beobachteten kann so innig sein, daß es gar keine Trennung mehr gibt.

Von außen betrachtet scheint es keinen Unterschied zwischen Stufe eins und drei zu geben. Nur auf Stufe zwei spielt sich sichtbar etwas Außergewöhnliches ab. Ein Zen-Spruch weist auf dieses Prinzip hin:

> Für den, der nicht versteht, sind Berge Berge.
> Für den, der zu verstehen beginnt, sind Berge nicht mehr Berge.
> Für den, der verstanden hat, sind Berge wieder Berge.

Wahrnehmen mit den Energiesinnen
Sie können noch weiter in die Energieerfahrung hineingehen, indem Sie nicht mit den äußeren Sinnen, sondern mit den Sinnen des Energiekörpers wahrnehmen. Auf diese Weise wird die Lebendigkeit der Sinne in besonderer Weise unterstützt.

Schließen Sie die Augen, und sehen Sie nach innen. Warten Sie auf das, was sichtbar wird. **Übung**
   Horchen Sie nach innen. Hören Sie die inneren Klänge.
   Riechen Sie den inneren Geruch.
   Schmecken Sie den inneren Geschmack.
   Spüren Sie das Innere Ihres Körpers – das Schlagen des Herzens, das Strömen des Blutes, die lebendigen Bewegungen und die vitale Energie in Ihrem Innern.

Deborahs «Vierte Ebene»

Offene sinnliche Wahrnehmung macht Freude und vermittelt Befriedigung. Mangel an direkter Wahrnehmung macht unglücklich oder gar krank. Psychische Störungen beruhen immer auf einer Trennung von Körper und Geist; je größer die Kluft, desto tiefer die Störung. Sehr schwer gestörte Menschen haben gar keinen Kontakt mehr mit der Wirklichkeit. Der Konzepte schaffende, projizierende Geist beherrscht völlig ihre Erfahrung. Dieses Eingeschlossensein in eine innere Scheinwelt ist ein zutiefst unglücklicher Zustand. Hannah Green beschreibt in ihrem Buch *Ich hab dir nie einen Rosengar-*

ten versprochen die einzige Art von Entspannung, die in diesem Zustand möglich zu sein scheint: Die Flucht in die vollkommene Gleichgültigkeit.

Die psychotische Deborah hat sich zum Schlafen niedergelegt und erlebt diesen selbstgeschaffenen Super-Tranquilizer-Zustand: «Das Reich Yr hatte einen neutralen Ort, der als Vierte Ebene bezeichnet wurde. Sie konnte nur durch Zufall erreicht werden, nicht durch eine Formel oder einen Willensakt. Auf dieser Vierten Ebene gab es keine Gefühle, die man ertragen mußte, keine Vergangenheit und keine Zukunft, zwischen denen man zerrieben wurde. Es gab weder Erinnerung noch Verfügung über ein Selbst, nichts als tote Fakten, die unaufgefordert kamen, wenn man sie brauchte, und die mit keinerlei Gefühlen verbunden waren.»[18]

Hier wird zwar eine besonders krasse Form der Trennung von Körper und Geist beschrieben, doch gehen die schwächeren, «normalen» Manifestationen in dieselbe Richtung. So mancher gut funktionierende Alltagsmensch hat seine kleine Vierte Ebene, die er einem eigenen psychischen Mechanismus, der pharmazeutischen Industrie oder dem Drogenschwarzmarkt verdankt.

Machen Sie sich klar, daß es immer der begriffliche Geist ist, der sich zwischen Sie und die Welt stellt. Ihn zu beruhigen und zu zähmen ist der Angelpunkt unserer Energiearbeit.

Kreativität

Direkte Wahrnehmung ist überaus kreativ. Es ist nicht nötig, daß Sie Bilder malen, Musik machen oder Gedichte schreiben, um kreativ zu sein. Ein kreativer Zustand kann ganz still sein und einfach nur zutiefst befriedigende, reichhaltige Erfahrung bescheren. Das ist gut für die geistige Gesundheit, denn der zu hektischer Geschäftigkeit neigende denkende Geist hat in diesem Fall weniger Gelegenheit, mit seinen illusionären Geschichten die Begegnung mit der Wirklichkeit zu verhindern. Bei uns wird Kreativität oft nicht in diesem Sinne verstanden. In der Kreativitätsforschung gilt noch weitgehend die Ansicht, daß sich nur der als kreativ erweist, «der kreative Ideen produziert», und daß man man einen Prozeß nur dann kreativ nennen kann, wenn er «durch das Hervorbringen eines kreativen Produkts beobachtbar wird».

Diese enge Vorstellung von einer produktbezogenen Kreativität paßt zwar zu einer materialistischen Gesellschaft, aber nicht zur Wirklichkeit. Viele große Künstler unserer Kultur – zum Beispiel Goethe und Mozart – haben die Kreativität als einen «Gast» bezeichnet, der plötzlich «auftaucht». Doch es ist nicht einfach ein Zufall, wenn sie kommt. Sie antwortet auf die Bereitschaft, sie zu empfangen, auf den inneren Raum, der ihr zur Verfügung gestellt wird.

Kreativität als «Gast»

Herbsttag

Als hätte ich die Welt
gerade neu erfunden
so frisch ist sie

Meine Freude
hat den Himmel erfunden
dessen blaue Tiefe
blauen Tiefen weicht
Meine Zärtlichkeit hat die goldenen
Blätter erfunden
die von den Bäumen treiben
in die Umarmung der Erde
Meine Leidenschaft hat die blendende
Sonne erfunden
den eruptierenden Stern
so strahlend und klar

Der unendliche Raum ist geöffnet
für meine neuerschaffene Welt

Kommunikation mit der Welt

Schulung der sinnlichen Wahrnehmungs-fähigkeit

Die erste Tür zur Kreativität ist die Schulung der sinnlichen Wahrnehmungsfähigkeit. Diese Wahrnehmungsfähigkeit ist zugleich Ausdruck der Beziehung zum Wahrgenommenen, zur Kommunikation mit der Welt.

Der Tiefenpsychologe C. G. Jung berichtet in seiner Autobiographie von einer Lebensphase am Beginn seiner Laufbahn, in der er sich vom Leben völlig überfordert fühlte und nicht wußte, wie er mit dem sprachlosen inneren Druck fertig werden sollte. Er beschreibt, wie er sich in seiner Hilflosigkeit einfach seinen Einfällen überließ. Und was ihm einfiel, war eine Erinnerung aus seiner Kindheit, wie er hingebungsvoll mit Bauklötzen und Sand gespielt und Häuschen und Schlösser gebaut hatte.

«Zu meinem Erstaunen tauchten diese Erinnerungen auf, begleitet von einer gewissen Emotion. Aha, sagte ich mir, hier ist das Leben. Der kleine Junge ist noch da und besitzt ein schöpferisches Leben, das mir fehlt.»[19]

Um zu diesem schöpferischen Leben zurückzufinden, tat er einfach, was er als Kind getan hatte: Er sammelte Steine und spielte! Dabei vollzog sich in ihm ein Prozeß, der alle Prinzipien beinhaltete, die nötig sind, um die Kreativität und damit ein dynamisches Lebensgefühl zu wecken.

Als erstes wandte er sich von den rationalen Inhalten ab. Er versuchte seinen Zustand nicht mehr zu analysieren; das hatte ja nicht geholfen. Er nahm sich Zeit für sich selbst, für eine sinnliche Begegnung mit natürlichen Dingen wie Steinen und Sand. Er öffnete seine Wahrnehmung. Er baute ohne «vernünftiges» Ziel, einfach nur um des Bauens willen.

Kinder können uns zu einer direkteren Wahrnehmung inspirieren. Als junge Mutter ging ich einmal mit meinem fünfjährigen Sohn im nahegelegenen Park spazieren. Es war ein Pflichtspaziergang, denn «das Kind mußte an die Luft»; eigentlich hatte ich ja viel wichtigere Dinge zu tun. Plötzlich sagte der kleine Junge beglückt: «Schau mal, die Wolken tanzen. Ich glaube, sie feiern ein Fest. Wahrscheinlich hat eine Wolke Geburtstag.»

Bis zu diesem Augenblick hatte ich meine Umgebung kaum wahrgenommen. Die Bäume, der Himmel, die Wolken waren abstrakte Dinge, Namen in meinem Kopf. Doch dann war ich plötzlich mit der Möglichkeit einer direkten sinnlichen Wahrnehmung konfrontiert. Und es waren nicht nur die Worte des Kindes, die inspirierend wirkten. Mehr noch war es die Atmosphäre, die sich in seiner Stimme, in seinem Gesichtsausdruck, in seiner Haltung äußerten.

Sich von Kindern inspirieren lassen

Sexualität (Teil 1)

Die mit der Sexualität verbundene Energie ist die «substantiellste» Art von vitaler Energie, und dieser Energie sind wir uns, im Gegensatz zu den subtileren Energien, sehr wohl bewußt. Im chinesischen System der Inneren Alchemie ist sie das Produkt von *Jing Qi* (Primär-Energie); oft werden vereinfachend sexuelle Energie und Jing Qi gleichgesetzt. Jing Qi ist die energetische Grundlage des Lebens, die von den Eltern an das Kind weitergegeben wird.

In der klassischen chinesischen Gesundheitspflege gilt ein ausgeglichener Umgang mit der sexuellen Energie als unumgänglich wichtig. Sie soll weder unterdrückt noch ungehemmt freigesetzt werden, denn beides schadet Körper und Geist.

Ausgeglichener Umgang mit der sexuellen Energie

Ein guter Kenner des Taoismus, John Blofeld, schreibt: «Unterdrückte Begierde und quälende Phantasien können die geistige und körperliche Gesundheit viel mehr beeinträchtigen als die sorgfältig geregelte sexuelle Befriedigung, und deshalb wird letztere als mit der ‹Kultivierung des Weges› vereinbar erachtet.»[20]

Alte Kulturen haben alle möglichen Tabus und Einschränkungen entwickelt, um die machtvolle sexuelle Energie zu kontrollieren. An bestimmten Tagen des Mondmonats und zu bestimmten Zeiten des weiblichen Zyklus' galt Geschlechtsverkehr als unheilsam. Monogamie und Zölibat sind Mittel, um die sexuelle Energie im Zaum zu halten. Sie neigt dazu, sich wie ein ungezähmtes Pferd zu verhalten, das seinen Reiter abwirft und eigene Wege geht. Vor allem dann, wenn der Reiter seiner Vision folgen will, muß er sein Pferd gut lenken können. Dazu gehört natürlich, daß der Reiter – um bei diesem Bild zu bleiben – wach und aufmerksam ist, und daß er eine freundliche und zugleich souveräne Beziehung zum Pferd entwickelt.

Der Niedergang der sexuellen Kultur (soweit man von einer solchen im christlichen Abendland je sprechen konnte) führt auf der äußeren Ebene dazu, daß der Prozeß der Verwandlung von Primärenergie in vitale Energie, der sich, wie wir sehen werden, bis zu einem gewissen Grad auf natürliche Weise vollziehen kann, immer weniger bis gar nicht stattfindet. Das ist möglicherweise ein wichtiger Grund für das Absinken des gesundheitlichen Niveaus.

Sexualität ist eine Form der Kommunikation

Auf der inneren Ebene bewirkt dieser Niedergang eine psychische Verwilderung. Man spricht von «Liebe», aber wenige vermögen zu unterscheiden zwischen sexueller Begierde, Bedürfnis nach Bestätigung, Angst vor Einsamkeit einerseits und Zuneigung, Mitgefühl und Hingabe andererseits. Die sexuelle Begegnung wird allzu selten als eine Form der Kommunikation verstanden, eine besonders nahe, innige Kommunikation als Ausdruck echter Beziehung, die von außerordentlicher Achtsamkeit und besonderem Zartgefühl gekennzeichnet ist.

Obskure Objekte der Begierde, verhängnisvolle Affären, geborene Killer bevölkern die sexuellen Phantasien aus zweiter Hand. Und die Gutwilligen, aber Unwissenden ernten oft Frustration bei ihren Anstrengungen, «bessere Menschen» im Bett zu sein.

Hin und wieder gibt es Paare, deren Sexualität Ausdruck tiefer Zuneigung und Wertschätzung ist. In diesem Fall kann sich die sexuelle Kommunikation in einer Situation entfalten, die genügend Raum und Ruhe für eine wache, intensive Wahrnehmung bietet. Das ist natürlich die beste Voraussetzung für eine bewußte methodische Kultivierung, wie sie im Folgenden beschrieben ist. Die Überlieferungen aus der Inneren Alchemie, die uns noch zugänglich sind, beziehen sich zwar zum großen Teil auf die äußere, mit dem Körper verbundene Ebene der Energie, doch waren, wie gesagt, in der Inneren Alchemie die kleinen Ziele nicht von der großen Vision getrennt, und das Streben nach Macht mit Mitteln der Energiearbeit wurde in entsprechenden Lehrgeschichten verurteilt.

Wichtig sind Zuneigung und Wertschätzung

Berühmt ist die legendäre Gestalt der «Herrin der Erhabenen Basis». In einer Geschichte sagt sie zum Kaiser Wu, der von taoistischen Meistern geheime Energiepraktiken erlernte, um sich falsch verstandene «Unsterblichkeit» zu sichern: «Du bist zügellos, verschwendungssüchtig und gewalttätig geboren, und du lebst inmitten von Blut und Gewalt. Wie viele Taoisten du auch hierher berufen magst, um Unsterblichkeit zu erlangen, du wirst dich doch nur verbrauchen.»[21]

Bewahren der Energie

Eine grundlegende taoistische Methode des Schutzes vor Energieverlust besteht in der Zurückhaltung der Ejakulation («Hüten des Jing»). Für Frauen gibt es keine äußeren Methoden; sie, so heißt es, verlieren beim Geschlechtsakt nur wenig Primärenergie.

Eine höhere Methode ist die «wechselseitige Kultivierung»: Übungen für Paare, wobei beide die sexuelle Energie in der Vorstellung innerhalb des Körpers nach oben leiten, um sie so in Qi (Lebensenergie) und schließlich in *Shen* (Geistenergie) zu verwandeln. Diese Übungen dienen der Stärkung der Gesundheit und der Verfeinerung der groben vitalen Energie zu subtileren Formen der Energie.

Im alten China erzählte man sich gern Gruselgeschichten über den Mißbrauch der «wechselseitigen Kultivierung». Böse Meister der geheimen Kunst nahmen sich junge, gesunde Frauen und raubten ihnen die Primärenergie, die beim Orgasmus freigesetzt wird. So manchem taoistischen Übeltäter starben angeblich auf diese Weise ganze Reihen von Ehefrauen weg.

Sexualität und Macht   Es gibt mannigfaltige Mystifikationen über den Umgang mit sexueller Energie in alten Kulturen. Sie haben immer etwas mit Macht zu tun – und damit einseitig mit dem männlichen Energieaspekt. Die Integrale Energiearbeit ist jedoch grundsätzlich am Gleichgewicht orientiert, in diesem Fall am Gleichgewicht zwischen männlicher und weiblicher Energie.

Es werden hier dementsprechend nur Anleihen an denjenigen Prinzipien gemacht, die dieser Orientierung dienen.

Verwandlung von sexueller Energie in Vitalenergie

Auf der äußeren Ebene ist es zunächst einmal wichtig, die Macht der sexuellen Energie anzuerkennen und bereit zu sein, achtsam mit ihr umzugehen. Nach altchinesischer medizinischer Weisheit schwächt Masturbation die Primärenergie; das gilt vor allem für den Mann. Zudem ist es ein einsames Unterfangen, das Gefühle der Isolation nährt und damit auch die psychische Energie schwächt.

Die bewußte Verbindung mit dem Herzzentrum (siehe Sexualität, Teil 2) führt dazu, daß die nach außen drängende Energie statt dessen aufsteigen und sich in subtilere Energie verwandeln kann. Jeder liebevolle Gedanke, jegliches Gefühl der Zuneigung, jeder Akt der Hilfsbereitschaft aktiviert das Herzzentrum und vermindert den blinden Drang der sexuellen Energie, die dazu neigt, sich zu verselbständigen und die Trennung zwischen Körper und Geist zu vertiefen. Darum ist die bewußte Orientierung auf eine freundliche, mitfühlende Geisteshaltung eine grundlegend hilfreiche Maßnahme, die nicht nur vor falschem Umgang mit der sexuellen Energie bewahrt, sondern auch die Basis für eine erfolgreiche Praxis aller Transformationsübungen bildet.

Das Hochziehen der sexuellen Energie   **Übung**
Die sexuelle Energie ist mächtig, und wenn sie erst einmal in Bewegung geraten ist, läßt sie sich nicht einfach abstellen. Sie provoziert Phantasien und drängt zur Suche nach einem Objekt, und die gute Absicht, sich zu beruhigen, nützt wenig. In diesem Fall ist es besser, den Stier bei den Hörnern zu packen.

Sitzen Sie mit aufgerichtetem Rücken, und schließen Sie sie Augen. Konzentrieren Sie sich auf das Gefühl der drängenden Energie im Genitalbereich. Lassen Sie es zu, und geben Sie ihm bewußt Raum. Versuchen Sie, nur die Energie wahrzunehmen, ohne sie im Geist zu beschreiben und zu kommentieren. Vermeiden Sie sexuelle Träumereien. Es handelt sich einfach um Energie, stark, dicht, hell. Visualisieren Sie die dichte und helle Qualität dieser Energie.

Stellen Sie sich einen breiten, offenen Kanal vor, der vom Damm zum Unteren Dantien (zwischen Schambein und Nabel) führt. Sie spüren die erregte Energie, die zu Aktivität drängt. Leiten Sie diese in Ihrer Vorstellung in den mittleren Kanal.

Atmen Sie mit Gegenbauchatmung ein, und ziehen Sie dabei den Dammpunkt etwas hoch; das geschieht durch Anspannen der genitalen und analen Muskulatur. Gleichzeitig stellen Sie sich vor, daß Sie die sexuelle Energie im mittleren Kanal zum Unteren Dantien hochziehen.

Die Energie im Unteren Dantien speichern

Beim Ausatmen entspannen Sie die Muskulatur und speichern in Ihrer Vorstellung die hochgezogene Energie im Unteren Dantien.

Verteilen

Nach fünf bis zehn Minuten dieser Praxis hat sich der Brennpunkt der Empfindung vom Genitalbereich zur Bauchmitte verschoben. Bleiben Sie mit der Aufmerksamkeit noch ein wenig beim Unteren Dantien.

Lassen Sie dann diesen Bezugspunkt los, und stellen Sie sich vor, daß sich die gespeicherte vitale Energie in alle Richtungen ausbreitet. Achten Sie auf die körperlichen Reaktionen – Kribbeln, Erwärmung, das Gefühl des Fließens. Diese vitale Energie, die Sie Ihrem Körper zur Verfügung stellen, wirkt auf den gesamten Organismus ausgleichend und nährend.

Gehen Sie zum Schluß mit Ihrer Aufmerksamkeit zum Unteren Dantien zurück, und stellen Sie sich vor, daß Sie alle

Energie, die gerade nicht gebraucht wird, dort zusammen-
ziehen.

Orgasmus

Wenn die Beziehung zwischen zwei Liebespartnern sehr innig und hingebungsvoll ist, wirkt sich der sexuelle Akt ganz
von selbst positiv auf die Energiesituation aus. Ist die Basis
der Begegnung jedoch nur oder vornehmlich Begierde, sind
Körper und Geist getrennt und die Energie kann nicht aufsteigen und verwandelt werden, sondern geht verloren.
   Die berühmte negative postkoitale Stimmung, die bekanntlich eher Männer als Frauen ergreift, hat ihren Grund in dieser Trennung von Körper und Geist und in der daraus erfol-
genden energetischen Schwächung. Eine zärtliche, rück-
sichtsvolle, mitfühlende Beziehung zum Partner ist die Voraussetzung für einen erfüllenden Liebesakt. Dies bewahrt auch
vor der Gefahr des Sichverausgabens durch allzu häufig wie-
derholten Koitus. Wenn Körper *und* Geist befriedigt sind, läßt
der Drang nach Wiederholung des allzu kurzen körperlichen
Entspannungseffekts eines nur genitalen Orgasmus nach.

Es klingt ziemlich abwegig, im Zusammenhang mit
dem sexuellen Akt von einer «Übung» zu sprechen,
und sie sollte auch ganz gewiß nicht in einem technischen Sinn aufgefaßt werden. Übung bedeutet in diesem speziellen Fall eher Orientierung, Ausrichtung,
Einstimmung. Die eigentliche «Übung» findet außerhalb der sexuellen Vereinigung statt – in der Form des
Inneren Lächelns, des Entspannens, des Erlernens direkter Wahrnehmung. So ausgerüstet, können Sie in
der sexuellen Vereinigung wach, aufmerksam, geistig
entspannt und offen sein. Sie spüren, daß Sie nicht nur
mit den Genitalien, sondern mit dem gesamten Körper
und, mehr noch, mit Herz und Geist beteiligt sind.

Übung   *Verfeinerung der Energie*

Das Aufsteigen der im Orgasmus freigesetzten Energie im mittleren Kanal ereignet sich vor allem dadurch, daß Sie sich mit einer offenen und nicht abgrenzenden Geisteshaltung in die sexuelle Begegnung begeben haben. Das heißt, daß Sie Ihrem Partner oder Ihrer Partnerin echte Zuneigung, Achtung und Hingabe entgegenbringen.

Stellen Sie sich vor dem Orgasmus vor, daß die Energie aufsteigen wird – zum Unteren Dantien oder vielleicht noch weiter. Während des Orgasmus denken Sie nicht mehr und können nicht mehr willentlich eingreifen; die Tür muß vorher schon geöffnet sein.

Die Vorstellung von der aufsteigenden Energie fällt der Frau im allgemeinen leichter als dem Mann; letzterer braucht also vielleicht ein bißchen mehr Vorbereitung. Außerdem muß er in der Lage sein, den Orgasmus nicht in Ejakulation **Die Energie steigt auf**   umschlagen zu lassen. Je entspannter Ihr Geist ist – und das bedeutet, nicht so stark vom Impuls des Habenwollens vereinnahmt, sondern offen und berührbar –, desto bereitwilliger steigt die Energie hoch.

Dies ist die einfachste der Methoden, die Energie im Orgasmus zu bewahren und zu verfeinern. Dennoch verlangt sie natürlich die Fähigkeit zu fühlen, anstatt den Vorgang nur zu denken.

Auflösen sexueller Energieverbindungen

Taisha Abelar, die ein Energietraining der Yaqui-Indianer absolvierte, beschreibt einen interessanten Aspekt dieser Energiearbeit im Zusammenhang mit Sexualität[22]. Nach diesem System findet im Geschlechtsakt nicht etwa ein gleichgewichtiger Austausch von Energie statt, sondern der Mann läßt «Energiestränge» oder «Energiefäden» («wie leuchtende Würmer») in der Frau zurück, in denen beständig Energie von der Frau zum Mann fließt, selbst dann noch, wenn die Beziehung längst beendet ist. Erst nach sieben Jahren verschwinden sie – doch spätestens dann entsteht in der Frau wieder ein starkes Bedürfnis nach einer sexuellen Verbindung, und das Energieverlust-Spiel beginnt von neuem. Diese indianische Idee vom Energieverlust der Frau in der sexuellen Beziehung findet eine Entsprechung in den beschriebenen chinesischen Erzählungen von skrupellosen «Energievampiren» der Inneren Alchemie.

Der Mann zapft der Frau Energie ab

In diesem System geht man davon aus, daß vor Beginn der Energiearbeit diese eingelagerten Energiefäden vernichtet werden müssen. Mit der Methode der «Rekapitulation» werden alle sexuellen Beziehungen der vergangenen sieben Jahre zurückverfolgt, in allen Details erinnert und die Fäden gelöst.

Allein schon auf der psychologischen Ebene ist das Verfahren der Rekapitulation sehr wirkungsvoll, indem es ermöglicht, die Gewohnheitsmuster aufzudecken, die sich durch die Beziehungen ziehen. Und die Erfahrung hat gezeigt, daß die Auflösung dieser sexuellen «Altlasten» in der Imagination tatsächlich sehr befreiend wirken kann.

Für Frauen
Beginnen Sie mit der Übung des Inneren Lächelns, bis sich dessen Qualität in Ihnen ausgebreitet hat.

Übung

Führen Sie sich dann Ihre gerade bestehende oder, wenn Sie keinen aktuellen Partner haben, Ihre letzte sexuelle Beziehung vor Augen. Rekonstruieren Sie die Stationen dieser Beziehung in Ihrer Erinnerung so genau wie möglich. Imaginieren Sie dann die Energiefäden, die in Ihrem Unterleib verankert sind und zu dem entsprechenden Partner führen.

Energiefäden mit psychologischen Ladungen

Sie werden psychologische Bedeutungen dieser Fäden finden. Einer trägt vielleicht die «Ladung» Ihres Sicherheitsbedürfnisses, Ihres Wunsches, geheiratet zu werden oder jemanden «ganz für sich zu haben»; deshalb konnte sich dieser Faden einnisten. Vielleicht hängt an einem anderen dieser Fäden Ihr Wunsch, sich mit diesem Mann zu schmücken, falls er gutaussehend ist, oder durch ihn erhöht zu werden, falls er auf der sozialen Stufenleiter über Ihnen steht. Vielleicht ist mit einem Faden die Bedeutung verbunden, daß Sie Ihre Macht unter Beweis stellen wollten, falls der Mann schwer zu

erlangen war. Solche Besetzungen der Energie machen es
möglich, daß sich die Fäden einnisten.

Lösen Sie nun in Ihrer Vorstellung diese Fäden sanft aus ihrer Verankerung, oder stellen Sie sich vor, daß Sie im Zeitraf-
fer-Tempo verwelken und abfallen.

Für Männer

Mancher Mann mag sich unwohl fühlen bei dem Gedanken,
daß die Natur ihn automatisch zum Energieschmarotzer de-
gradiert hat, zumal diese energetischen Verbindungen eine
bestimmte Art von Abhängigkeit beinhalten. Vielleicht wird
er sogar aus Mitgefühl mit den Frauen beschließen, diese Fäden auf seiner Seite zu lösen. In diesem Fall kann er dieselbe
Übung vornehmen, wie sie für Frauen beschrieben ist, und
dabei eigene Ausnützungs- und Abhängigkeitsmuster aufar-
beiten.

Die Innere Ebene

Arbeit mit Emotionen

Im Bereich der Inneren Ebene richten wir unsere Aufmerksamkeit zunächst auf die Energie der Emotionen. Emotionen sind mächtige Impulse, und es fällt nicht schwer, sich diese Impulse als Energie zu vergegenwärtigen – Energie mit unterschiedlichen «Ladungen» oder Informationen.

Emotionen und Gefühle

Wir wollen hier zwischen Emotionen und Gefühlen unterscheiden. Emotionen sind Formen starker Energie, die von innen nach außen drängt (das gilt auch, wenn sie unterdrückt oder gar verdrängt werden). Gefühle hingegen beruhen auf Berührbarkeit; dieser Prozeß verläuft eher von außen nach innen. Dazu ist das begriffliche Denken nicht nötig. Erfahrungen wie Trauer, Freude, Mitleid, Hingabe wollen wir hier Gefühle nennen. Sie haben eine sanfte und fließende Qualität.

Wut, Begierde, Eifersucht, Neid usw. nennen wir Emotionen. Sie sind eine Art verfestigter Energie. Gefühle können sich in Emotionen verwandeln, wenn der freie Gefühlsfluß durch die Einmischung des Konzepte schaffenden Geistes gestaut oder verfestigt wird. Dann kann sich zum Beispiel Trauer in eine selbstzerstörerische Energie verwandeln, deren Kern Wut ist (zum Beispiel Wut über den Schmerz, den man erleidet). Mitleid kann in Verzweiflung umschlagen, die in ihrem Kern ebenfalls aus Wut besteht (zum Beispiel Wut über nega-

Emotionen sind verfestigte Energie

tive Umstände, die man nicht ändern kann). Freude kann sich zur wilden Energie leidenschaftlicher Erregung oder hysterischer Euphorie steigern, wenn ihr freier Fluß in Konzepte gepreßt wird.

Auf der Ebene der Gefühle ist die Energie ausgeglichen. Wenn sich die Energie jedoch ballt, staut, verfestigt, entsteht Druck. Wenn wir von «Gefühllosigkeit» sprechen, bezeichnen wir damit einen Mangel an Berührbarkeit, an humaner Empfänglichkeit für unsere Umgebung. Es kann jemand mit großer Wut-Emotion einen anderen höchst «gefühllos» oder mit viel «Gefühlskälte» verletzen. Auch der Begriff «Kälte» weist auf eine Störung der Energie hin; er läßt an gefrorene Energie denken, die nicht mehr fließen kann.

In der traditionellen chinesischen Heilkunde ist ausdrücklich von der Wechselwirkung zwischen emotionaler Energie und der vitalen Energie des Körpers die Rede. Im Volksmund finden wir ebenfalls interessante Hinweise auf diesen Zusammenhang: Es schlägt mir auf den Magen, ich habe eine Wut im Bauch, es geht mir an die Nieren, ein galliger Typ usw.

Im Buddhismus werden die Emotionen als «Gifte» bezeichnet. Diese emotionalen Gifte basieren auf der Funktion des «Ego» (im Sinne von Ichbezogenheit), d. h. auf den Grundimpulsen von Begierde (Habenwollen), Aggression (Nichthabenwollen) und Ignoranz (Nichtwissenwollen).

Die fünf hauptsächlichen Gifte, die sich auf der Basis dieser Grundimpulse gestalten, sind: Ärger/Wut, Stolz/Arroganz, Leidenschaft/Gier, Neid/Eifersucht und Verblendung (Meinungsbesessenheit, Ideologisieren usw.).

Emotionen als «Gifte»   Unkontrollierte Emotionen «vergiften» unser Bewußtsein, und dann sind Wahrnehmung und Vernunft getrübt oder völlig verdunkelt. Menschen können, von Wut vergiftet, Fürchterliches anrichten und hinterher fassungslos sagen: «Ich weiß gar nicht, was über mich gekommen ist.» Oder sie können sich in besinnungsloser Begierde über Bedürfnisse und Gefühle anderer hinwegsetzen, um danach ernüchtert festzu-

Das buddhistische «Lebensrad» mit den emotionalen Bereichen

stellen, daß die Befriedigung all die Opfer nicht wert war. Je heftiger die Emotion, desto größer auch die Ernüchterung, die dem emotional berauschten Zustand folgt.

Selbstgeschaffene Emotionen

Als erstes sollten wir uns klarmachen, daß Emotionen unsere eigenen Produkte sind. Sie bestehen einerseits aus unserer eigenen Energie und andererseits aus unserer eigenen «Story», die wir aus einer Situation gestalten. Es ist unsere ganz persönliche Antwort auf einen Reiz von außen. Wenn Ihnen jemand mit Negativität gegenübertritt und Sie selbst mit einer negativen Emotion reagieren, erleben Sie nicht die negative Energie des anderen, sondern Ihre eigene. Es kann sogar geschehen, daß der Reiz, der von außen kommt, völlig neutral ist, Sie aber dennoch negativ reagieren. Dann sind Sie so sehr mit ihrer eigenen negativen Geschichte aufgeladen, daß Sie gar nichts anderes mehr wahrnehmen können. Etwa so: Zwei Menschen begegnen einander. Der eine sagt: «Wie geht's?» Der andere antwortet gereizt: «Was willst du damit sagen?»

Stellen Sie sich vor, daß Sie auf der Straße in einiger Entfernung jemanden sehen, dem Sie um alles in der Welt nicht begegnen möchten – einen Partner, von dem Sie sich im Zorn getrennt haben, einen früheren Vorgesetzten, der Sie schlecht behandelt hat usw. Ihre Energie zeigt eine heftige psychosomatische Reaktion: Ihr Atem stockt, Sie bekommen Herzklopfen, Sie schwitzen, ein mächtiger Fluchtimpuls schießt durch Sie hindurch, und das alles wird begleitet von einer explosiven Mischung aus Furcht, Groll und Abwehr.

Sie verdrücken sich in die Eingangszone eines Geschäfts, um nicht gesehen zu werden. Die betreffende Person kommt näher, und Sie stellen plötzlich fest, daß nur eine Ähnlichkeit Sie genarrt hat. Es ist ein fremder Mensch. Im Augenblick dieses Erkennens bricht die ganze Geschichte in sich zusammen, und die Energie kann wieder fließen. Es war alles nur Illusion, wie ein Traum.

Umgang mit Emotionen

1. Ausagieren

Im allgemeinen erleben wir Emotionen wie Stürme, die sich plötzlich erheben und uns ergreifen. Das Naheliegendste scheint zu sein, dem Impuls zu folgen. Wenn wir wütend sind, drängt die Wut dazu, nach außen zu gehen und sich auf denjenigen zu stürzen, der «schuld» ist an dieser Wut. Wir möchten die Wut «abreagieren» – und eben am liebsten am vermeintlichen Schuldigen oder an einem Sündenbock. Selbst wenn es nur ein Stein war, an dem wir uns gestoßen haben, richtet sich die Wut auf den Stein; und der Tritt, der den Stein bestrafen soll, führt folgerichtig zu erneutem Schmerz.

Den Schuldigen suchen

2. Unterdrücken

Aber vielleicht haben wir gelernt, daß es nicht richtig ist, dem emotionalen Impuls nachzugeben. Darf die Wut also nicht nach draußen, muß sie nach innen zurückgedrängt werden. Doch auch das ist nicht die beste Lösung, denn die Psychologie und Psychosomatik lassen uns wissen, daß diese unterdrückte Energie heimlich ihr Unwesen in der Psyche und im Körper treiben kann. Selbst wenn man meint, das Problem durch intensive Ablenkung gelöst zu haben, ist dies nur eine temporäre Erleichterung. Das Muster der emotionalen Stauung bleibt unverändert.

Emotionale Stauung

3. Aushalten

Die dritte Möglichkeit haben wir im allgemeinen noch nicht kennengelernt: Die Emotion aushalten. Sie nach außen gehen zu lassen oder sie nach innen zu drängen bedeutet immer, sie nicht auszuhalten. Man will sie nach der einen oder der anderen Seite loswerden. Sie auszuhalten bedeutet den Widerstand aufzugeben. Der Widerstand formuliert sich als «Geschichte», die mit der Energie verbunden ist. «Ich habe eine Wut, *weil...*», «Meine Begierde *richtet sich auf...*» usw.

Wenn Sie die Story, mit der sich die Energie verbunden hat, beiseite lassen, bleibt die reine Energie übrig. Im Buddhismus bezeichnet man diese reine Energie als «Weisheitsenergie». Ohne die Geschichte (die Wut-Geschichte, die Begierde-Geschichte, die Neid-Geschichte usw.) ist die Energie nicht von «Verdunkelungen» getrübt.

Die mentale Ladung von der Energie trennen

Es geht also darum, zuerst die Emotion genau wahrzunehmen und dann die Story, die «mentale Ladung», von der Energie zu trennen. Auf diese Weise verlieren wir die Energie nicht, sondern gewinnen ihre ursprüngliche «weise» Natur. Das ist ein Grundprinzip des Tantrayana, das später noch ausführlicher beschrieben wird.

Die im folgenden beschriebene Übung können Sie auch allein praktizieren – was für die später beschriebenen Energieübungen nicht gilt. Letztere sollten Sie höchstens ausprobieren. Zur kontinuierlichen Praxis der Energiearbeit brauchen Sie geeignete Führung.

Die Macht des Namens

Nach schamanistischer Vorstellung spielt der Name eine große Rolle, denn wenn man dem, was man fürchtet, einen Namen gibt, bekommt man Macht darüber und kann es bannen. Von einem aufgeklärten Standpunkt mag das unsinnig erscheinen; und doch hat sich diese Idee zum Beispiel bis in die moderne Medizin und Psychiatrie fortgesetzt, wo das Benennen eines Komplexes von Störungen als eine bestimmte Krankheit oft wichtiger genommen wird als die erlebte Wirklichkeit des erkrankten Menschen und seine Heilung.

Dieses Prinzip, einer Gefahr oder einem Problem einen Namen zu geben, um besser damit umgehen zu können, ist auch im Umgang mit Emotionen anzuwenden. Der buddhistische Lehrer Jack Kornfield nennt diese Methode «die Dämonen benennen»[23].

Es ist durchaus realistisch, die Emotionen als «Dämonen» zu bezeichnen. C. G. Jung, der als erster Psychologe von «psychischer Energie» sprach, stellte fest, daß die Psyche die Neigung hat, ihre Inhalte zu personifizieren und zu dramatisieren, so daß sie dann als Träume, Tagträume, Halluzinationen und Visionen erfahrbar werden. Die noch nicht geformten Inhalte befinden sich demnach im Energiezustand. Also kann man sagen: «Dämonen» sind personifizierte Energien. Sie sind «Einbildung» im direkten Sinn des Wortes – in Bilder gefaßte Energie. Da Emotionen sich gerne verselbständigen und sich der bewußten Kontrolle entziehen, ist es um so angemessener, sie sich als «Wesen» vorzustellen. Ob man eine abstrakte oder eine bildhafte Benennung wählt, ändert nichts an der Realität des Phänomens.

Einer der christlichen Wüstenväter, die vor zweitausend Jahren im Vorderen Orient lebten, forderte seine Schüler auf, sich bei der Meditation in der Wüste mit Aufmerksamkeit gegen innere Dämonen zu wappnen: «Seid wachsam gegenüber Schlemmerei und Begierde und ebenso gegen die Dämonen der Angst und Unsicherheit. Der Mittags-Dämon der Trägheit und des Schlafs kommt jeden Tag nach dem Mittagessen, und der Dämon des Stolzes erhebt sein Haupt gerade dann, wenn ihr die anderen Dämonen bezwungen habt.»[24]

Der beste Zugang zum Verständnis eines Phänomens ist immer diejenige Seite, die uns am vertrautesten ist. Also wollen wir unsere Dämonen mit den Namen benennen und mit denjenigen Assoziationen umkreisen, die uns geläufig sind.

Der Dämon der Emotion

Der Dämon Begierde

Wenn Sie einen Zustand erleben, der etwas mit Habenwollen und Festhalten zu tun hat, dann richten Sie Ihre Aufmerksamkeit auf den Begierde-Dämon. Vielleicht ist es eine sehr direkte Situation, zum Beispiel, wenn Sie sich heftig verliebt haben, während die begehrte Person sich nicht hinreichend geneigt zeigt. Vielleicht schlagen Sie sich damit herum, mit dem Rauchen aufhören zu wollen, oder vielleicht haben Sie es mit dem Dämon der Eßlust zu tun, der Ihre guten Vorsätze, Ihr Gewicht zu verringern, immer wieder durchkreuzt.

Meine Tochter saß einmal im Alter von etwa vier Jahren auf dem Boden und heulte erbärmlich. Ich fragte besorgt: «Was ist denn los, was willst du denn?» Sie heulte: «Haben!» «Was willst du denn haben?» fragte ich. Sie heulte noch lauter und schrie: «Haben!» Das Allerschlimmste ist wohl, haben zu wollen und nicht zu wissen, was.

Die Energie des Habenwollens

Ich fragte, ob es eher ein A sei oder ein O, ein U, ein E oder ein I, und als sie den passenden Vokal gefunden hatte, sangen wir das Habenwollen in der Form dieses Vokals. Sie sang es mit der vollen Kraft des Habenwollens. Dann nahmen wir uns weitere Vokale vor, und die Energie des Habenwolles wurde in den Kanal eines befriedigenden Gesangsvergnügens gelenkt. Es war eine einfache Methode, die gestaute Energie des Habenwollens zum Fließen zu bringen.

Übung

1. Benennen
Setzen Sie sich aufgerichtet auf den Stuhl, auf dem Sie üblicherweise Ihre Übungen machen, oder auf Ihr Sitzkissen, falls Sie das gewohnt sind. Natürlich können Sie diese Übung auch an jedem anderen ruhigen Ort machen, aber am leichtesten fällt es dort, wo Sie üblicherweise üben.

Richten Sie Ihre Aufmerksamkeit auf die Emotion, die Sie bedrängt. Umkreisen Sie sie und suchen sie nach zutreffenden Namen für ihre diversen Aspekte: Gier, Verlangen, Brauchen, Sehnsucht, Mangel usw. Der Name schließt eine ganze Geschichte ein – die Geschichte vom unerwiderten Verlangen oder die Geschichte von der Eßlust, an der all die vielen Male hängen, in denen der gute Vorsatz dem Habenwollen zum Opfer gefallen ist. Oft ist die Geschichte noch angereichert mit allen möglichen Rationalisierungen, mit denen die Verantwortung für den eigenen Zustand delegiert wird, an die Eltern, die Gesellschaft, widrige Umstände usw.

Normalerweise spüren wir die Emotion weniger, als daß wir sie denken – in Form der Geschichte, in die die Emotion verpackt ist. Deshalb ist es zunächst wichtig, an die Emotion näher heranzukommen, indem wir sie aufmerksam betrachten und möglichst genau benennen.

Die Emotion spüren

Das verstößt ganz und gar gegen unser Gewohnheitsmuster, denn normalerweise tun wir das nicht. Anstatt innezuhalten reagieren wir. Wir lassen uns nicht einmal Zeit, unsere Emotion richtig kennenzulernen. Deshalb führt alles emotionale Ausagieren nicht etwa zu der Beruhigung, die wir erwarten oder die bestimmte psychologische Richtungen versprechen, sondern nur zu größerer Frustration und weiterer Verfestigung des emotionalen Reaktionsmusters.

2. Die körperliche Empfindung wahrnehmen
Achten Sie sorgfältig darauf, wie sich die Emotion körperlich auswirkt. Spüren Sie sie im Magen, im Bauch, in der Muskulatur, im Herzbereich? Formulierungen wie «die Angelegenheit liegt mir schwer im Magen» oder «sie sitzt mir im Genick» erinnern daran, daß man Emotionen körperlich lokalisieren kann.

Welche Art von Empfindung haben Sie? Ist es ein Druck oder Brennen oder eher die Empfindung von Stauung?

3. Die Geschichte abtrennen
Wenn Sie die Emotion derart genau bestimmen, stellen Sie vielleicht fest, daß sie sich währenddessen bereits zu verändern beginnt. Sie nehmen mehr den Energieaspekt wahr als die Story, die daran hängt. Doch so leicht läßt sich die Geschichte nicht von der Energie lösen. Sie versucht immer wieder, sich in den Vordergrund zu drängen. Plötzlich ertappen Sie sich wieder dabei, daß Sie ausgiebig über die Angelegenheit nachdenken, Vorstellungen von der Erfüllung der Be-

gierde produzieren, um gleich wieder von der quälenden Stimmung des Unbefriedigtseins überfallen zu werden.

Die Geschichte ausatmen

In diesem Augenblick atmen Sie die Geschichte aus – Sie stellen sich beim Ausatmen vor, daß die ganze Story mit dem Atem nach außen transportiert wird und sich auflöst. Dann gehen Sie zurück zum Namen, den Sie Ihrem Dämon gegeben haben, und zur Empfindung, die er auslöst: Begierde. Habenwollen. Sehnsucht. Druck im Brustraum. Brennen im Herzen.

Die Erfahrung der Energie

Die derart beachtete Energie schlägt Flammen, lodert wie Feuer. Verbinden Sie sich mit der Erfahrung der Stärke der Energie. Wenn Sie üblicherweise Emotionen nur in schwacher Form erleben, können Sie auf diese Weise eine intensivere Erfahrung machen.

Die Story wird an Kraft verlieren, je länger Sie dabei bleiben, sich nicht auf sie einzulassen. Am Anfang ist es wahrscheinlich so, daß Sie immer wieder in einen inneren Monolog über Ihr Drama abdriften, vor allem, wenn Sie noch nicht viel Übung darin haben, konzentriert bei der Sache zu bleiben.

Widerstand lösen

Doch Sie werden mit Sicherheit immer wieder aufwachen. Dann atmen Sie die Geschichte aus und spüren die Energie, die übrigbleibt. Sie werden feststellen, daß das, was Sie da ausatmen, eine Art Widerstand ist – Widerstand gegen die Ruhe, das Nichtbeschäftigtsein. Emotionen bieten Unterhaltung, Beschäftigung, Ablenkung. Die Verbindung mit der Energie hingegen ist Verbindung mit dem eigenen «Selbst».

Nun haben Sie auf ganz praktische Weise erfahren, was eine Emotion ist: Eine sehr einseitige Story, die auf einer Energie reitet. Die Geschichte loslassen heißt den Widerstand aufgeben. Dann kann die Energie wieder ins Fließen kommen, und Sie sind nicht nur befreit, sondern durch die befreite Energie sehr bereichert.

Genaugenommen hat eine Emotion drei Aspekte: Energie, mentale Ladung und Organfunktion. Wie schon erklärt, sind bestimmte Emotionen mit bestimmten Organen verbunden, und die Befreiung der emotionalen Energie wirkt sich auch heilend auf die entsprechenden Organe aus. Umgekehrt erleichtern Sie sich die Arbeit mit den Emotionen, wenn Sie dafür sorgen, daß Ihre Organe gut funktionieren (zum Beispiel durch spezielle Übungen des Y Qi Gong, wie etwa den «Kleinen Kreislauf»[25], die Sie jedoch nur mit Supervision praktizieren sollten).

Verlangen Sie nicht von sich selbst, daß Sie Energie und Story mit einem Schlag endgültig voneinander zu trennen vermögen. Das geht nicht. Die Trennung findet momentan statt, in dem Augenblick, in dem Sie die Story ausatmen. Dann erleben Sie ein paar Sekunden lang die Klarheit und Ruhe, die sich einstellen, wenn die Energie gereinigt ist. Es sind sehr befreiende Augenblicke, und mit der Zeit verändert sich Ihre gesamte innere Haltung. Es wird deutlich, daß die Emotionen (Dämonen) etwas sehr Flüchtiges sind; es geht nur darum, sie nicht festzuhalten. Und das will geübt sein.

Beharrlichkeit

Der Dämon Wut
Neben der Begierde ist die Wut eine grundlegende Emotion, mit der Sie ebenso verfahren können wie mit der Begierde.

Benennen Sie die Qualität des «Nichthabenwollens»: Haß, Ärger, Vernichtungswille, Feindschaft, Groll, Verachtung, Verurteilung, Verdammung; vielleicht sogar Wut auf die Wut. Auch Wut ist eine Energie mit sehr schmerzhafter Ladung. Wo wirkt sie in Ihrem Körper? Wie wirkt sie? Welche Assoziationen löst sie aus: Feuer, Eis, Zerreißen, Zerstampfen, usw.

Übung

Nehmen Sie die körperlichen Empfindungen wahr. Wenn Sie zu Ärger und nachtragendem Groll neigen, sollten Sie sich um Ihre Gallenfunktion kümmern; eine kränkelnde Galle unterstützt diese Tendenz.

Trennen Sie die Emotion dann konsequent von der Geschichte ab. Der Prozeß – den Dämon benennen, die körperliche Empfindung wahrnehmen und die Geschichte abtrennen – ist bei jeder Emotion derselbe.

Lassen Sie sich nicht verführen, eine Geschichte für «besser» als die andere zu halten. Ob Sie im Unrecht oder im Recht sind – oder zu sein meinen –, spielt keine Rolle. Vielleicht hat jemand Sie mit Tücke und Geschick zutiefst verletzt; vielleicht haben Sie sich einfach zum Narren gemacht und wurden ausgelacht. Es spielt keine Rolle. Es geht um die Reinigung der Energie der Emotion. Lassen Sie alle Erläuterungen, Erklärungen, Selbstrechtfertigungen und Beschuldigungen beiseite. Sie sind Teil der Geschichte, die von der Energie losgelöst werden soll.

> Begierde (Habenwollen) und Wut oder Aggression (Nichthabenwollen) sind die emotionalen Hauptimpulse, die sich in mannigfache Differenzierungen auffächern. Alles, was zur Begierde gehört, kann man «positive Emotionen» nennen, während alles, was zur Aggression gehört, unter «negative Emotionen» läuft. Neid, Eifersucht, Mißgunst, Ressentiment, Verachtung usw. sind allesamt Ausdruck von Aggression (Nichthabenwollen).

Der Dämon Ignoranz

Als dritten Grundimpuls, aus dem emotionale Ladungen geschaffen werden, nennt der Buddhismus die Ignoranz, das «Nichtwissenwollen». Es ist der Drang, nichts mit der gegebenen Situation zu tun haben zu wollen, keinerlei Beziehung aufnehmen zu wollen. Begierde und Aggression sind verzerrte Formen von Beziehung. Ignoranz schaltet ab und zieht sich in wohlfeile Rationalisierungen zurück oder baut sogar gewaltige Meinungswälle gegen die Umwelt auf.

Beobachten Sie Ihren persönlichen Stil. Wenn Sie zu dem Schluß kommen, daß Begierde nicht Ihr Stil ist, daß Sie nicht dazu neigen, leidenschaftlich hinter etwas oder jemandem her zu sein, und daß auch aggressive Reaktionen – in Form von Ärger, Wut, Neid, Eifersucht und Konkurrenzdenken – bei Ihnen nicht stark ausgeprägt sind, dann sollten Sie das dritte Grundmuster, Ignoranz, in Betracht ziehen.

Wissen Sie genau, was man zu denken und wie man zu urteilen hat, kurz, wo es langgeht? Halten Sie sehr nachdrücklich an einer einmal gefaßten Meinung fest? Vielleicht haben Sie Ihre Ignoranz so kunstvoll gestaltet, daß andere zutiefst beeindruckt sind von Ihrem (Besser-)Wissen; und vielleicht teilen Sie sogar diese Meinung und halten sich für ziemlich erleuchtet. Das wäre besonders fatal.

Diese Energie, die Sie von der Berührung mit einer Situation abhält, ist stark. Versuchen Sie, die Ladung dieser Energie zu definieren, und gehen Sie dann genau so vor wie zuvor.

Mit kleinen Schritten beginnen

Wenn Sie mit dieser Praxis des reinigenden Umgangs mit Emotionen beginnen, sollten Sie sich nicht überfordern. Gehen Sie stufenweise vor. Eine gute Feuerwehr im Falle stark aufkochender Emotionen ist jemand, mit dem Sie reden können. Wenden Sie sich an Ihre beste Freundin, Ihren besten Freund. Erzählen Sie und machen Sie sich dabei schon einmal klar, daß die Angelegenheit Ihre «Geschichte» ist. Bleiben Sie bei Ihrem eigenen Erleben, und gehen Sie möglichst nicht auf Ihre Beurteilung der anderen Person – oder Personen – ein.

Die «Geschichte» erzählen

Wenn Sie sich etwas beruhigt haben, beginnen Sie mit dem Prozeß des Trennens der Geschichte von der Energie. Das gelingt vielleicht für eine Weile, doch werden sie natürlich nicht getrennt bleiben, sondern bald wieder zusammenschlüpfen, wie ein Gummi sich wieder zusammenzieht, sobald er nicht mehr gestrafft wird. Deshalb ist es natürlich mit einer oder ein paar Sitzungen nicht getan.

Doch Sie können auf die Wirkung kontinuierlichen Übens vertrauen. Ebenso, wie ein Gummi mit der Zeit vom vielen Straffen ausleiert, nimmt die Tendenz des denkenden Geistes, sich der emotionalen Energie zu bemächtigen, nach und nach ab, wenn der Einsatz der Achtsamkeit beständig fortgesetzt wird. Energie und Geschichten sind nicht mehr so verklebt, und Sie müssen weniger Willens- und Konzentrationskraft aufwenden, um sie voneinander zu trennen.

Das Mandala der Weisheitsenergien

Das zentrale Mandala des Tantrayana ist das Mandala der fünf «Buddha-Familien» oder, vereinfacht, der fünf Meditations-Buddhas, die entsprechende «Weisheitsenergien» oder Aspekte des erwachten Geistes personifizieren. «Familie» weist hier unter anderem darauf hin, daß es sich um die Gesamtheit von weiblicher und männlicher Energie handelt.

Jede Buddha-Familie ist mit den Aspekten der Erscheinungswelt verbunden, wie etwa mit Elementen, Farben und Himmelsrichtungen.

Spiegelgleiche Weisheitsenergie — Im Osten des Mandala befindet sich der Meditations-Buddha der «Spiegelgleichen Weisheit» *(Vajra)*, die alles mit äußerster Genauigkeit wiedergibt, wie ein spiegelklarer See die umgebende Landschaft mit höchster Präzision spiegelt. Ist der See jedoch bewegt, bewegt sich auch das Bild und wird verzerrt; ist er gar aufgewühlt, kann er nichts mehr spiegeln. Das entspricht der Verwirrung des Intellekts, die sich als blinde Wut und Haß äußert.

Dieser Weisheitsenergie scharfer grundlegender Intelligenz entsprechen die Farbe blau und das Element Wasser.

Im Süden befindet sich der Meditations-Buddha der «Gleich-
mütigen Weisheit» oder «Weisheit der Gleichheit» *(Ratna)*,
der Qualität der Fülle. Es ist die Energie der Harmonie, der
Großzügigkeit, die nichts und niemanden bevorzugt oder
ausschließt, ebenso, wie die Sonne unterschiedslos auf alles
scheint. Ist diese Energie verwirrt, äußert sie sich in ausufernden Territorialansprüchen, als Vereinnahmung, als An-
maßung oder direkt als Armutsmentalität, denn das Gefühl
des Mangels als Umkehrung der Fülle steht immer hinter dieser Verwirrung.

    Dieser Weisheitsenergie der Harmonie und Großzügigkeit
entsprechen die Farbe gelb und das Element Erde.

**Gleichmütige
Weisheitsenergie**

Im Westen befindet sich der Meditations-Buddha der «Unter-
scheidenden Weisheit» *(Padma)*, der Energie des Mitgefühls,
die mit der Fähigkeit verbunden ist, genau zu erkennen, welche Art von Hilfe erforderlich ist. In ihrer getrübten, verwirrten Erscheinungsform tritt diese Energie als Schein-Kommu-
nikation auf, als Verführung, leidenschaftliches Begehren,
Vergnügungssucht.

    Dieser Weisheitsenergie des klar unterscheidenden Mitge-
fühls entsprechen die Farbe rot und das Element Feuer.

**Unterscheidende
Weisheitsenergie**

Im Norden befindet sich der Meditations-Buddha der «Alles
vollbringenden Weisheit», der Energie des mühelosen und
zugleich vollkommen effektiven Handelns. In ihrer verwirrten Form manifestiert sich diese Energie in angestrengtem
oder automatischem Agieren, das von Impulsen der Eifersucht, des Neides und des Konkurrenzdenkens gesteuert
wird.

    Dieser Weisheitsenergie der natürlichen Leistungsfähigkeit
und Tatkraft entsprechen die Farbe grün und das Element
Luft.

**Alles vollbringende
Weisheitsenergie**

Im Zentrum des Mandala befindet sich der Meditations-
Buddha der «Alles umfassenden Weisheit», der Energie des
grundlegenden geistigen Raums. Aus diesem grundlegenden

**Alles umfassende
Weisheitsenergie**

Raum heraus entfalten sich die übrigen Weisheitsenergien. Es ist die Energie der geistigen Ruhe und des meditativen Erlebens. Als verwirrte Energie äußert sie sich als Gleichgültigkeit, Abgehobensein, ignorante, abgegrenzte Zufriedenheit.

Dieser Weisheitsenergie der ruhigen Offenheit entsprechen die Farbe weiß und das Element Raum (in manchen Tantras sind weiß und blau vertauscht).

Das Mandala der Weisheitsenergien ist Ausdruck der Grundhaltung des Tantrayana, daß wir niemals völlig von der grundlegenden, reinen Natur unseres Geistes abgeschnitten sind. Mehr noch – die «normale» (vom buddhistischen Standpunkt aus verwirrte) Erfahrung unseres gewöhnlichen Geisteszustands kann zum Tor werden, das uns zur «anderen Seite», der Erkenntnis der Weisheit, führt.

Übung   *Lichträume*
Sitzen Sie aufgerichtet auf einem Stuhl oder auf dem Sitzkissen. Entspannen Sie sich gründlich mit einer der im Kapitel «Die Äußere Ebene» beschriebenen Entspannungsübungen.

Stellen Sie sich vor, daß Sie in einem Raum sitzen, dessen Boden, Wände und Decke in tiefem Blau gehalten sind – wie der Himmel Tibets. Der gesamte Raum ist von blauem Licht erfüllt.

Lassen Sie den blauen Raum auf sich wirken. Erlauben Sie den Gedanken und Assoziationen, die der Raum auslöst, aufzusteigen, und lassen Sie sie wieder gehen. Halten Sie keinen dieser Inhalte fest, kommentieren und beurteilen Sie nichts. Üben Sie zwanzig bis dreißig Minuten lang. Kehren Sie, wenn die Gedanken weggewandert sind, immer wieder zum blauen Raum zurück.

Beenden Sie die Übung, indem Sie sich ein paar Minuten lang mit Ihrem Ausatem verbinden.

Sie können mit den weiteren vier Lichtenergien ebenso verfahren. Nehmen Sie sich am folgenden Tag einen goldgelben Raum vor, am nächsten einen leuchtend roten, dann einen saftig grünen und schließlich einen strahlend weißen Raum.

Die fünf psychischen Energien

Auf die psychologische Ebene bezogen lassen sich die fünf hauptsächlichen Erscheinungsformen der geistigen Energie grob umreißen als:

Energie des Intellekts *(Vajra)*
Energie der Fülle und Großzügigkeit *(Ratna)*
Energie der Kommunikation *(Padma)*
Energie des Handelns *(Karma)*
Energie von Ruhe und Raum *(Buddha)*

Chögyam Trungpa erklärt: «Die Buddha-Familien haben nichts Göttliches oder Außergewöhnliches an sich. Grundlegend geht es darum, daß Menschen auf der tantrischen Ebene in fünf bestimmte Typen unterteilt werden. Die Buddha-Familien beschreiben die grundlegende Haltung eines Menschen, die innewohnende Perspektive oder den Standpunkt, von dem aus dieser Mensch die Welt wahrnimmt und mit ihr umgeht.»[26]

Diese Energien stehen uns je nach Typus in unterschiedlicher Proportionierung zur Verfügung. Ein Mensch hat vielleicht sein Schwergewicht im Intellekt und verfügt über wenig kommunikative Neigungen. Ein anderer mag seine Stärke in einer angeborenen Haltung der Ruhe und Gelassenheit haben, ist jedoch nicht sehr tatkräftig, usw. Im allgemeinen dominieren eine oder zwei Energieformen, während die übrigen wenig ausgeprägt sind.

Mit der Methode des *Maitri*-Trainings kann man mit diesen Energien in sich Verbindung aufnehmen; man kann feststellen, welche Energien dominieren – bei sich selbst und bei anderen.

Herzenswärme durch Einsicht

Das Ergebnis der Arbeit mit diesen Energien ist als erstes größere Toleranz sich selbst und anderen gegenüber. Die zentrale Bedeutung von *Maitri* (Sanskrit; Pali: *Metta*) ist «Herzenswärme»; sie entwickelt sich aus einer ganzheitlichen Einsicht in die Natur des Seins.

Im allgemeinen sind Menschen nicht mit sich selbst einverstanden. Ihre Vorstellung von sich selbst und ihre körperlichgeistige Wirklichkeit klaffen auseinander. Ob man sich armselig und minderwertig fühlt oder sich aufbläht und der Welt mit großartigem Gehabe entgegentritt – immer wird ein künstliches Bild produziert.

Durch den aufmerksamen Kontakt mit den eigenen psychischen Energien entwickelt man jedoch eine realistischere Beziehung zu sich selbst. Es wird deutlich, daß dieses «Selbst» etwas Fließendes, etwas sehr Wandelbares und Vielfältiges ist, nichts, worauf man sich festlegen kann. Das bedeutet, daß wir grundsätzlich über einen großen Spielraum der Veränderung verfügen. Wir können alle fünf Energien zur Entfaltung bringen.

Auch die Beziehung zu anderen ändert sich. Häufig erscheinen uns Menschen, deren dominante Energie oder Energien andere sind als unsere eigenen, in einem negativen Licht. Der tatenfreudige Mensch wird den ruhigen, zurückgezogenen Typus wahrscheinlich nicht so sehr wertschätzen wie den

Tatmenschen; der «Fülle»-Typ ist eher an weitgreifenden Bezügen interessiert als an den Genauigkeitsbestrebungen des Intellekt-Typs. Die Abwertung anderer Energien löst sich auf, wenn man gelernt hat, sie als natürliche Spielarten des Geistes zu betrachten.

Die neutrale Position, die man dabei einnimmt, äußert sich darin, daß beide Erscheinungsweisen – der Weisheitsaspekt und der verwirrte Aspekt – in einem Namen zusammengefaßt sind. Positive und negative Äußerungsform werden nicht als dualistisch getrennt betrachtet. Die neurotische Äußerungsform verweist auf ihre andere Seite; die größte Schwäche ist die potentielle Quelle der größten Kraft. Deswegen nennt man die Methode des Tantrayana auch «Verwirrung in Weisheit verwandeln».

Von der Verwirrung zur Weisheit

Maitri-Training

Die Arbeit mit den fünf Energien, wie Chögyam Trungpa sie entworfen hat, ist eine fruchtbare Verbindung von östlicher und westlicher Methodik. Da Maitri-Kurse auch bei uns zugänglich sind, sei die Methode hier kurz beschrieben.

Die wichtigste Ausrüstung sind fünf Räume mit quadratischem Grundriß (Seitenlängen etwa zweieinhalb Meter) und unterschiedlich gestalteten Decken, in den Farben Weiß, Blau, Gelb, Rot und Grün gehalten, deren Nuancen von Trungpa genau festgelegt wurden. Die Fenster haben verschiedene Formen, je nach Farbe (schmale Schlitze oder groß und rund etc.), und sind ebenso eingefärbt wie der Raum, so daß man ganz und gar in die jeweilige Farbe eintaucht. Es sind, nach Trungpa Rinpoche, die «Farben des psychischen Raums». Nach der tantrischen Lehre (wie auch nach anderen Energielehren) sind die subtilen Energien als Licht und Farbe wahrnehmbar.

Praxis

Man beginnt am ersten Tag mit dem ersten Raum. Darin wird die zu dem Raum gehörige Körperhaltung eingenommen – zum Beispiel auf dem Rücken liegend, die Arme und Beine ausgestreckt –, und in dieser Haltung verharrt man mit offenen Augen fünfzig Minuten lang. Dabei richtet man seine Aufmerksamkeit auf den Raum und läßt alle Empfindungen, Bilder und Assoziationen aufsteigen, die sich anbieten, ohne zu werten oder irgendwie einzugreifen.

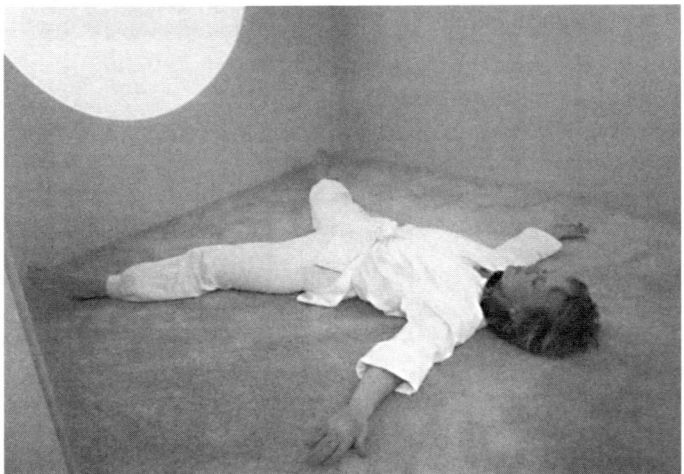

Nach diesen fünfzig Minuten folgt ein viertelstündiges «zielloses Wandern» in der Natur, mit weit geöffneten Sinnen und ohne bestimmte Erwartung.

Den Künstler in sich entdecken

Eingebettet ist diese zentrale Praxis in eine morgendliche und abendliche Stunde Sitzmeditation (*Shamatha-Vipashyana*, inhaltlose Meditation). Dazwischen werden in Gruppenarbeit die Erfahrungen des jeweiligen Raums mit verschiedenen kreativen Mitteln umgesetzt: als Bilder, in poetischer Form, im Tanz und als Theaterspiel. Und erstaunlicherweise entdeckt dabei jeder einen Künstler in sich.

Die Praxis des Gewahrseins in den farbigen Räumen macht deutlich, daß die jeweiligen Farben tatsächlich energetische Qualitäten haben. Abgesehen davon, ob für die verschiedenen Praktizierenden eine Farbe oder Haltung als angenehm oder unangenehm erscheint, finden sich viele Übereinstimmungen in der Art und Qualität der Erfahrungen. Der grüne Raum ruft ganz bestimmte innere Reaktionen hervor, die niemand im roten Raum erlebt usw. Dennoch sind die Erfahrungen unvorhersehbar – sie reichen vom Schlafen bis zu dramatischen Ausbrüchen, vom Wiedererleben traumatischer Kindheitserlebnisse bis zu glückseligen Ekstasen, vom qualvollen Gefangensein bis zur zuversichtlichen Hingabe an den Raum und die Energie.

Vom Theater zur Wirklichkeit

Die Arbeit mit den verschiedenen Energieformen macht deutlich, inwieweit man sich mit der einen oder anderen Energie identifiziert und sich in ihren Gewohnheitsmustern verfangen hat, und wie befreiend es ist, diesen verfestigten Zustand – wenn auch nur für kurze Zeit – aufzulösen und die Energie in kreativen Fluß kommen zu lassen. Das Spiel auf der Klaviatur der Energieformen läßt das Leben als Bühne erscheinen, auf der wir unsere Rollen präsentieren. «Theater und Alltagsleben sind mehr oder minder das gleiche.» (Trungpa). Diese Erkenntnis erzeugt eine Distanz den Rollen gegenüber, und das bedeutet, daß sich Humor entwickelt. Humor hat viel mit gesunder Distanz sich selbst gegenüber zu tun. Wer sich selbst – die eigene Rolle – sehr ernst nimmt, ist unfähig zu einer humorvollen Haltung.

Humor entwickeln

Zugleich öffnet dieses Lockern des Rollenverhaltens die Berührbarkeit des Herzens. Das Zusammenspiel von Öffnung (Berührbarkeit) und Distanz (Loslassen) entspricht der natürlichen Qualität der geistigen Gesundheit. Vor allem für Therapeuten ist dieses Zusammenspiel («touch and let go») eine wichtige Voraussetzung im Umgang mit den Problemen der Klienten. Deshalb gehört ein insgesamt dreimonatiges *Maitri Space Awareness*-Programm zur Ausbildung in *Contem-*

plative Psychotherapy am Naropa-Institut in Boulder, Colorado.

Kurze Maitri-Programme von einer oder zwei Trainingswochen sind jedoch außer für Therapeuten auch für jedermann und jede Frau geeignet. Es versteht sich, daß insbesondere Psychotherapeuten durch eigene Erfahrung mit den grundlegenden Stilarten der psychologischen Energien vertraut sein und die gesunde Energie hinter der verwirrten Erscheinungsform erkennen sollten.

In der traditionellen tantrischen Praxis beschwört man die Qualitäten der Buddha-Familien durch Visualisieren der Meditationsgottheiten, sowie durch Mantras (symbolische Worte) und Mudras (symbolische Gesten). Trungpa entwarf die Maitri-Räume und Haltungen als westliche Alternative, um diese Qualitäten wachzurufen.

Das Innere Lächeln (Stufe 2)

> Zum Bereich der Entwicklung von Maitri (Freundlichkeit, Herzenswärme) ist auch die Praxis des Inneren Lächelns zu zählen. Wenn Sie sich mit der ersten Stufe des Inneren Lächelns gut vertraut gemacht haben, können Sie einen Schritt weiter gehen, der Sie tiefer in den Bereich der Energiearbeit hineinführt.

Übung   *Erste Phase*
Bauen Sie das Innere Lächeln genauso auf wie auf Stufe 1 beschrieben, bis Sie ganz von dieser sanften, freundlichen Qualität erfüllt sind.

Sie werden feststellen, daß es nicht schwierig ist, das Innere Lächeln über die Körpergrenzen hinaus ausstrahlen zu lassen. Sie fühlen sich auf dieser Ebene der Erfahrung bei weitem nicht so kompakt. Stellen Sie sich bei jedem Ausatmen vor, daß sich die Qualität des Inneren Lächelns weiter ausbreitet, bis Sie schließlich von einem Feld dieser Qualität umgeben sind. Die Körpergrenzen sind vage und vibrierend. Irgendwie sind Sie das gesamte Feld. Es ist hell, strahlend und hat möglicherweise eine bestimmte Farbe. Warten Sie ab, welche Farbe sich einstellt.

Über die Körpergrenzen hinausgehen

Denken Sie dann an einen Menschen, der Ihnen nahesteht und dem Sie die Qualität des Inneren Lächelns zugute kommen lassen wollen. Plazieren Sie diese Person in Ihrer Vorstellung in das Feld des Lächelns, so daß sie ganz von dieser Qualität durchdrungen wird. Stellen Sie sich vor, daß die Qualität des Lächelns Kummer, Schmerzen und Leiden aller Art auflöst und diesen anderen Menschen mit wohltuenden Gefühlen erfüllt.

Dasselbe können Sie nacheinander mit mehreren Personen machen. Vor allem, wenn einer Ihrer Lieben krank ist oder große Probleme hat, können Sie ihn oder sie in die heilende Qualität Ihres Inneren Lächelns einhüllen.

In dieser Übung verbinden wir die Entspannungsübung des Inneren Lächelns mit der «Metta-Meditation» des Südlichen Buddhismus, die denselben Zweck verfolgt – Freundlichkeit zu nähren und Negativität aufzulösen. Wenn Sie sich in einer formalen Weise mit dieser Methode vertraut gemacht haben, können Sie sie spontan in vielen Situationen einsetzen.

Freundlichkeit nähren

Wenn Sie zum Beispiel Zeuge eines Unfalls werden oder an einem Unfallort vorbeifahren, können Sie den oder die Verunglückten in Ihr augenblicklich aktiviertes Feld des Inneren Lächelns hineinnehmen; Sie brauchen dazu nicht einmal zu wissen, um wen es sich dabei handelt.

Zweite Phase
Stellen Sie sich nun einen Menschen vor, mit dem Sie Streit haben, der Sie verletzt hat oder den Sie aus irgendeinem Grund nicht mögen. Vielleicht zögern Sie – aber jetzt haben Sie die wunderbare Gelegenheit, den Grad Ihrer inneren Entspannung tatsächlich zu ermessen. Wenn sich das Innere Lächeln ein wenig etabliert hat, wird es Ihnen nicht allzu schwer fallen, den Widerstand zu überwinden.

Plazieren Sie diesen Menschen in das Feld Ihres Inneren Lächelns. Stellen Sie sich vor, daß die freundliche Qualität des Lächelns alle Negativität, die Sie dem anderen und der andere Ihnen entgegenbringt, auflöst, bis der andere Mensch ebenfalls von der Qualität des Inneren Lächelns durchdrungen ist.

Diese Methode ist vielfach anwendbar und eine große Hilfe in Fällen, in denen Sie die Situation nicht auf direktem Wege verbessern können. Vielleicht haben Sie Probleme mit Ihrem pubertierenden Kind. Jugendliche neigen oft dazu, aus Unsicherheit «dicht zu machen». Dann können Sie zu dieser Praxis greifen und Ihrem Kind den Durchgang durch die negative Phase erleichtern – und sich selbst natürlich auch.

Dasselbe gilt für Ehekrach, Streit mit dem Freund oder der Freundin, Ärger mit Arbeitskollegen usw. Sie können ihre eigene Beziehung zu der anderen Person reinigen und dem anderen gleichzeitig positive Energien schicken, wovon die Beziehung auf jeden Fall profitieren wird.

Das Innere Lächeln urteilt nicht

Falls Gedanken kommen wie «So leicht soll er es nicht haben» oder «Das verdient sie nicht», sollten Sie zum Inneren Lächeln zurückkehren, es vertiefen und dann neu beginnen. Denn solche Gedanken bedeuten, daß die Gewohnheitsmuster des Denkens das Innere Lächeln weggedrängt haben. Vom Standpunkt des Inneren Lächelns spielen solche Beurteilungen keine Rolle. Das Innere Lächeln urteilt nicht.

Je mehr Erfahrung Sie mit dieser Version des Inneren Lächelns machen, desto deutlicher erkennen Sie, daß sich die dadurch aktivierte Qualität nicht erschöpft. Man verliert nichts von dieser Energie, wenn man sie anderen zur Verfügung stellt. Falls Sie sich hingegen angestrengt bemühen, immer freundlich und verzeihend zu sein, kann das zu großer Erschöpfung führen. Diese Haltung beruht auf der Identifikation mit dem Selbstbild vom «guten Menschen». Das ist natürlich weit von dem entspannten Zustand des Inneren Lächelns entfernt.

Die Übung des Inneren Lächelns verhilft Ihnen zu einer tiefen ganzheitlichen Entspannung, die Sie auf natürliche Weise mit der Energie des Herzens in Verbindung bringt. Auf der Ebene der Energie sind wir, wie schon festgestellt, dem Dualismus der psychologischen Ebene nicht mehr unterworfen. Freundlichkeit, die dem Inneren Lächeln entspringt, ist kein gewollter Tugendakt, sondern ein spontaner Ausdruck Ihrer inneren Verfassung.

Verwandlung von negativer Energie in positive Energie

Wenn Sie einige Erfahrung mit dem Inneren Lächeln gesammelt haben und dessen Qualität Ihnen gut zugänglich geworden ist, können Sie sich an die Übung der direkten Verwandlung negativ geladener Energie machen. In der tibetischen Tradition nennt man diese Praxis *Tonglen* – Austausch (genauer: Sich selbst gegen andere austauschen).

Austausch   **Übung**
Sie können sich Ihr durch das Innere Lächeln aktiviertes Herz-Zentrum als eine Art Transformator vorstellen, der subtile Energie zu reinigen vermag.

Denken Sie an einen Menschen, der krank ist oder große Probleme hat. Stellen Sie sich vor, daß Sie die negativ geladene Energie dieses Menschen als dunkle, schwere Qualität einatmen und sie als gereinigte, positiv geladene Energie – licht und leicht – zu ihm zurücksenden.

Öffnen Sie Ihr Gefühl für diesen Vorgang. Lassen Sie zu, daß Sie etwas von dem Schmerz, der Verzweiflung oder der Wut des anderen spüren. Und geben Sie der zurückgeschickten Energie alle positiven Vorstellungen mit, die Ihnen einfallen: Zufriedenheit, Freude, Sanftheit, Entspanntheit, Friede, Inspiration usw.

Mitgefühl ohne Widerstand

Wenn Sie damit beginnen, die negativ geladene Energie eines anderen Menschen in sich zuzulassen, und mehr noch, sie in sich hineinzuholen, kann es geschehen, daß Sie sich von Negativität überwältigt fühlen. Normalerweise versuchen wir ja eher, uns abzuschirmen. Nun aber liefern wir uns geradezu aus! Als ich innerhalb eines Meditationsprogramms erstmals intensiv *Tonglen* praktizierte, wurde ich von entsetzlichen Bildern überflutet. Ich sah eine tibetische Nonne, die in einem Gefängnis in Lhasa bestialisch gefoltert wurde. Ich war eine Mutter, die mit einem von Granaten zerfetzten Kind auf den Armen durch die Straßen Beiruts rannte. Ich war eine afrikanische Frau, die, selbst am Verhungern, keine Milch mehr für ihr sterbendes Baby hatte. Ich sah thailändische Kinder, die meine eigenen Kinder waren, im Kinderbordell, von Sextouristen mißbraucht. Ich sah eine kranke Katze in Italien, die von Jugendlichen zu Tode gesteinigt wurde. Ich sah mißhandelte, gefolterte, verhungernde, geschundene Menschen und Tiere ohne Ende.

Ich wurde wie vom Fieber geschüttelt und erstickte fast an Weinkrämpfen. Ich verlegte die Tonglen-Praxis aus der Meditationshalle in meine eigenen vier Wände, um die anderen Programmteilnehmer nicht zu stören. Doch dann gab ich auf. Es war eine so überwältigende Inflation des Negativen, daß ich das Gefühl hatte, dem nichts entgegensetzen zu können.

Mein Meditationsunterweiser erklärte, es handle sich um Widerstand. Ich hielt dagegen, daß ich überhaupt keine Widerstände hätte. Im Gegenteil, ich würde mich doch allzu uneingeschränkt für diese Erfahrung öffnen.

Doch mein Meditationsunterweiser beharrte drauf, daß ich dennoch nach Widerstand Ausschau halten solle. Es blieb mir nichts anderes übrig, als es damit zu versuchen. Dabei machte ich eine wichtige Entdeckung: Wenn ich versuchte, in all dem Aufruhr meinen Geist zu entspannen, wurde ich nicht weniger berührbar. Vielmehr hatte ich nun Platz für beide Aspekte der Wirklichkeit – das Berührtwerden und das Geschehenlassen.

Geschehen lassen

C. G. Jung, sprach davon, daß zur geistigen Gesundheit gehöre, «psychisch geschehen lassen» zu können. Das heißt natürlich nicht, daß man nicht eingreifen sollte, wenn man die Möglichkeit hat, aktiv zu helfen. Doch oft haben wir diese Möglichkeit nicht. Wir können Kriege oder Hungersnöte nicht beenden. Wir können der höllischen Massentierhaltung kein Ende machen. Wir können die Kinderbordelle dieser Welt nicht schließen noch deren Kunden zu Menschlichkeit erziehen.

Aber wegschauen, die Ohren zuhalten, «nicht daran denken» ist keine Lösung. Berührt sein, traurig sein, helfen wollen – das ist ein natürliches, gesundes Gefühl, fließende Energie. Die bewußte Ausgestaltung dieser Geisteshaltung ist *Tonglen*, das dynamische Eingreifen auf der Ebene der subtilen Energie.

Im Buddhismus wird im Zusammenhang mit echtem Mitgefühl oft das Bild der Mutter verwendet. Die Nähe der Mutter zu ihrem Kind ist so groß, daß sie ganz selbstverständlich wünscht, die Schmerzen ihres Kindes zu übernehmen und ihm Gesundheit und Wohlergehen zu geben. Sie überschreitet die Grenzen des eigenen Ich nicht konzeptuell; sie überlegt nicht, plant nicht. Es ist einfach so. Diese innere Haltung des reinen Mitgefühls ist das Ziel der Praxis des Austauschs.

Ziel ist das vollkommene Mitgefühl

Relative und absolute Wahrheit

Es ist grundlegend wichtig, sich die zwei Aspekte der Wirklichkeit vor Augen zu halten – den der relativen und den der absoluten Wahrheit[27]. Sie sind beide gleichermaßen wichtig! Und nur gemeinsam ergeben sie ein authentisches Bild dessen, was ist.

Wenn wir nach der Wahrheit einer Emotion fragen, gibt es zwei Antworten: Die Ladung – die Geschichte, die emotionale Erfahrung – ist die relative Wahrheit; die reine Energie ist die absolute Wahrheit.

Vom absoluten Standpunkt kann man mit Fug und Recht sagen: Die Ladung (persönliche Geschichte) der Energie ist illusorisch, eine selbstgeschaffene Angelegenheit. Sie entsteht und vergeht, wie alles auf der Ebene der Dualität. Die reine Energie ohne jede Ladung, ohne jede Information ist nicht dualistisch; vom dualistischen Blickwinkel ist sie «leer». Deshalb wird im Buddhismus der Gegensatz zur dualistischen Erscheinungswelt als «Leerheit» bezeichnet.

Die Sonne ist immer da, ob Wolken sie verdunkeln oder nicht. Wenn wir nachts oder an einem bewölkten Tag behaupten: «Die Sonne scheint nicht», identifizieren wir uns mit der relativen Wahrheit. Wenn wir sagen: «In Wirklichkeit scheint die Sonne immer», identifizieren wir uns mit der absoluten Wahrheit. Wir sollten uns nicht mit einer Seite identifizieren, sei es die absolute oder die relative. Nur zusammen ergeben sie die ganze Wahrheit. Man kann dies mit einer Münze vergleichen: Auch wenn man nur eine ihrer Seiten sieht, ist es dennoch klar, daß sie zwei Seiten hat.

Die tibetische Meisterin Khandro Rinpoche brachte den Umgang mit der zweiseitigen Wahrheit auf einen einfachen, klaren Nenner:

«Auf der sozialen Ebene (des Umgangs mit anderen) sollten wir immer den relativen Aspekt berücksichtigen. Auf der Ebene des eigenen Entwicklungswegs sollten wir den absoluten Aspekt beherzigen.»

Das heißt, daß wir die relative Wahrheit anderer Menschen unbedingt respektieren müssen. Nicht glauben, aber respektieren. Wir selbst können uns jedoch der Erfahrung des absoluten Aspekts annähern, indem wir uns auf die Arbeit mit den subtilen Energien einlassen. Dann können wir von uns selbst verlangen, unsere emotionale Geschichte von der Energie abzutrennen. Es wird jedoch wenig helfen, wenn wir das von anderen verlangen.

Traumarbeit

Nach Meinung der Schlafforscher ist Träumen das, was in der REM-Phase des Schlafes geschieht, wenn sich die Augen unter den geschlossenen Lidern schnell bewegen – daher der Name REM, rapid eye movement, schnelle Augenbewegung. Manche Wissenschaftler nennen den Traum einfach eine «willkürliche Neuronenentladung». Seit Freud begann, den Träumen Bedeutung beizumessen, haben sich in der Tiefenpsychologie verschiedene Anschauungen über den Sinn und Zweck des Träumens und der Trauminhalte entwickelt. Verdrängte Wünsche bringe der Traum zum Ausdruck, behauptete Freud. C. G. Jung, der sich sehr ausführlich mit dem «Wesen der Träume»[28] befaßte, erklärte, der Traum könne den Bereich des kollektiven Unbewußten anzapfen. Und daß so manche große wissenschaftliche Entdeckung im Traum gemacht wurde, ist längst kein Geheimnis mehr.

Die Ebene der Traumerfahrung spielt in alten Kulturen eine große Rolle. Schamanen durchbrechen die Realitätsauffassung des vordergründigen Bewußtseins in Träumen; rituell provozierte Träume bringen Heilung und Antwort auf wichtige Fragen; Träume dienen der Kunst und sind prophetisch.

In vielen alten Kulturen lernen die Menschen schon vom Kindesalter an, ihre Träume zu erzählen, und diesen Erzählungen wird ebensoviel Beachtung geschenkt wie Erzählungen aus dem Bereich des wachbewußten Erlebens. Insbesondere im Buddhismus wird der Unterschied zwischen dem Traumerleben und dem wachbewußten Erleben als nicht sehr groß betrachtet. In beiden Fällen ist die Wahrnehmung von den Persönlichkeitsmustern bestimmt.

Die Geisteshaltung, die Sie am Tag pflegen, manifestiert sich auch in Ihren Träumen. Das ist im Zusammenhang mit Meditationspraxis, welche die Dominanz des konzeptuellen Denkens beseitigen soll, von besonderer Bedeutung. Wie sehr das geistige Tagmuster in der Nacht wiederkehren kann, erfuhr ich, als ich zu Beginn meiner buddhistischen Ausbildung eine

Wie im Wachzustand so beim Träumen

Meditationspraxis erlernte, deren Kern in der Visualisierung der Arya Tara, der weiblichen Personifikation des reinen Mitgefühls, bestand. Nach etwa einem Jahr intensiver Praxis begann diese Meditationsgottheit in unangenehmen Träumen dann aufzutreten, wenn die Situation ernsthaft bedrohlich wurde. Es war allerdings nötig, daß ich sie mit ihrem Mantra herbeirief; glücklicherweise fiel es mir immer ein. Und mit Taras Erscheinen war der Alptraum stets zu Ende.

Nach einigen Träumen, in denen ich Arya Tara zu Hilfe rief, hat sich die Horrorwelt der Alpträume erfreulicherweise für immer für mich geschlossen.

Luzides Träumen

Das Traum-Yoga des Tantrayana, das im 10. Jahrhundert von Indien nach Tibet gebracht wurde, ist eine hochentwickelte Meditationspraxis, die im Zustand des sogenannten luziden Träumens angewandt wird. Luzides Träumen ist ein Begriff, der Anfang dieses Jahrhunderts von dem niederländischen Nervenarzt Frederick Willem van Eeden geprägt wurde; er bedeutet, daß man sich im Traum dessen bewußt ist, daß es sich um einen Traum handelt. Daß das möglich ist, wird heute von westlichen Traumforschern wie Stephen LaBerge durch Laborversuche belegt.

Viele Menschen haben schon die spontane Erfahrung gemacht, mitten im Traum plötzlich das Gefühl zu haben, daß irgend etwas mit dieser Realität nicht stimmt, daß sie eine andere Realität ist. Es kann sein, daß man sich wie zwischen den Welten fühlt, halb im Traum, halb im Wachen. Oder das Traumgeschehen ist von außerordentlicher sinnlicher Intensität, irgendwie viel realer als die Alltagsrealität. Oder man weiß gar, daß man träumt, und genießt die plötzliche Freiheit, die diese andere Realität bietet.

Wach sein im Traum   Diese potentielle Fähigkeit, wach zu sein im Traum, wird im tibetischen Traum-Yoga systematisch geschult. Der tibetische Gelehrte und Meditationsmeister Tarab Tulku, der schon seit

Jahrzehnten im Westen lebt und lehrt[29], erkannte, daß sich mit abgewandelten Methoden des traditionellen Traum-Yoga der buddhistischen wie auch der vorbuddhistischen schamanistischen Tradition Tibets ein Zugang zu unbewußten Bereichen öffnen läßt, der weit über das hinausgeht, was mit herkömmlichen Methoden westlicher Psychotherapie zu erreichen ist.

Er erklärt: «Das Traumbewußtsein, das anders funktioniert als unser Wachbewußtsein, ist für unsere Zwecke besonders geeignet: Wenn wir uns auf der psychischen Ebene verändern wollen, ist es wesentlich wirksamer, mit unseren Schwierigkeiten von einer Ebene her zu arbeiten, die auf natürliche Weise die Dominanz des Rationalen aufhebt. Denn unsere psychischen Schwierigkeiten gehen ja Hand in Hand mit dieser Dominanz.»

Den nichtrationalen Zustand wecken

Die Vorübungen der Traumarbeit dienen also dazu, einen nichtrationalen Kontakt zur Realität zu wecken und zu trainieren. Damit werden unsere Denkgewohnheiten – also der grobe Kontakt zur Realität – aufgeweicht. Man kann sich diese Denkgewohnheiten vorstellen wie einen harten Kokon, der uns umgibt. Es ist die Wand unserer Vorstellungen, Beurteilungen, Meinungen und Projektionen, die zwischen uns und der Realität steht und eine direkte Wahrnehmung verhindert. Auf der Energieebene ist diese Wand nicht vorhanden.

Die überlieferten Methoden des Traum-Yoga sind allerdings so schwierig, daß sie nur jemand anwenden kann, der über eine lange und gründliche Schulung in meditativen Techniken verfügt. Deshalb hat Tarab Tulku einen Stufenweg entwickelt, auf dem wir uns der Traumebene in kleinen Schritten nähern können.

Die Entwicklung der Energiesinne

Nach den Lehren des Tantrayana zieht sich im Schlaf unsere «Sinnesenergie» zurück. Im Tiefschlaf ist jede Art von Bewußtheit ausgeschaltet. In der REM-Phase wird eine Ebene von Bewußtheit aktiviert, die man als «Prägungsebene» bezeichnen kann. Hier sind unsere Gewohnheitsmuster der Wahrnehmung gespeichert, die sich im Traum als eigene Traumwelten manifestieren. Die Erfahrungen, die wir im Traum machen, beruhen auf der Wahrnehmung mit den «Energiesinnen» des «Traumkörpers».

Sinnliches Erleben im Traum

Daß der Energiekörper ebenso über sinnliche Funktionen verfügen soll wie der materielle Körper, klingt zunächst merkwürdig. Und doch ist unser sinnliches Erleben im Traum und im Tagtraum oft lebhaft genug. Wenn wir schlafen, sind unsere Augen geschlossen, wir hören nichts, unsere körperlichen Sinnesfunktionen sind ausgeschaltet. Dennoch sehen wir, hören wir, fühlen wir in einer Weise, die in der Traumerfahrung völlig real erscheint.

Wer ist nicht schon einmal schweißgebadet aus einem Alptraum erwacht? Oder vielleicht war es ein Liebeserlebnis, das die Traumwelt bescherte. Die Erfahrung im Traumbewußtsein kann so intensiv sein, daß sie die Tagesrealität sogar überlagert; dann klingen der Schrecken oder die Freude, die wir im Traum empfunden haben, in den Tag hinein nach und beherrschen unsere innere Verfassung.

Noch seltsamer ist es, daß man offenbar mit dem Traumkörper reale Geschehnisse wahrnehmen kann, die an einem anderen Ort und vielleicht sogar in einer anderen Zeit stattfinden. Gar nicht selten sind Berichte, daß zum Beispiel jemand einen schweren Unfall oder das Sterben einer anderen Person, die ihm sehr nahestand, im Traum miterlebte. Es ist die Energieebene unserer Sinne, die im Traum aktiv ist.

Wenn Sie träumen, sind Sie naturgemäß von Ihrem physischen Körper getrennt. Hier können Sie nicht, wie im Wachzustand, mit dem Denken eingreifen und eine Situation konstruieren. Man kann sagen, daß Sie im Traum notgedrungen völlig unverstellt sind. Sie sind mit Ihren Persönlichkeitsmustern verbunden, ohne daß sich die Ratio dazwischenschaltet.

Natürlich nehmen Sie sich im Traum völlig ernst. Sie nehmen Ihre Muster ernst. Sie erfahren sich, weil Sie es so gewöhnt sind, als separate Form und separate Persönlichkeit. Insofern gibt es keinen wesentlichen Unterschied zwischen der Erfahrung des Traumzustands und derjenigen des Wachzustands, außer daß die Traumwelt nicht so solide ist wie die physische Welt.

Trennung von Traumkörper und physischem Körper

Imagination

Der erste Schritt der Annäherung an den Energiekörper des Traums ist die Entwicklung der vertieften Imagination («Tagtraum-Technik»). Diese Methode, das Traumbewußtsein zu aktivieren, klingt vertraut, denn sie ist ein Bestandteil westlicher psychotherapeutischer Praxis. Und doch gibt es einen großen Unterschied: Während man in der westlichen Imaginationsarbeit vor allem an den Inhalten interessiert ist, die dabei zutage treten, und ihren symbolischen Gehalt zu entschlüsseln versucht, geht es in der energetischen Traumarbeit weniger um die Inhalte als um die Qualität der unmittelbaren Erfahrung.

Die Qualität der unmittelbaren Erfahrung zählt

Bei dieser Art der Imaginationspraxis ist es nicht wichtig, daß etwas Besonderes geschieht. Wichtig ist, ganz genau wahrzunehmen, was da ist, und sich in der Situation lebendig anwesend zu fühlen. Man soll sich nicht selbst dabei zuschauen, sondern ganz da sein. Wenn Sie sich als Energiekörper imaginieren, heißt das, daß Sie sich in ihn hineinversetzen.

Was man auf der Ebene des geistigen Körpers erlebt, wird – anders als in der westlichen Imaginationspraxis üblich – nicht direkt mitgeteilt. So ist die Gefahr geringer, daß man nur eine Geschichte erzählt, ohne sie wirklich mit den Sinnen des Energiekörpers zu erleben.

Übung

Den Energiekörper spüren

Sitzen oder liegen Sie entspannt. Schließen Sie die Augen und bauen Sie mit Hilfe einer der Entspannungsübungen einen ruhigen, wachen Geisteszustand auf. Die Entspannung sollte tief sein, denn nur so können Sie die nichtrationale Fähigkeit freisetzen, die nötig ist, um den Imaginationskörper entstehen zu lassen.

Wenn Sie nur in der Vorstellung bleiben, hat die Imagination wenig Wirkung. Besser ist es, wenn Sie eine gefühlsmäßige Vorstellung haben. Am besten ist es, wenn Ihre Wahrnehmung auf der Ebene der Energiesinne dieselbe Qualität hat wie die fühlende Wahrnehmung mit den physischen Sinnen. Aber seien Sie zunächst geduldig mit sich – das will geübt sein.

Richten Sie nun die Wahrnehmung auf das Gefühl, in dem Raum zu sein, in dem Sie sich befinden. Verwandeln Sie diesen Raum in der Imagination in eine Sommerwiese. Sie sitzen im Gras und sehen Ihre Umgebung, spüren die Wärme der Sonne, hören das Summen von Insekten.

Schauen Sie auf Ihre Füße. Haben Sie Schuhe an? Oder sind Sie barfuß? Schauen Sie die Schuhe oder nackten Füße genau an. Spüren Sie Ihre «Energiefüße».

Schauen Sie Ihre Hände an. Tragen Sie Ringe, eine Uhr, einen Armreif? Bewegen Sie Ihre Finger; schauen Sie zu, und spüren Sie die Bewegung.

Spüren Sie Ihre Körperhaltung. Achten Sie darauf, daß Sie nicht ein Bild von sich selbst gestalten, so daß Sie sich selber zuschauen. Sie sollten Ihren Energiekörper wirklich spüren.

Imaginieren Sie, daß Sie aufstehen. Es ist wichtig, daß Sie nicht einfach nur denken: «Ich stehe jetzt auf!» Spüren Sie jede Phase der Bewegung – das Aufstützen der Hand, die Spannung in der Armmuskulatur, die Spannung in den Beinen usw.

Stehen Sie aufrecht, und spüren Sie wieder Ihre Haltung. Heben Sie die Arme über Ihren Kopf, und strecken Sie sich.

Machen Sie weitere Bewegungen, von ganz großen Bewegungen, die vermutlich leichter zu spüren sind, bis zu ganz kleinen.

Wenn Sie den Imaginationskörper verlassen wollen, schlüpfen Sie mit Ihrer Aufmerksamkeit wieder in Ihren physischen Körper. Spüren Sie Ihren natürlichen Atem, und atmen Sie eine Minute lang bewußt ein und aus.

Wirklich spüren, nicht nur vorstellen

> Diese Übung ist natürlich bei weitem nicht so einfach, wie sie klingt. Lassen Sie sich Zeit. Versuchen Sie es mehrere Male. Sie werden am Anfang wahrscheinlich damit zu kämpfen haben, daß Ihre Konzentration immer wieder nachläßt. Sie werden sich vielleicht dabei ertappen, daß Sie die Finger Ihres Energiekörpers bewegen wollen, statt dessen aber die materiellen Finger bewegen, oder daß Sie in der Imagination aufstehen wollen und plötzlich bemerken, daß Sie Ihre physischen Beinmuskeln anspannen anstatt diejenigen des Energiekörpers.

Die Freiheit des Energiekörpers

Wenn es Ihnen gelungen ist, die normalen Bewegungen Ihres Energiekörpers – wie Aufstehen, Dehnen, einen Fuß vor den anderen setzen, die Arme beim Gehen schwingen usw. – einigermaßen gut zu spüren, können Sie den Spielraum der Bewegungen ausdehnen.

Übung   Entspannen Sie sich vor jeder Übung so tief wie möglich.

Sitzen Sie so locker und gelassen, daß Sie Ihren materiellen Körper vergessen können.

Imaginieren Sie sich wieder im Gras sitzend. Schauen Sie Ihre Energiehände und Füße an. Nehmen Sie wahr, wie Sie aufstehen, sehend, spürend. Heben Sie die Arme, dehnen und strecken Sie sich.

Beginnen Sie nun geschmeidig zu laufen, mit weit ausholenden Schritten. Sie werden schneller, aus den Schritten werden Sprünge. Sie spüren das Spannen und Lösen der Muskeln, die Bewegung des Atems. Sie sind leicht und locker. Es ist eine Freude, so zu laufen, und Sie ermüden nicht.

Vielleicht fühlen Sie sich übermütig und versuchen es mit Radschlagen und Saltos. Driften Sie jedoch nicht in Vorstellungen ab. Spüren Sie jede Phase der Bewegung so deutlich wie möglich.

Variation: Stehen wie ein Baum

Sie können ein kleines Experiment vornehmen, indem Sie in der Imagination die Haltung des «Stehens wie ein Baum» einnehmen. Dem Energiekörper fällt diese Haltung natürlich viel leichter als dem physischen Körper. Nach einiger Zeit der Imagination gehen Sie zu derselben Haltung im physischen Körper über. Sie wird Ihnen nun vermutlich leichter fallen als ohne imaginierte Vorbereitung.

Arbeit mit einem alten Traum

Wenn Sie Ihre imaginativen Fähigkeiten angeregt haben, können Sie daran gehen, einen alten Traum auf der Imaginationsebene «zu Ende zu träumen». Üblicherweise brechen Träume ab, bevor die Traumgeschichte zu Ende ist. Kramen Sie einmal in Ihrer Erinnerung, und betrachten Sie die Träume, die Ihnen einfallen – Sie werden feststellen, daß das Ziel nicht erreicht, der Gipfel nicht erklommen, das Unheil nicht bis zum Ende ausgekostet wurde.

Wenn Sie in einem Alptraum von einer Klippe zu fallen drohen, träumen Sie vermutlich nicht bis zur Vollendung der Katastrophe. Auch wenn es etwas Erfreuliches zu erlangen gibt, wachen wir üblicherweise auf, bevor wir wirklich in den Genuß der Sache gekommen sind. Oft geschieht es auch, daß der Traum sich einfach verändert und in eine andere Geschichte übergeht, bevor die Situation zu ihrem Ende gekommen ist. Die häufigste Lösung ist wohl die, daß der Trauminhalt gar nicht in unser Wachbewußtsein dringt, sondern einer inneren Zensur zum Opfer fällt.

Es hängt vom Umfang und der Qualität der Erfahrung ab, die Sie mit Ihrem Imaginationskörper gewonnen haben, wie Ihr Traum sich auf der Tagtraum-Ebene weiterentwickelt.

Den Traum zu Ende träumen

Übung   Bereiten Sie sich mit einer Entspannungsübung gründlich vor. Verbinden Sie sich mit dem Atem.

Erinnern Sie sich dann an einen intensiven Traum, der, wie beschrieben, kein Ende fand. Versuchen Sie, sich so gut wie möglich an den gesamten Traum zu erinnern. Durchleben Sie den Traum noch einmal genau so, wie Sie ihn geträumt haben. Erinnern Sie sich vor allem daran, wie Sie sich gefühlt haben, wie Sie emotional auf bestimmte Situationen reagierten, mit welchen Verhaltensmustern Sie den Situationen begegneten.

Imaginieren Sie dann eine Fortsetzung des Traums. Wenn der Traum zum Beispiel an dem Punkt aufhörte, als Sie von der Klippe zu fallen drohten, so imaginieren Sie nun das Fallen weiter. Wenn Sie dieses Geschehen ganz zulassen können, kommt es zu einer Verwandlung.

Die Verwandlung

Im traditionellen Traum-Yoga wird gelehrt, daß die beste Methode, im Traum mit Angst und Panik umzugehen, darin besteht, sich «vernichten» zu lassen. Tarab Tulku erklärt, daß die bedrohliche Situation im Traum deshalb entsteht, weil der Träumer Angst davor hat, daß sein Selbstbild zerstört wird. Doch das Selbstbild ist ein künstliches Produkt, und es zu schützen, indem man vor der Bedrohung flieht, bedeutet nichts anderes, als daß es sich noch mehr verfestigen kann.

Vielleicht nimmt der Träumer den Kampf auf mit dem, was ihn – sein Selbstbild – bedroht. Dies vermittelt ihm ein Gefühl von Stärke, das sich in den Wachzustand fortsetzt. Das mag vorteilhaft erscheinen, doch die Wurzel des Problems wird auf diese Weise nicht berührt.

Das Selbstbild loslassen   Wenn Sie jedoch weder weglaufen noch kämpfen, sondern «sich selbst» loslassen, das loslassen, womit Sie sich identifiziert haben, stellen Sie fest, daß nur eine Schale, ein Schutzpanzer vernichtet wurde. Dahinter war etwas Kostbares, bis dahin Unbekanntes verborgen, das nur durch dieses Loslassen freigesetzt werden kann: ein authentischeres Sein.

> *Einen Fluß überqueren*
>
> Die Aufgabe in dieser Imagination besteht darin, einen Fluß zu überqueren und einen gegenüberliegenden Berg hinaufzusteigen. Auf dem Berg werden Sie etwas vorfinden, das wichtig für Sie ist.

Übung

Bereiten Sie sich mit einer Entspannungsübung vor.

Sitzen oder liegen Sie bequem, und imaginieren Sie wie zuvor eine Landschaft. In diesem Fall befinden Sie sich vor einem tiefen, reißenden Fluß, der von links nach rechts fließt. Vor Ihnen im Osten steigt die Sonne am Himmel empor.

Spüren Sie, wie Sie aufstehen, wie Sie einen Fuß vor den anderen setzen. Gehen Sie zum Flußufer.

Sie müssen den Fluß überqueren. Sie lassen sich vom Ufer in den Fluß gleiten und spüren dabei die Kälte des Wassers. Die Strömung reißt Sie mit; vielleicht werden Sie sogar in einen Strudel gezogen. Versuchen Sie, mit dem Fluß anstatt gegen den Fluß zu schwimmen.

Jeden Widerstand aufgeben

Stellen Sie sich die Geschichte nicht wie einen Film vor. Spüren Sie sich bei jeder Bewegung. Wenn Sie in Panik geraten sollten – etwa, wenn Sie das Gefühl haben, zu ertrinken –, sollten Sie versuchen, jeden Widerstand aufzugeben.

Am anderen Ufer verlassen Sie den Fluß wieder. Ihre Kleidung ist naß, trocknet jedoch schnell in der Wärme der östlichen Sonne. Steigen Sie nun auf den Berg, und lassen Sie sich überraschen.

> *Blaues Energielicht im Herzzentrum*
>
> Es gibt eine spezielle Hilfe, um eine negative Situation aufzulösen. Damit überschreiten wir die Schwelle vom Inneren zum Geheimen Bereich unseres Energie-

Mandala, denn die subtile Energie, mit der wir hier Verbindung aufzunehmen versuchen, ist weit weniger dualistisch als die psychische Energie.

Negativität wird machtlos

Sie können sich, wenn während einer intensiven Imagination die Panik zu übermächtig wird, in das blaue Licht des Herzchakra (das im folgenden Kapitel näher erklärt wird) zurückziehen. In dem Augenblick, in dem Sie sich vom äußeren Geschehen zurückgezogen und sich mit Ihrer eigenen essentiellen Energie verbunden haben, ist jegliche Negativität machtlos geworden.

Übung

Entspannen Sie sich so tief wie möglich. Verbinden Sie sich mit dem Atem.

Gehen Sie mit Ihrer Aufmerksamkeit in die Brustmitte. Imaginieren Sie dort einen Raum, der von blauem Licht erfüllt ist. Wenn Sie sich bereits mit der früher beschriebenen Übung vertraut gemacht haben, in die Weite des blauen Himmels zu schauen, wird Ihnen diese Imagination nicht allzu schwerfallen.

Dehnen Sie diesen lichterfüllten blauen Raum weit aus, bis es nichts anderes gibt als diesen unendlichen blauen Raum. Entspannen Sie sich in diesem Raum.

Nehmen Sie zum Abschluß wieder Verbindung mit Ihrem Atem auf.

Wenn man sich mit dieser Übung angefreundet hat, können Angst und Panik eine Art Katapultwirkung haben, die das Bewußtsein spontan mit dem blauen Energielicht verbindet. In der Identifikation mit der Energie ist das Bewußtsein von seiner Fixierung an Form und Inhalte erlöst. Wo nur reine Energie ist, gibt es keine Abgrenzung, kein Innen und Außen, kein Ich und andere, keine Negativität, keine Bedrohung, keinen Tod. Das ist, auf den einfachsten Nenner gebracht, der Kern aller tantrischen Übungen.

Natürlich werden Sie nicht einfach in diese subtile Energieebene hineinhüpfen können. Über lange Zeit bleibt es erst einmal eine gedachte, später dann eine gefühlte Erfahrung. Ein tatsächlicher Eintritt in die höhere (weniger dualistische) Energieebene ist das noch lange nicht.

Das mag entmutigend klingen. Doch es ist sinnvoll, sehr bescheiden an die Energiearbeit heranzugehen, um nicht einem grandiosen und sehr ungesunden Selbstbetrug zum Opfer zu fallen.

Bescheidenheit statt Selbstbetrug

Sich an Träume erinnern

Das traditionelle tibetische Traum-Yoga umfaßt vier Stufen. Die erste Stufe verlangt zunächst, daß wir uns überhaupt an unsere Träume erinnern. Das ist leichter gesagt als getan. Unsere hektische Art zu leben, der komplizierte Alltag, die ständige Reizüberflutung sind Faktoren, die nicht gerade dazu geeignet sind, unsere Beziehung zu uns selbst – und damit auch zu unserem Traumbewußtsein – zu unterstützen. Diese wahrhaftige Umnachtung unseres Traumbewußtseins ist in psychologischer Hinsicht höchst ungesund. Denn auf der Traumebene, auf der uns das Konzepte schaffende Denken nicht im Weg steht, könnten viele Konfliktstrukturen aufgelöst werden, an die man mit psychologischen Mitteln nur sehr schwer oder gar nicht herankommt.

Wir kennen in der Psychotherapie einige Methoden, mit Hilfe derer die Erinnerung an Träume aktiviert werden kann. Dazu gehört der feste Vorsatz, sie nicht zu vergessen, oder sich morgens bewußt genügend Zeit zum langsamen Aufwachen zu lassen, sofern es die Umstände erlauben. Natürlich ist auch das Aufschreiben und Erzählen der Träume eine große Hilfe, um mehr Verbindung herzustellen. Doch der fromme Wunsch allein, sich zu erinnern, nützt im allgemeinen wenig.

Wirksamer ist es, sich direkt an die Energieebene zu wenden. Folgende Übung, die einen besseren Zugang zu den Träumen schafft, kann man abends im Bett direkt vor dem Einschlafen praktizieren. Hier die einfachste Version:

Übung   *Rotes Energielicht im Kehlzentrum*
Liegen Sie auf dem Rücken, und entspannen Sie sich mittels einer der Entspannungsübungen.

Richten Sie dann Ihre Aufmerksamkeit auf den Bereich der Kehle. Imaginieren Sie dort einen Raum, der von rotem Licht erfüllt ist. Der Raum wird weiter und weiter, bis Ihr Bewußtsein völlig von diesem roten Licht ausgefüllt ist.

Im allgemeinen schläft man während der Übung ein, und das ist durchaus wünschenswert. Auf diese Weise wird die Beziehung zum Energiekörper, der im Traum aktiv ist, verstärkt. Das Kehlzentrum gehört zu den Zentren *(Chakren)* des Energiekörpers, die im folgenden Kapitel ausführlich beschrieben werden. Die Chakra-Energie verbindet Psyche und Energiekörper, und Übungen mit dieser Energie überbrücken die Kluft, die uns im Normalzustand von der Wahrnehmung des Energiekörpers trennt.

Auch hier gilt wieder, daß diese Übung – wie alle Energielicht-Übungen – nicht so einfach ist, wie sie klingt. Am Anfang werden Sie am Morgen oft bedauernd feststellen, daß Sie eingeschlafen sind, noch bevor Sie Ihre gute Absicht: «Jetzt lasse ich das rote Licht des Kehlzentrums entstehen!» überhaupt in die Tat umsetzen konnten. Und wenn es Ihnen gelingt, lange genug wach zu bleiben, tendiert der Geist dazu, alle möglichen anderen Inhalte dazwischenzuschieben. Es bedarf langer Übung, bis die geistige Unruhe so weit gebändigt ist, daß die Konzentration für einige Zeit an einer Sache bleiben kann, die nichts mit dem Denken zu tun hat.

Weißes Energielicht im Stirnzentrum

Wenn Ihre Träume verworren sind und Ihnen das Imaginieren schwerfällt, können Sie weißes Licht in Ihrem Stirnzentrum (zwischen den Augenbrauen) aktivieren. Auf diese Weise entsteht mehr Klarheit, und zudem verhilft diese Übung auch zu besserem Schlaf.

Bei dieser Übung sollten Sie besonders sanft vorgehen, denn es kann ein unangenehmer Druck in der Stirn entstehen, wenn Sie zu wenig entspannt sind beim Üben. Grundsätzlich sollten Sie allen Energieübungen eine Phase der Entspannung vorausgehen lassen, die mindestens ebenso lang ist wie die Energieübung selbst!

Traditionelles Traum-Yoga[30]

Obwohl das traditionelle tibetische Traum-Yoga noch weit entfernt ist von der Ebene, auf der wir unsere ersten imaginativen Gehversuche machen, ist es doch inspirierend, zumindest eine allgemeine Vorstellung davon zu haben, wie in dieser Praxis vorgegangen wird.

Die vier Stufen des Traum-Yoga sind folgende: Den Traum halten, den Traum beherrschen, den Traum ändern und schließlich mit der subtilen Energie verschmelzen.

Zur ersten Stufe, zum «Halten des Traums» gehört, daß man eine gute Verbindung zu den Träumen aufbaut und in der Lage ist, sich an sie zu erinnern. Dann muß man mit Hilfe bestimmter Energieübungen lernen, sich bewußt in den Traumzustand zu begeben, sehr klar und deutlich zu träumen.

Auf der zweiten Stufe ist man sich im Traum dessen bewußt, daß man träumt – man träumt «luzide». Das klingt schon kompliziert genug, hat jedoch noch eine gewisse Berührung mit dem uns Bekannten. Wie gesagt ist luzides Träumen ein Phänomen, mit dem sich westliche Wissenschaftler befaßt haben, zumindest so weit, daß man luzides Träumen als Möglichkeit gelten läßt und sogar schon Techniken entwickelt hat, um es zu üben.

Den Traum beherrschen

Doch im weiteren Verlauf der zweiten Stufe wird es wirklich höchst fremdartig. Nun lernt der Träumer, das «Traumsubjekt», mit den Traumobjekten genauso bewußt und aktiv umzugehen, wie er im Wachzustand mit den realen Objekten umgeht. Mehr noch: Er kann die Traumobjekte (Traumenergie-Objekte), die ja nicht so festgelegt sind wie materielle Objekte, nach Belieben verwenden. Er kann sich als Traumkörper also auf einen Traumbesen setzen und mit ihm davonfliegen.

Ebenso kann er auch seine störenden Persönlichkeitsmuster auseinandernehmen; er kann sich entschließen, jemand anderer zu sein, und ist dann tatsächlich auch eine andere Person. Der Introvertierte kann extravertiert werden; der musikalisch Unbegabte kann musizieren; der Künstler kann wissenschaftliche Entdeckungen machen. Im Wachzustand sagen wir: «Hier steh' ich, und ich kann nicht anders!» Doch für die Traumebene gilt dies nicht.

Den Traum ändern

Auf der dritten Stufe – Ändern des Traums – fallen die großen Bastionen unseres Überzeugungskontextes: der Glaube an die Festigkeit und Absolutheit der Objekte, der Glaube, als Subjekt vom Objekt getrennt zu sein, und der Glaube an die Linearität der Zeit und die Fixierung an den Raum. Dann lernt der Träumer, sich mit seinem Traumkörper frei in Raum und Zeit zu bewegen.

Mit der subtilen Energie verschmelzen

Im vierten und letzten Stadium des Traum-Yoga lernt der Träumer, über die Traumebene hinauszugehen und mit der Ebene der Realität so umzugehen wie zuvor mit der Traumebene. Das bedeutet, daß er die gewöhnlichen Gesetze der Realität außer Kraft setzt. Wir nennen das «Wunder». Tibet verdankt seine Faszination nicht zuletzt den vielen Geschichten über Wunder wirkende Yogis, die fliegen, durch Wände gehen und Gedanken lesen konnten. Doch diese Kunststücke hatten natürlich keinen Selbstzweck, sondern wurden als Nebenwirkungen des Entwicklungsweges betrachtet.

Energieunfälle

Innerhalb der tibetischen Tradition wird das Traum-Yoga – ebenso wie jede andere tantrische Energiepraxis – nur in der geschützten Situation monate- oder gar jahrelanger Meditations-Retreats und unter der Supervision durch einen erfahrenen Lehrer gelehrt. Für derart hohe Ziele und anspruchsvolle Methoden wird man auf eine entsprechende geeignete Situation nicht verzichten können. Es muß nicht eine Höhle im Himalaya sein; auch ein Meditationszentrum im Westen kann solch einem Zweck dienen.

Erinnern Sie sich immer wieder an den Grundsatz: Vision, Plan und Anstrengung. Auch wenn Sie zunächst nur kleine Schritte auf dem Weg der Energiearbeit machen wollen, sollten Sie die große Vision nicht aus den Augen verlieren. Das bewahrt Sie davor, an vordergründigen Zielen zu kleben und sich mit ungesundem Ehrgeiz an die Energieübungen zu machen. In der esoterischen Szene sind «Energieunfälle» leider nichts Seltenes.

Tarab Tulku sagt aus östlicher Sicht zu diesem Problem: «Ich nehme an, die Schwierigkeiten rühren vor allem daher, daß westliche Menschen geistig sehr sensibel sind. Deshalb können sie sehr leicht aus dem Gleichgewicht geraten. Sogenannte primitivere Menschen haben im allgemeinen einen viel stabileren, ausgeglicheneren Geist. Diese größere geistige Sensibilität der Abendländer ist das eine Problem. Ein anderes ergibt sich daraus, daß dieser sensible Geist sehr schnell außergewöhnliche Erfahrungen machen kann. Die Spannung zwischen der normalen Erfahrungsebene und dieser anderen Erfahrungsebene des Energiekörpers kann schockierend sein. Im Vergleich dazu haben es zum Beispiel Tibeter leichter; ihr Geist ist «primitiver», und ungewöhnliche Erfahrungen entwickeln sich viel langsamer, gradueller.»

Die Energiearbeit, wie sie in Anlehnung an Tarab Tulkus Vermittlung hier dargestellt wird, bewahrt vor überstürzten Erfahrungen, zumal, wenn Sie sich an die gleichgewichtige Proportion von Entspannung und Energiearbeit halten.

Halluzinationen

Im Gegensatz zum Traum ist der Zustand der Halluzination kein natürlicher Zustand. Er entsteht durch eine Störung im psychischen Bereich, durch extreme emotionale Erfahrungen, oder er beruht auf einem äußeren Einfluß, zum Beispiel in Form extremer klimatischer Bedingungen oder in Form von Drogen, wobei dann auch die körperliche Ebene gestört ist.

Im Schlaf wird die Energie nach innen zurückgezogen, so daß der subtilere Energiekörper des Traums entsteht. Im Fall der Halluzination findet dieser Prozeß nicht statt. Das führt zu einem stark verwirrten und angespannten Wachzustand, in dem sich der Bezug zur Realität weitgehend löst und dem Spiel der Gestaltungen, die ihr Material von der Prägeebene beziehen, freie Bahn gegeben wird. Es ist eine grobe Energieebene, auf der das alles stattfindet, und die Verankerung im Körper, an dem wir uns im normalen Wachzustand orientieren können, fehlt.

Nach Erfahrungen mit Geisteskranken in einem buddhistischen Therapierahmen[31] spielt die Verfassung des Arztes und der Betreuer eine zentrale Bedeutung bei der Behandlung. Je entspannter und offener die Geisteshaltung des Betreuers ist, desto eher kann er den Geist des Kranken in den immer wieder auftretenden Phasen verminderten Gestörtseins («Inseln der Klarheit») erreichen und die gesunde Seite in ihm zum Klingen bringen.

Weibliche und männliche Energie

Seit Jahrtausenden stehen die zwei Hälften der Menschheit – die Hälfte der männlichen Menschen und die Hälfte der weiblichen Menschen, durch Geschlechtsunterschiede sichtbar getrennt – einander gegenüber und versuchen miteinander auszukommen. In geschichtlicher Zeit zumeist in der einseitigen Form des Patriarchats, in der die eine Hälfte die andere ideologisch und praktisch beherrscht und unterdrückt; heutzutage in den modernen Industrieländern jedoch zum Teil auch in einer neuen, postpatriarchalen Form, in der zumindest um gegenseitiges Verständnis und um ein Miteinander statt einem Gegeneinander gerungen wird.

Im Bereich der Spiritualität findet man zwar in vielen Kulturen die Weisheit von der Harmonie des männlichen und weiblichen Prinzips, doch die exoterischen Religionen und die gesellschaftliche Situation wurden von dieser Weisheit selten berührt. Das gilt in extremem Maße für die «entspiritualisierte» moderne westliche Welt.

Überbetonung des männlichen Prinzips

Es ist vielen westlichen Menschen klar, daß die fortschreitende Zerstörung der Erde unmittelbar mit der Ignoranz gegenüber der Notwendigkeit einer harmonischen Verbindung von männlichem und weiblichem Prinzip zu tun hat. Das männliche Prinzip, dem die rationale Denktätigkeit und kämpferische Aktivität entsprechen, wird einseitig kultiviert; das weibliche Prinzip, das sich als intuitive Wahrnehmung und innere Ruhe manifestiert, gilt als weniger wert und wird vernachlässigt. Das ist in der Außenwelt ebenso wie in der Innenwelt.

Animus und Anima

Der Tiefenpsychologe C. G. Jung nahm mit seinem psychologischen Konzept von Anima (zunächst unbewußter weiblicher Anteil in der Psyche des Mannes) und Animus (zunächst unbewußter männlicher Anteil in Psyche der Frau) das vergessene Grundprinzip der männlich-weiblichen Ganzheit, wie es zum Beispiel im altchinesischen Konzept des Yin-Yang (weibliches und männliches Prinzip, die gleichgewichtig in der Ganzheit des Taiji enthalten sind) zum Ausdruck kommt, wieder auf und führte sie in die abendländische Psychologie ein. Er machte sie sogar zu einem tragenden Pfeiler seiner Tiefenpsychologie. Die Inspiration dazu gewann er aus seiner Erforschung der mittelalterlichen Alchemie Europas, in der ihm immer wieder Bilder begegneten, die auf die Verbindung und Harmonisierung der inneren weiblichen und männlichen Energien hinwiesen. Im Rosarium Philosophorum werden zum Beispiel männliche und weibliche Energie als König und Königin dargestellt.[32]

Animus und Anima erlösen

Nach Jungs Konzept steht Anima für die Eigenschaften des weiblichen Prinzips: Intuition, Gefühl, Stimmung, Ahnung, Liebesfähigkeit, Beziehung zur Natur und zu den tiefen Bereichen der Psyche (Träume, Visionen). Der Animus hingegen verkörpert die Eigenschaften des männlichen Prinzips: Initiative, Mut, Entschlußkraft, Tatkraft, Denken, Distanz. Die weiblichen Eigenschaften sind den Frauen im allgemeinen vertrauter, zugänglicher; dasselbe gilt für den Mann und die männlichen Eigenschaften. Der jeweilige gegengeschlechtliche Anteil ist zunächst unbewußt und muß erst entwickelt oder «erlöst» werden. Kommt es jedoch nicht zu diesem Ausgleich, bleibt die Frau oder der Mann unfertig, und der vernachlässigte Anteil wird negativ gelebt. Zum Beispiel äußert sich dann auf der psychologischen Ebene die positive Anima-Eigenschaft «Gefühl» in einem Mann als Launenhaftigkeit und Reizbarkeit; oder die positive Animus-Eigenschaft des rationalen Denkens verwirrt sich in einer Frau zu sturem Eigensinn, Vorurteilen und rechthaberischen Behauptungen.

Animus und Anima sind «Archetypen», grundlegende psychische Energie, sagt Jung, die prinzipiell danach strebt, Form und Struktur zu gewinnen und bildhaft ins Bewußtsein zu treten. Mit der Idee der «psychischen Energie» hat eine neue Vorstellungsebene Einlaß in unser Denken gefunden. Der Blick wurde nun auch darauf gelenkt, daß Psyche und Körper nicht völlig getrennte Bereiche sind, sondern irgendwie zusammenspielen, daß die subtile Energie des «Geistigen» und «Seelischen» die grobe Materie des Körpers beeinflußt. Das führte in der modernen westlichen Medizin zum Konzept der «Psychosomatik», das allerdings noch nicht ausgereift genug ist, um der Vielschichtigkeit dieses Zusammenspiels wirklich gerecht zu werden.

ROSARIVM

corrūpitur, neqꝫ ex imperfecto penitus secundū
artem aliquid fieri potest. Ratio est quia ars pri‑
mas dispositiones inducere non potest, sed lapis
noster est res media inter perfecta & imperfecta
corpora, & quod natura ipsa incepit hoc per ar‑
tem ad perfectionē deducitur. Si in ipso Mercu‑
rio operari inceperis vbi natura reliquit imper‑
fectum, inuenies in eo perfectionē et gaudebis.

    Perfectum non alteratur, sed corrumpitur.
Sed imperfectum bene alteratur, ergo corrup‑
tio vnius est generatio alterius.

Speculum

Götter, Geister und Dämonen

Die Art und Weise, wie menschliche Wesen die Welt erleben können, ist vielfältig. Unsere Art der Wahrnehmung – diejenige des modernen, vom westlichen Rationalismus beeinflußten Menschen – ist extrem eng, reduziert allein auf die Ebene der Form, des Materiellen. Von diesem Standpunkt ist die Natur etwas Geistloses, einfach nur Materie. Das schließt natürlich jede Art von Kommunikation aus. Ältere, weisere Kulturen hingegen bezogen stets in irgendeiner Weise den Aspekt des Lebendigen – die Energieebenen – mit ein.

Kommunikation mit den Energien der Natur

Auf der schamanistischen Ebene bezieht man sich zum Beispiel auf Naturgeister – Geister der Erde, des Himmels und der unterirdischen Welt –, eine Hierarchie von Energien der Natur mit unterschiedlichen Qualitäten. Die Methode, mit ihnen in Verbindung zu treten, ist das Ritual, und in dieser ritualistischen Art der Kommunikation drückt sich zugleich auch eine große Achtung vor diesen Energien aus.

Tarab Tulku erklärt die Beziehung zur Energieebene der Natur am Beispiel eines Tibeters, der in der Einsamkeit der Berge Verbindung mit lokalen Naturgottheiten aufnimmt: «Wenn ein Tibeter in die Berge geht, ist er nicht ‹allein›. Er fühlt den Berg, er fühlt seine Energie. Es ist ein Fühlen und Wissen um die Beziehung zwischen ihm und der Bergenergie. Es ist die Erfahrung des Nichtalleinseins. Diese Art einer persönlichen Beziehung zur Energie der Natur ist in Tibet nicht selten.»

Die tibetische Heilkunde, die zu einem großen Teil aus einem durchaus rationalen medizinischen System besteht, bezieht sich jedoch gleichzeitig auch auf andere Bewußtseinsebenen. So ist darin mit aller Selbstverständlichkeit von Krankheiten die Rede, die von schädlichen Geistern verursacht werden. Wenn keine Behandlung anspricht, geht der Kranke zu einem *Lama* (spiritueller Lehrer), der mit Hilfe entsprechender Rituale mit dem krankmachenden Geist Verbindung aufnimmt, ihn beruhigt und dazu bewegt, den Kranken zu verlassen. Ich hatte selbst Gelegenheit, mich zu vergewissern, daß diese Methode funktioniert[33].

Eine wichtige und wirkungsvolle Praxis auf der schamanistischen Ebene ist die Verbindung mit «Schutzgeistern», die in Notsituationen angerufen werden. Es ist dies eine Erlebnisform, die wohl zur kollektiven Bildersprache der Menschheit gehört, denn man findet sie als spontanes Ereignis in allen Kulturen, auch solchen, in denen nicht methodisch damit gearbeitet wird. Geisthelfer oder Geistführer aller Art haben selbst in der abendländischen Kultur ihren Platz – auch wenn sie von einem rationalistischen Standpunkt geleugnet und als «Einbildung» abgetan werden.

Schutzgeister können helfen

Tarab Tulku erklärt, daß man Erfahrungen dieser Art ernst nehmen und auf der entsprechenden Ebene damit umgehen solle. Fühlt sich zum Beispiel jemand von Geistern attackiert, sollte er Schutzgeister zu Hilfe rufen. Das ist zwar eine relative Ebene, doch unsere bevorzugte Ebene abstrakter Erklärung ist gewiß nicht weniger relativ, und es fehlt ihr zudem die lebendige Qualität der Beziehung.

Kulturen, die ihre Beziehung zu den Energien (Geistern) der Natur pflegen, stehen damit auch auf der Seite ökologischer Prinzipien. Wenn man gegen diese Prinzipien verstößt, wird die Energie der Natur negativ; dann muß man sie wieder versöhnen. Es leuchtet ein, daß durch solch eine kulturimmanente Rücksicht auf das Feedback der Natur eine «gute Partnerschaft» zwischen Mensch und Natur gepflegt wird. In einer guten Partnerschaft wird der andere nicht als Objekt betrachtet.

Wir nehmen miteinander Beziehung auf. Ist diese Beziehung in Ordnung, geht es uns gut. Ist sie nicht in Ordnung, geht es uns nicht gut. Es wäre heilsam, wenn wir lernen könnten, die Natur als Partner zu sehen.

Kommunikation mit Energien

Wir sagen auf der Ebene unseres rationalen Verständnisses zwar lieber «Energien» als «Geister», aber es wäre fatal, wenn wir sagen würden: «Geister und Dämonen existieren gar nicht wirklich – es handelt sich dabei ja *nur* um Energie». Denn da gibt es kein «nur», sondern Kräfte, die wirken. Man tut gut daran, solche wirkenden Kräfte aufmerksam zu berücksichtigen.

«Aufmerksam berücksichtigen» ist übrigens die Bedeutung des lateinischen Wortes «religere», das mit dem Wort «Religion» in Beziehung steht.

Geister sind personifizierte Energien Personifizierung ist eine natürliche und bewährte Methode, um die Kommunikation mit den Energien der Natur zu ermöglichen. Sie eignet sich auch zu jeder anderen energetischen Kommunikation – etwa mit der eigenen subtilen Energie oder mit der universalen Geist-Energie. Je vertrauter die Personifizierung (das innere Bild), desto leichter fällt die Kommunikation.

So betrachtet kann man zum Beispiel eine traditionelle katholische Marienandacht als eine Kommunikation mit der personifizierten subtilen, die psychologische Ebene überschreitenden («göttlichen») weiblichen Energie erklären. Wenn jedoch der betende Mensch wenig Verbindung mit seiner eigenen weiblichen Energie hat, wird er das «göttliche» Bild als etwas von sich Getrenntes betrachten, und der theistische Dualismus kann nicht überschritten werden.

Auf der monotheistischen Ebene werden Gott oder Göttin – und auf der polytheistischen Ebene mehrere oder viele Götter – als äußere Wesenheiten betrachtet, mit denen man durch religiöse Übungen in Kontakt kommen kann. Vom Standpunkt des Tantrayana liegt der Fehler darin, nicht zu erkennen, daß es sich hier um subtilste universale Energie handelt. Sie ist weder nur außen noch nur innen; sie ist außen und innen zugleich.

Auf der Ebene des Tantrayana geht es darum, eine Verbindung mit den subtilsten inneren Energien («Weisheitsenergien») herzustellen und sie zur Entfaltung zu bringen. Das ist eine ganz andere Ebene als die schamanistische Ebene der Naturenergien, die eher dualistisch sind. Im tibetischen Buddhismus sind zwar beide Ebenen vertreten, aber man darf sie keinesfalls gleichsetzen.

Die tibetischen Darstellungen «zornvoller Gottheiten» oder auch der «Beschützer», die in mythischer Ausdrucksweise als «bekehrte Dämonen» beschrieben werden, haben häufig zu dieser Verwechslung Anlaß gegeben. Doch stellt die tantrisch-buddhistische Ikonografie Energien der subtilsten Energieebene dar. Die «Zornvollen Gottheiten» sind nichts anderes als transformierte Energie – von individuell zu überindividuell, von dualistisch zu nichtdualistisch. Im Tantrayana spricht man deshalb davon, Verwirrung (Ego) in Weisheit zu verwandeln.

Definition und Zuordnung der weiblichen und männlichen Energie

Im modernen Qi Gong spricht man zwar von Yin- und Yang-Aspekten, bezieht diese aber mehr auf das «Innere der Materie» als auf das «Innere des Geistes». Anders im tibetischen Tantra, das im Gegensatz zur Inneren Alchemie des Taoismus bis heute in «Traditionslinien» ungebrochen überliefert wurde.

Vom tibetischen Standpunkt werden – nach Tarab Tulku – die beiden Energien so beschrieben:

Männlich: außen, nach außen gehend, heranholend.
Weiblich: innen, nach innen gehend, empfangend.

In ihrer gesunden (mit der weiblichen Energie in Balance befindlichen) Form manifestiert sich die männliche Energie als mitfühlendes Handeln. Die gesunde (balancierte) weibliche Energie hingegen ist grundlegende Weisheitsenergie; die Weisheit oder Geistesklarheit muß *vor* dem Handeln da sein.

Energie der Weisheit und des mitfühlenden Handelns

Beide Energien sind, wie gesagt, nur dann gesund, wenn sie miteinander in Balance sind, so daß sie einander nähren können und eine ausgeglichene Ganzheit bilden.

Im tibetischen System sind die Entsprechungen folgende:

Weibliche Energie: Sonne – grundlegende Weisheitsenergie – Fühlen/Intuition – nichtdualistisches Verstehen – ruhend.
Männliche Energie: Mond – Methode – (tätiges) Mitgefühl – dualistisches Verstehen – aktiv.

Diese Definition der beiden Energieaspekte ist ein wenig anders als die uns vertraute. Im allgemeinen ordnen wir Mitgefühl dem weiblichen Prinzip zu und Wissen bzw. Weisheit dem männlichen Prinzip. Doch hier ist es umgekehrt. Die Logik ist folgende: Die zentrale Definition des weiblichen Prinzips ist Raum – der Raum, der nötig ist, damit sich etwas darin manifestieren kann. Was sich manifestiert, ist all das, was in Erscheinung tritt, und dies entspricht dem männlichen Prinzip. Der Raum ist in sich ruhend; die Erscheinungen sind dynamisch. Raum und Erscheinungen sind also verschieden, aber nicht getrennt.

Zum Raumcharakter des weiblichen Prinzips gehört die Eigenschaft einer spürenden, fühlenden, intuitiv erkennenden, umfassenden Wahrnehmung. Darin manifestiert sich natürliche Intelligenz, nicht zu verwechseln mit dem logischen und gestaltenden Denken, das zum männlichen Prinzip gehört. Denken ist ein Vorgang, der nicht mit der grundlegenden Intelligenz verbunden sein muß; es kann sich verselbständigen und von der Realität völlig loslösen. Denken kann so sehr in den Dienst der Neurose gestellt werden, daß der Boden der grundlegenden Intelligenz völlig verlassen wird.

Die fühlende, intuitive Wahrnehmung, durch die Situationen und Zusammenhänge so erfaßt werden, wie sie sind, regt ganz natürlich das angemessene Handeln (männliches Prinzip) an, und wirklich gesundes Handeln ist nach buddhistischer Anschauung immer von Mitgefühl bestimmt. Echtes mitfühlendes Handeln hat nichts mit dem Konzept zu tun, ein «guter Mensch» sein zu wollen, sondern ist zurückführbar auf die Einsicht in das Nichtgetrenntsein aller Wesen; es erwächst also aus der Weisheit, ist Ausdruck der Weisheit.

Echtes mitfühlendes Handeln ist Ausdruck der Weisheit

Wenn wir uns nicht als getrennt von anderen erfahren, ist das eigene Wohlergehen unmittelbar mit dem der anderen verbunden und umgekehrt, etwa so, wie eine Mutter sich nur wohl fühlen kann, wenn es ihren Kindern gut geht. Also werden wir in einer Weise handeln, die immer auf das Wohlergehen anderer gerichtet ist (Mitgefühl).

Einseitig geschwächte Energie

Sind die beiden Energieanteile in einer Person nicht in Balance, so stören sie einander. Tarab Tulku beschreibt das folgendermaßen: «Ist die männliche Energie schwach, wird die weibliche Energie negativ. Das äußert sich zum Beispiel darin, daß die betreffende Person Angst vor der Außenwelt hat und sich zurückziehen möchte. Ist die weibliche Energie schwach, wird die männliche Energie negativ. In diesem Fall ist man zu sehr an Projektionen orientiert; die Neigung zum Urteilen ist übermächtig, man wird einseitig und aggressiv. Das muß sich nicht unbedingt in der Wahl der Worte äußern; es geht mehr um die Energie hinter der Aussage.»

Fragen Sie sich selbst, wie Ihre Energien proportioniert sind. Untersuchen Sie Ihre Stärken und Schwächen mit dem beschriebenen Maßstab der männlichen und weiblichen Energie.

Die eigenen Stärken und Schwächen untersuchen

Wenn Sie ein sehr extravertiertes Naturell mitbekommen haben, werden Sie wahrscheinlich eher zur Schwäche der weiblichen Energie und damit zu einer Defizienz der männlichen Energie neigen.

Sind Sie eher ein introvertierter Typus, sollten Sie vor allem auf eine mögliche Schwäche Ihrer männlichen Energie achten, die sich als Defizienz des Weiblichen in Ihnen äußert.

Da die weibliche Energie weniger dualistisch ist als die männliche, wird sie im tibetischen Tantra als die «höhere» Energie betrachtet. Es geht also zunächst darum, vor allem die weibliche Energie zu stärken. Ist ein Mensch entspannt und hat gelassenes Selbstvertrauen, dann wird auch seine Aktivität (männliche Energie) positiv davon beeinflußt.

Die Vernachlässigung der Pflege der weiblichen Energie (Entspanntheit, Gelassenheit, Heiterkeit, klare Wahrnehmung) macht sich unter anderem in der Schule auf katastrophale Weise bemerkbar. Alles ist auf Denken, Urteilen, Zielstrebigkeit, Konkurrenzdenken und Anspannung ausgerichtet. Entspannung und heitere Gelassenheit sucht man in der Schule vergebens. Und doch könnten, wie es längst bekannt ist, entspannte Kinder viel besser lernen. Das sagt uns schon der gesunde Menschenverstand (doch der gehört – so beißt sich das Problem in den Schwanz – zum weiblichen Energieaspekt).

Männliche und weibliche Energie sind zwei Aspekte *einer* Energie, auch wenn im allgemeinen Frauen mehr Beziehung zum weiblichen und Männer mehr Beziehung zum männlichen Energieaspekt haben. Gesellschaftliche Vorstellungen, was typisch weiblich und was typisch männlich sei, sind zum **Kulturspezifische** großen Teil nur kulturspezifische Übereinkünfte. In unserer **Übereinkünfte** abendländischen Gesellschaft gilt die männliche Energie auch heute noch als die wichtigere und der weiblichen überlegen. Das bedeutet, daß die weibliche Energie in beiden Geschlechtern geschwächt ist. Also ist die männliche Energie im Kollektiv dementsprechend negativ: schwarz-weiß denkend (zu starke Neigung zum Urteilen), aggressiv, die Welt als Projektion wahrnehmend (vordergründigster Ausdruck dafür ist das vom Bildschirm/den Medien geprägte Weltbild) – das sind typische Merkmale unserer Gesellschaft!

Dies ist keine feministische Aussage. Ob Frau oder Mann – beide Geschlechter sind von diesem Mangel gleichermaßen betroffen. Und es erscheint nur vernünftig, auf dem Weg zu größerer Harmonie nicht noch mehr Abgrenzungen zu schaffen, als schon da sind, sondern vielmehr freundlich aufeinander bezogen zusammenzuarbeiten. Die Harmonie der beiden Energien im einzelnen Menschen ist die Voraussetzung für eine äußere Harmonie zwischen den Geschlechtern. Es empfiehlt sich also, zunächst bei sich selbst mit der Heilung und Harmonisierung der männlichen und der weiblichen Energie zu beginnen.

Dominante Energie

Es ist im Hinblick auf die geistige Gesundheit nicht von Bedeutung, ob ein Mensch der gerade gültigen gesellschaftlichen Vorstellung von «richtiger Mann» oder «richtige Frau» entspricht. Sind die Energien einigermaßen ausgeglichen, ist die innere Souveränität größer als die Versuchung der zwanghaften Anpassung an die herrschende Norm.

Keine zwanghafte Anpassung an Normen

Haben Sie als Frau eine ausgeprägte Neigung zu intellektuellen Studien? Haben Sie Freude an Logik und wissenschaftlichem Denken? Ist es Ihnen nicht das Höchste, einen Mann zu bemuttern? Möchten Sie lieber, daß auch er gelegentlich die Gestaltung der häuslichen Atmosphäre übernimmt? Dann sind Sie zwar keine «typische» Frau, aber «nicht in Ordnung» sind Sie deswegen noch lange nicht. Ihre männliche Energieseite ist dominant – doch das muß nicht heißen, daß Ihre weibliche Energie zu schwach ist.

Ist es Ihnen als Mann ein Anliegen, Ihr Zuhause gemütlich zu gestalten? Schätzen Sie ein ruhiges Leben? Können Sie sich für beruflichen Ehrgeiz wenig erwärmen und legen mehr Wert auf eine angenehme Atmosphäre und freundschaftliche Beziehungen? Können Sie Ihrer Partnerin gelassen eine Karriere gönnen und unterstützen sie vielleicht gar noch darin? Dann sind Sie natürlich nicht der typische Mann nach dem kollektiven Geschmack unserer Gesellschaft, aber Ihre männliche Energie muß dennoch nicht schwach sein.

Tarab Tulku erklärt: «Im allgemeinen ist Frauen das Gefühl näher und Männern das rationale Verständnis. Aber es kann auch umkehrt sein. Bei verschiedenen Typen findet man ver-

schiedene Proportionierungen; eine dem Typ entsprechende
Dominanz eines der beiden Energieaspekte muß nicht Mangel an Balance bedeuten. Die Dominanz ist nur dann ein Problem, wenn die Balance gestört ist. Wenn man sich bei einem
Menschen, sei es ein Mann oder eine Frau, ausgesprochen ge-
borgen fühlt, so liegt das an der Dominanz der gesunden
weiblichen Energie. Wenn man sich bei einer rational starken
Persönlichkeit, sei es eine Frau oder ein Mann, besonders
leicht und erfrischt fühlt, liegt das an einer Dominanz der gesunden männlichen Energie. In beiden Fällen ist die jeweils
dominante Energie ausgeglichen. Wenn also eine Frau sehr
viel Wissen angesammelt hat, muß diese männliche Energie
die weibliche nicht zwangsläufig stören. Das Problem ist immer die Schwächung einer der beiden Energien.»

Gesunde Energie

Die Harmonie von weiblicher und männlicher Energie in uns
bedeutet, daß wir uns selbst wohl fühlen und daß sich andere
in unserer Gegenwart wohl fühlen (nicht im Sinne von Be-
stätigtwerden, sondern von Ausgeglichenheit); beides gehört
untrennbar zusammen. Nicht im Gleichgewicht sind die
Energien, wenn wir selbst zwar meinen, ganz in Ordnung zu
sein, andere sich jedoch in unserer Gegenwart nicht wohl
fühlen, oder wenn andere sich zwar wohl fühlen, wir selbst
jedoch das Gefühl haben, uns im ständigen Dienst an anderen
bis zur Selbstvernichtung aufzuopfern.

  Um wirklich (geistig) gesund zu sein und über eine befriedigende Lebensqualität zu verfügen, müssen wir mit unserer
weiblichen und männlichen Energie in Verbindung sein und
sie in ein Gleichgewicht bringen. Wir möchten uns entwickeln (männlicher Energieaspekt), und dazu brauchen wir
innere Geborgenheit (weiblicher Energieaspekt).

Intellekt und Intuition
gleichermaßen schulen

Im Tantrayana wird diesem Entwicklungsprinzip bewußt
entsprochen, indem Intellekt (die Äußerungsform der männlichen Energie) und Intuition (die Äußerungsform der weibli-

chen Energie) gleichgewichtig geschult werden. Der Intellekt wird durch Unterricht in Logik und durch das Studium der buddhistischen Philosophie und Psychologie geschult. Die Intuition entwickelt sich im Rahmen der *Puja*, einer Abfolge von Ritualen, Rezitationen und Meditationen, innerhalb derer negative Energien in personifizierter Form als «behindernde Geister» befriedet und die spirituell hilfreichen und fruchtbaren Energien in personifizierter Form als «Gottheiten» eingeladen werden; die Formen der «Gottheiten» – als «Behälter» der Energien – werden danach in der Vorstellung wieder aufgelöst.

Personifizierte Energien

Wie schon erklärt, ist die Personifizierung der geistigen Energien eine uralte Methode, um sie erfahrbar und berührbar zu machen. So tritt man im Schamanismus mit den Energien der Natur in Verbindung, indem man sie als Naturgeister personifiziert, und daraus entwickelten sich die (mono- und poly-)theistischen Religionen, in denen ein Gott/eine Göttin oder eine Hierarchie von Göttern angebetet wird. Dabei stellt man sich die Götter als äußere übermenschliche Wesenheiten vor.

Anders ist es im tibetisch-buddhistischen Tantrayana. Der Buddhismus ist ein nichttheistisches spirituelles System, und das gilt natürlich auch für das buddhistische Tantra. Tarab Tulku erklärt die tibetisch-tantrische Meditationspraxis, in der man männliche und weibliche «Gottheiten» visualisiert und auf rituelle Weise mittels «Mantras» («heilige Worte») mit ihnen Verbindung aufnimmt, folgendermaßen: «Die Gestalt einer Gottheit ist nicht absolut, sondern kulturgebunden. Die Gestalt ist ein Hilfsmittel. Man kann diese Methoden von der psychologischen Ebene bis zur subtilsten geistigen Ebene verwenden. Man braucht nicht *glauben*, daß diese Gottheiten existieren. Sie existieren auf keiner äußeren Ebene. Sie sind einerseits mit der universalen Energie und andererseits mit unserer individuellen Energie verbunden. Tatsächlich entspricht ihre Energie der Ursituation vor dem Universum.

Die Gestalt einer Gottheit ist kulturgebunden

In der tibetischen Tradition nennen wir die beiden Energien *Yab-Yum*, Vater-Mutter-Energie. Das hat eine viel dynamischere und weitreichendere Bedeutung, als wenn wir «männlich» und «weiblich» sagen. Denn «Vater-Mutter» bedeutet, daß ihre Vereinigung etwas Drittes hervorbringt – ein Kind. Wenn wir diese beiden Energien in Harmonie miteinander bringen, entsteht dadurch ebenfalls etwas Neues: tiefe geistige Gesundheit.

Energien in personifizierter Form – «Gottheiten» – werden immer als etwas Überweltliches, Unbegrenztes aufgefaßt. Der uns vertraute Begriff dafür ist «göttliche» Energie – er grenzt gegen das «Menschliche», Begrenzte, Dualistische ab. Der menschliche Geist hat seine Gottheiten aus der Sehnsucht nach der nichtdualistischen Energie, dem Zustand des Nichtgetrenntseins geschaffen, in dem völlige Geborgenheit jenseits aller Bedingtheit herrscht.

Die Personifikationen sind zwar kulturgebunden, doch ihr Inhalt ist es nicht, denn die Energieebene ist völlig frei von kulturellen Einflüssen. Sie sind weitgehend anthropomorph, weil wir auf diese Weise am besten das Gefühl der Kommunikation entwickeln können. Und da sie Ausdruck der subtilen,

---

Die folgenden Übungen, mit denen wir die Grenze von der psychischen Energie zur spirituellen Energie überschreiten (diese Kategorisierung ist, wie gesagt, willkürlich und soll nur als allgemeine Orientierungshilfe dienen) vermitteln eine Ahnung davon, mit welchen Prinzipien im Tantrayana gearbeitet wird. Sie werden – ebenso wie alle Übungen auf der Geheimen Ebene – nur zur Veranschaulichung präsentiert und sollten nicht als Anleitung für eine längere Praxis im Alleingang aufgefaßt werden. Sie können natürlich Versuche damit machen. Doch eine kontinuierliche Praxis sollten Sie nicht ohne Führung vornehmen.

In der tantrischen Tradition Tibets gilt ein authentischer Meditations-Meister (oder Meisterin), der die entsprechende Praxis vermittelt und die «Ermächtigung» zur Praxis gibt, als unverzichtbar. Ohne den «Segen» des Lehrers, so heißt es, hat die Praxis wenig Erfolg. Was wir mit dem Begriff Segen übersetzen, heißt im Tibetischen *jintag* und bedeutet «überwältigende Atmosphäre» oder «überwältigende Energie». Diese Energie bildet eine Art Rutschbahn, die dem Schüler den Zugang zur Energieebene wesentlich erleichtert.

nichtdualistischen Energie sind, gibt es für sie natürlich auch kein «innen» oder «außen» – sie sind sowohl innen als auch außen. Die Vorstellung eines äußeren Gottes ist dualistisch und entspricht nicht der Realität der Energieebene. Um den nichtdualistischen Charakter zu betonen, imaginiert man im Tantrayana die Gottheiten oftmals außen und innen zugleich.

Tantrische Übungen nicht ohne Führung!

Imagination mit Form

Der junge Prinz
Sitzen Sie entspannt, und verbinden Sie sich für ein paar Minuten mit dem Atem. Stellen Sie sich dann einen wunderschönen jungen Prinzen vor, zwölf Jahre alt, kostbar gekleidet, auf einem Thron sitzend.

Übung

Stellen Sie sich die Atmosphäre von Frische vor, die er ausstrahlt. Er befindet sich gerade auf der Schwelle vom Kind zum Jugendlichen; noch hat er teil an der phantastischen Welt der Kindheit, doch gleichzeitig hat auch der Intellekt schon eine gewisse Reife.

Nehmen Sie wahr, wie dieses innere Bild auf Sie wirkt. Sie werden feststellen, daß es ein wohltuendes Bild ist. Es macht Freude, dieses Kind anzuschauen. In Ihnen wird, wenn Sie sich dafür öffnen, eine Energie geweckt, die der frischen, lebendigen Qualität dieser Figur entspricht.

Als tibetische «Meditationsgottheit» *Vajrasattva* repräsentiert die – ikonografisch detailliert ausgeführte – Figur solch eines jungen Prinzen die klare, frische Qualität des ursprünglichen reinen Geistes.

Variation
Verbinden Sie sich mit dem Atem. Stellen Sie sich dann eine männliche Figur vor, die für Sie die gesunde, reine – wenn Sie wollen, göttliche – männliche Energie verkörpert. Es kann einer der christlichen Heiligen sein, wie Franz von Assisi, die Gestalt des Jesus von Nazareth, Buddha Shakyamuni oder der hinduistische Shiva oder Krishna. Es heißt zwar, daß es leichter sei, sich eine kulturimmanente Personifikation vorzustellen, aber das muß nicht immer zutreffen. Die Tibeter hatten vor 1200 Jahren keine großen Probleme damit, aus Indien importierte tantrische Gottheiten in indischer Aufmachung zu visualisieren. Auch die Germanen haben sich offenbar recht leicht an das Bild des orientalischen Jesus von Nazareth in seiner traditionellen Bekleidung gewöhnt. «Ost und West sind nicht so getrennt wie Pferd und Hund», sagt Tarab Tulku.

Wichtig ist, daß Sie eine Figur wählen, die für Sie die reinste, über alle menschlichen Begrenzungen hinausgehende Energie verkörpert. Imaginieren Sie diese Gestalt über Ihrem Kopf. Es ist keine kompakte Gestalt, sondern von zarterer Beschaffenheit, wenngleich ganz detailgetreu.

Damit die Figur nicht nur ein vager Gedanke bleibt, sollten Sie sie genau anschauen, so daß Sie den Eindruck haben, sie wirklich zu sehen – die Falten des Gewands, die Haare, die Fingernägel usw. Und besonders wichtig ist natürlich Ihr Gefühl, die Qualität der Beziehung, die Sie zu dieser Gestalt haben.

Nun fließt die Energie, die diese Gestalt ausstrahlt, durch Ihren Scheitel in Ihren Körper und erfüllt ihn mit Licht.

Wenn Sie sich durch und durch als ganz hell und licht erfahren, lösen Sie die Form über Ihrem Kopf wieder auf. Doch das Licht und dessen Qualität bleiben erhalten.

Kehren Sie dann für ein paar Minuten zur Achtsamkeit auf den Atem zurück, bevor Sie die Übung beenden.

Die Mutter   **Übung**

Sitzen Sie entspannt, und achten Sie auf den Atem. Stellen Sie sich dann eine schöne Königin vor, eine junge Mutter, die gerade dazu ansetzt, sich von ihrem Thron zu erheben, um ihr Baby aufzunehmen, das begonnen hat zu weinen. Sie strahlt mütterliche Zärtlichkeit und mitfühlende Aufmerksamkeit aus.

Achten Sie wieder auf Ihre innere Resonanz. Auch der Anblick dieser Figur ist wohltuend. Sie reagieren mit Ihrer eigenen Energiequalität von Zärtlichkeit und mitfühlender Aufmerksamkeit auf sie.

Als «Meditationsgottheit» *Arya Tara* repräsentiert diese Figur die Energie des reinen Mitgefühls in seiner weiblichen Erscheinungsform.

Variation

Entspannen Sie sich mit der Aufmerksamkeit auf den Atem. Stellen Sie sich dann eine Verkörperung der reinen – «göttlichen» – weiblichen Energie vor, wie die Jungfrau Maria, die chinesische Kwan Yin, die japanische Amaterasu oder eine andere weibliche Gottheit, mit der Sie sich verbunden fühlen. Stellen Sie sich diese Figur in Ihrem Herzraum vor. Sie ist in allen Details genau zu sehen; sie besteht aus Energielicht und strahlt Licht aus.

Dieses vom Herzraum ausgehende Strahlen erfüllt Ihren ganzen Körper. Verweilen Sie so einige Zeit. Lösen Sie dann die Form wieder auf, und kehren Sie für ein paar Minuten zur Aufmerksamkeit auf den Atem zurück.

Energie ohne Form

Sich mittels der Methode des bewußten Personifizierens mit den höheren subtilen Energien zu verbinden, ist westlichen Menschen nicht vertraut. Wir neigen dazu, entweder dem christlich-abendländischen Gewohnheitsmuster des Glaubens (Absolut-für-wahr-Haltens) zu folgen oder die Existenz einer reinen subtilen Energie in personifizierter Form jenseits der psychologischen Ebene einfach nicht zu begreifen. Es fällt uns leichter, uns subtile Energie als Energie in der Art elektrischer Energie oder atomarer Energie vorzustellen. Das ist zwar eine eher abstrakte Vorstellungsebene, doch da sie uns zugänglicher ist, spricht nichts gegen den Versuch, durch diese Tür ins Haus zu gelangen.

Im «formlosen Yoga» des Tantrayana wird mit demselben Prinzip – wenn auch auf einer viel höheren spirituellen Ebene – gearbeitet. Im allgemeinen werden jedoch beide Prinzipien, Imagination mit Form und ohne Form, miteinander verbunden. Zuerst wird die Energie als Form imaginiert und die Beziehung aufgebaut. Dann wird die Form wieder aufgelöst, und die entsprechende Weisheitsenergie wird als Energielicht imaginiert.

Weisheitsenergie als Energielicht imaginieren

Übung

Raum ist die essentielle Qualität der weiblichen Energie. Damit gilt sie im Tantrayana als die primäre Energie und wird als solche auch «Mutter aller Buddhas» genannt. Die grundlegende Natur des Universums ist nichtdualistisch, also «weiblich».

Die männliche Energie entspricht dem, was im Raum entsteht – dem, was in Erscheinung tritt. Raum ist nicht dualistisch. Form ist dualistisch. Raum ist in sich ruhend. Form ist mit den dynamischen Prozessen von Werden und Vergehen verbunden.

Ist die weibliche Energie stark, so bildet sie die Basis dafür, daß die natürliche, gesunde männliche Energie sich entfalten kann. Grundsätzlich stärkt ganzheitliche Energiearbeit primär die weibliche Energie, damit jedoch sekundär auch die männliche Energie. Wenn Sie entspannt sind und sich gelassen dem Fluß Ihrer Energie anvertrauen, kann daraus natürliche und mühelose Aktivität entstehen. Die Aktivität des Lernens kann sich zum Beispiel ohne besondere Anstrengung entfalten. Sie ist von Selbstvertrauen und Freude an Wissen getragen, und das Wissen gewinnt so an Qualität und Tiefe.

Als westliche Menschen haben wir gelernt, uns nur auf den männlichen Energieaspekt zu konzentrieren. Wir haben es besonders nötig, unsere weibliche Energie – das Raumgeben, Zulassenkönnen usw. – zu kultivieren.

Übung   *Raum*

Atmen Sie tief und entspannt. Verbinden Sie sich mit dem Ausatem, wie im vorangegangenen Kapitel beschrieben.

Denken Sie an die reine Natur der weiblichen Energie: Raum. Verbinden Sie sich mit dem Gefühl von Raum. Nehmen Sie sich selbst als Raum wahr.

Sie werden feststellen, daß der Geist «etwas» braucht, um «nichts» auszudrücken. Deshalb werden die subtilen Energien als Licht wahrgenommen.

Eine Lektion in Gelassenheit

Es war kurz vor dem Ausbruch des Monsuns, und es war feucht und heiß in Kathmandu. Ich saß in meinem Zimmer im tibetischen Kloster und gab mir alle Mühe, meine Meditationspraxis diszipliniert abzuwickeln. Ich stand früh auf, hielt mich brav an meinen Stundenplan, ließ mich von rinnendem Schweiß und Müdigkeit nicht beirren. Es war ein ständiger Kampf, und ich bemühte mich, den beunruhigenden Eindruck zu ignorieren, daß ich wie ein Automat praktizierte und keine echte Verbindung zu dem hatte, was ich da tat. Schließlich erlöste mich eine heftige Durchfallerkrankung. Ich fühlte mich wirklich und wahrhaftig erlöst – endlich Schluß mit der Plackerei. Natürlich war mit klar, daß etwas nicht stimmte. Aber ich wußte nicht, was es war, das ich falsch machte. Ich schämte mich so sehr für mein Versagen, daß ich nicht einmal wagte, meinen Lehrer um Rat zu fragen. Ich war schließlich keine blutige Anfängerin mehr. Nach so langer Meditationserfahrung durfte so etwas einfach nicht mehr geschehen!

So war die Krankheit zwar schmerzhaft, aber befreiend. Ich konnte gar nichts mehr tun – nicht einmal mehr etwas falsch machen. Ein paar Tage lang war ich mit den unerfreulichen Symptomen der Krankheit beschäftigt. Dann kam die Phase der Rekonvaleszenz, in der ich zwar schwach war, aber wieder von dieser Welt. Nun begann eine interessante innere Auseinandersetzung. Ich wußte, daß mir für mein Retreat[34] nur eine begrenzte Zeit zur Verfügung stand. Bald würde ich wieder in die Sielen meines arbeitsreichen Alltags zurückkehren müssen. Also galt es, die Zeit zu nutzen. Ich mußte so schnell wie möglich wieder mit meiner Meditationspraxis beginnen. Doch die Kraft reichte dazu nicht aus. Ich konnte nicht meditieren, ich konnte nicht lesen – ich konnte nur daliegen und in die Luft gucken.

Entspannung kann man nicht «machen»

Es war ein qualvoller Zustand – Schwäche gepaart mit dem Druck der Verpflichtung und heftiger Unruhe. Selbst der Versuch der Entspannung strengte mich an. Als die Situation fast unerträglich geworden war, brachte mich ein Traum auf die richtige Spur. Ich erkannte plötzlich, daß ich das Problem von einer ganz anderen Seite her angehen mußte. Ich würde die Entspannung nicht «machen» können – ebensowenig wie man den Zustand der Meditation produzieren kann. Ich mußte lernen, mich mit der weiblichen Energie der Ruhe und des Geschehenlassens zu verbinden und zu verbünden. Das war es, was ich in meinem Pflichteifer die ganze Zeit übersehen hatte. Diese spezielle Energie war ja bereits da; sie wartete nur in mir darauf, freigesetzt zu werden.

Der Übergang in eine neue Geisteshaltung dauerte natürlich bei weitem länger als der spontane Akt der Erkenntnis. Das Muster der Anspannung setzte sich immer wieder durch, aber es wurde besser. Ein Grundgefühl von Gelassenheit stellte sich ein, und daraus entfaltete sich die Meditationspraxis ohne viel Anstrengung. Schließlich begann sie mir sogar Freude zu machen, und diese Qualität ging selbst in schwierigen Phasen nicht wieder völlig verloren.

Rückblickend stellt sich dieses Ereignis als ein echter Durchbruch dar, wenn auch nicht der erste und nicht der letzte auf dem Stufenweg der Befreiung. Es liegt wohl eine Gesetzmäßigkeit darin, daß ein Muster erst sehr schmerzhaft ins Bewußtsein treten muß, bevor wir etwas unternehmen, um es aufzulösen.

Übung   ## Imagination ohne Form

Sitzen Sie entspannt, und verbinden Sie sich mit dem Atem. Bereiten Sie sich mit einer der Entspannungsübungen gut vor.

Stellen Sie sich dann eine äußere Energiequelle vor – zum Beispiel über Ihrem Kopf im Raum –, welche Energie an Sie abgibt.

Energie hat keine Form und keine Farbe   Energie hat keine Form und keine Farbe. Doch Ihr Geist wird irgend etwas gestalten wollen. Beobachten Sie ihn bei diesem Unterfangen. Denken Sie einfach nur: Energiequelle!

Ihr Geist wird versuchen, ein konkretes Bild zu gestalten. Dasjenige Bild, das der Formlosigkeit am nächsten kommt, ist eine Art strahlende Sonne.

> Man kann die subtile Energie außerhalb oder im Körper oder auch zugleich außen und innen imaginieren. Die äußere Imagination hat einen männlichen Akzent, die innere einen weiblichen.
> Wichtig ist, daß Sie «außen» und «innen» nicht in dualistischer Weise auffassen, um der nichtdualistischen Natur der subtilen Energien gerecht zu werden.

Stellen Sie sich diese Energie als etwas Lebendiges, Intelligentes vor, mit dem Sie kommunizieren können. Sie wollen die Verbindung mit der Energie, und die Energie strebt nach der Verbindung mit Ihnen.

Die Energie strömt nun durch Ihren Scheitel in Ihren Kopf und breitet sich im ganzen Körper aus. Verweilen Sie in der Erfahrung (oder zumindest Vorstellung), mit sonnigem Licht erfüllt zu sein. Holen Sie schließlich die gesamte Lichtquelle in sich hinein.

Zum Schluß verbinden Sie sich wieder ein paar Minuten lang mit dem Atem. Dann öffnen Sie die Augen.

Sexualität (Teil 2)

Auch auf der Ebene der sexuellen Energie wirkt sich das Ungleichgewicht von weiblicher und männlicher Energie negativ aus. Ist die weibliche Energie negativ, ist Rückzug angesagt. Anstatt daß man «in sich selbst zu Hause ist» und es wagen kann, zuversichtlich aus sich heraus und auf andere zuzugehen, igelt man sich schutzsuchend ein. Aber auch das gegenteilige Extrem, der Wunsch nach Selbstaufgabe in symbiotischer Verschmelzung, beruht auf einer gestörten weiblichen Energie.

Ist die männliche Energie negativ, ist die Sexualität abgespalten, ohne Herzenswärme und trägt oft sogar aggressive Züge. Die sexuelle Energie «verpufft», anstatt kreativ und inspirierend wirken zu können.

Sexuelle Energie muß nicht unbedingt im Geschlechtsakt ausgelebt werden. Andererseits ist die Verfeinerung dieser groben, der Materie nächsten Energie nicht von einer zölibatären Lebensweise abhängig – jedenfalls dann nicht, wenn man über Methoden der Transformation verfügt.

Transformation der sexuellen Energie

Die sexuelle Energie läßt sich nicht nur in reine Lebenskraft
verwandeln, die alle Funktionen des Körpers stärkt, sondern
auch in eine feinere Energie. Solche Transformationen vollziehen sich üblicherweise nicht von selbst. Im allgemeinen bedarf es einer bewußten Methodik. In besonderen Fällen werden sie jedoch durch bestimmte außergewöhnliche
Umstände angeregt.

Der Tao-Yoga-Lehrer Mantak Chia berichtete in einem Interview über die Verwandlung von sexueller Energie in
«höhere» Energie von solch einem besonderen Fall: «Im Fernsehen sah ich einmal ein Interview mit Mutter Teresa, und
eine Frau fragte sie: Wie kommt es, daß Sie soviel Liebe geben
können? Mutter Teresa schaute die Frau an und sagte: Wenn
ich viel Liebe in meinem Herzen fühle, spüre ich plötzlich,
wie meine sexuelle Energie zu meinem Herzen aufsteigt, und
dann habe ich noch mehr zu geben.»

Sexuelle Energie   In dieser Aussage wird das Prinzip deutlich. Das Öffnen des
verwandeln   Herzzentrums geschieht durch eine innere Orientierung auf
Freundlichkeit, Zuneigung, Mitgefühl. Dann steigt die vitale
Energie bereitwillig auf und verwandelt sich in Energie des
Mitgefühls. Geben Sie diesem Prinzip die Freiheit, während
des Orgasmus zu wirken, indem Sie es sich bewußt machen
und die Beziehung zu Ihrem Partner in diesem Sinne kultivieren.

Klimakterium

Ein paar Überlegungen möchte ich zu diesem vielbesproche-
nen, aber unausgeschöpften Thema vom Standpunkt der
Energie hinzufügen.

Im allgemeinen leiden Frauen unter dem Klimakterium.
Durch die hormonelle Umstellung kommt es zu unangenehmen Symptomen wie Schlaflosigkeit, Reizbarkeit und psychischer Übersensibilisierung. Aber ist das Klimakterium wirk-

lich eine so negative Erscheinung, wie wir im allgemeinen glauben?

Wir könnten das Klimakterium als eine große psychophysische Veränderung verstehen, in deren Verlauf die gesamte Persönlichkeit der Frau in einen neuen, subtileren Energiebereich eintritt. Sie ist nun nicht mehr körperlich kreativ, indem sie neues Leben zur Welt bringt; die Kreativität verlagert sich auf eine subtilere Ebene.

Die Übersensibilität und Reizbarkeit sind verzerrte Äußerungsformen einer feineren Wahrnehmung und größerer psychischer Lebendigkeit, die nicht als solche erkannt werden. Die Neigung zu einem langsameren Lebensrhythmus und zugleich zu intuitiven Ebenen der Erfahrung hat nicht nur mit dem Alter zu tun, sondern auch mit dem natürlichen Transformationsprozeß des Klimakteriums. Gegen diesen Prozeß zu leben, ihn nicht wahrhaben zu wollen (weil er dem Jugendwahn unserer Zeit zuwiderläuft), ist schmerzhaft und zudem höchst gefährlich für die Balance von Körper und Geist.

Die Integrale Energiearbeit kann helfen, das Klimakterium als eine positive Herausforderung zu erleben, als einen Prozeß, in dessen Verlauf neue kreative Kräfte freigesetzt werden.

Die Geheime Ebene

Wie schon ausgeführt, behandeln wir zwar die Ebenen unseres Energie-Mandala getrennt, obwohl sie letztlich zusammengehören. Vor allem ist es wichtig, nicht zu vergessen, daß wir alle Ebenen des Energie-Mandala vom tantrischen Standpunkt aus betrachten: Das Ziel ist die vollkommene Einheit der Energien von Körper und Geist, die Rückkehr zur «grundlegenden Natur». Da diese Einheit auf der Ebene des groben Bewußtseins nicht erkannt und erlebt werden kann, aber dennoch stets da ist, bezeichnet man den Prozeß von der Getrenntheit hin zur Einheit als «Verwirklichung».

Verwirklichung – die Rückkehr zur Einheit

Tantrayana oder einfach Tantra bedeutet «Weg der Energie» (*yana*, Sanskrit, bedeutet Weg oder auch Vehikel). Es ist ein Weg, der über die konventionelle Erfahrung der Trennung von (erfahrendem) Subjekt und (erfahrenem) Objekt hinausführt. «Es genügt nicht, daß sich die Erfahrung verändert – die Energie muß sich verändern», sagt Tarab Tulku. Wenn wir uns mit der konventionellen Erfahrungsebene identifizieren, bleiben wir dort hängen und berühren nichts anderes. Wenn wir uns hingegen mit der Energie identifizieren, verliert die «normale» Erfahrungsebene – die Ebene der Bestätigung und des Leidens, der Hoffnung und der Furcht – ihre Macht über uns.

Der spirituelle Energiekörper

Der Energiekörper der tantrischen Ebene wird «Vajrakörper» genannt. *Vajra*, Diamant, weist auf die Unzerstörbarkeit dieses «Körpers» hin, denn er ist nicht dem Werden und Vergehen unterworfen. Er ist als Licht in den vier Grundfarben und der Farbe Weiß, in seiner reinsten Form als klares Licht wahrnehmbar. Damit verbunden ist eine «Erfahrung» der Nicht-Dualität, denn dies ist die reine Qualität dieser feinsten Energiekörper-Ebene. Eine lebendige Beschreibung dieser speziellen Art der Wahrnehmung gab die christliche Mystikerin Hildegard von Bingen: «Seit meiner Kindheit sehe ich immer ein Licht in meiner Seele, aber nicht mit den äußeren Augen und auch nicht durch die Gedanken des Herzens; auch nehmen die fünf äußeren Sinne an diesem Gesicht nicht teil.

Das Licht, das ich wahrnehme, ist nicht örtlicher Art, sondern ist viel heller als die Wolke, die die Sonne trägt. Ich kann an demselben keine Höhe, Breite oder Länge unterscheiden.

Was ich in einer solchen Vision sehe oder lerne, das bleibt mir lange im Gedächtnis. Ich sehe, höre und weiß zugleich und lerne, was ich weiß, gleichsam im Augenblick.

Ich kann in diesem Licht durchaus keine Gestalt erkennen, jedoch erblicke ich in ihm bisweilen ein anderes Licht, das mir das lebende Licht genannt wird. Während ich mich des Anschauens dieses Lichts erfreue, verschwinden alle Traurigkeit und Schmerz aus meinem Gedächtnis.»[35]

Ein Licht in der Seele

Um den höchst subtilen Vajrakörper wahrnehmen zu können, müssen wir die Schranken des begrifflichen Denkens und auch des Fühlens überschritten haben. Er läßt sich nur mit feinsten Energiesinnen wahrnehmen. Doch auch wenn wir diese Energiesinne noch nicht entwickelt haben, können wir versuchen, uns dieser Wahrnehmung auf der Ebene der Imagination anzunähern. Selbst wenn dieser Versuch einer Annäherung an die Erfahrung des Energielichts uns nicht über die Ahnung einer Ahnung hinausführt, ist er dennoch sinnvoll. Auch bei längerem Üben wird es zunächst bei einer Aneinanderreihung von Augenblicken der Lichterfahrung bleiben. Diese Augenblicke der Verbindung sind wertvoll.

Die folgende Übung wie alle übrigen Energielicht-Übungen wurden von Tarab Tulku präsentiert.

Übung   *Der Lichtkörper*
Entspannen Sie sich so tief wie möglich. Verbinden Sie sich mit dem Atem.

Spüren Sie Ihren Körper, und imaginieren Sie ihn dann als Licht. Versuchen Sie, sich der Erfahrung anzunähern, daß Sie aus nichts anderem bestehen als aus Licht. Verweilen Sie etwa zehn Minuten lang bei dieser Übung.

Kehren Sie dann für eine kleine Weile zum Atem zurück, und öffnen Sie die Augen.

Variation 1
Beginnen Sie mit der Imagination des Lichts im Herzzentrum. Identifizieren Sie sich mit diesem Licht – «Das bin ich, das ist die Essenz dessen, was ich bin!».

Dann beginnt das Licht alle Bereiche des Körpers zu erfüllen – zuerst die Beine, dann den Unterleib, die Brust, die Arme und schließlich den Kopf.

Verweilen Sie in der Erfahrung (oder Vorstellung) des Lichtkörpers.

Ziehen Sie dann das Licht ins Herzzentrum zurück. Breiten Sie es wieder im Körper aus.

Wiederholen Sie dies einige weitere Male.

Variation 2
Imaginieren Sie das Licht im Herzzentrum. Lassen Sie wie zuvor Ihren ganzen Körper von diesem Licht erfüllen.

Stellen Sie sich eine Person vor, die vor Ihnen sitzt (Sie können auch paarweise üben). Imaginieren Sie nun das Energielicht im Herzzentrum der anderen Person. Dann breitet sich das Energielicht im Körper der anderen Person aus. Nehmen Sie die andere Person als Lichtkörper wahr.

Gehen Sie dann wieder zum eigenen Herzzentrum voller Licht zurück, und beenden Sie die Übung wie zuvor.

Die Energiezentren des Körpers

Der Vajra-Körper ist von einem System von Kanälen *(Tsa)* durchzogen, in denen die subtilen Energien zirkulieren. Im tibetischen wie im indischen System differenziert man diese Energien in Bewegung oder «Wind» *(Lung)* und Inhalt oder «Essenz» *(Thigle)*.

Die Energiearbeit des Tantrayana stammt ursprünglich aus Indien und bezieht sich, anders als das taoistische System der chinesischen Inneren Alchemie, auf höchst subtile Energiezentren im Körper *(Chakren)*, die von einem zentralen Kanalsystem (von drei Kanälen) im Körper miteinander verbunden sind. Es sind die «Headquarters» der spirituellen Energie.

«Headquarters» der spirituellen Energie

Im indischen System verwendet man sieben Zentren, im tibetischen fünf (im Zusammenhang mit bestimmten Übungen auch einige Nebenzentren).

Die fünf Chakren des Tantrayana

- Das Scheitel-Chakra befindet sich im Kopf unter dem Scheitelpunkt. Es heißt «Zentrum der Großen Seligkeit».
- Das Kehl-Chakra befindet in der unteren Halsmitte. Es heißt «Zentrum der Freude.»
- Das Herz-Chakra befindet sich in der Brustmitte in Höhe des Herzens. Es heißt «Zentrum des Dharma». Das Herz ist das spirituelle Zentrum, im Herzen wohnt der Geist (der Sanskrit-Begriff für Geist, *citta*, bedeutet Herz-Geist).
- Das Nabel-Chakra liegt vier bis fünf Finger breit unterhalb des Nabels. Es heißt «Zentrum der Emanation».
- Das Chakra des Geheimen Ortes liegt im Bereich der Sexualorgane. Es heißt «Zentrum, das die Seligkeit bewacht». Dieses Zentrum spielt eine große Rolle beim Bewahren nicht nur der vitalen, sondern auch der geistigen Energie.

Nebenzentren
Ein häufig verwendetes Zentrum liegt zwischen den Augenbrauen (das «dritte Auge»).

Ein weiteres Zentrum, mit dem verschiedentlich gearbeitet wird, liegt im Bereich des Solarplexus.

Kanäle
Das komplizierte tibetische Energiesystem nennt zweiundsiebzig Energiebahnen oder Kanäle. Der wichtigste Kanal ist der zentrale Kanal mit zwei Nebenkanälen; er verläuft vom «dritten Auge» zum Scheitel-Chakra und von dort abwärts bis zu den Sexualorganen. Die Imagination eines durchgehenden zentralen Kanals vom Scheitel bis zum Damm ist für Anfänger grundsätzlich nicht empfehlenswert. Dadurch können Phänomene ausgelöst werden, die man möglicherweise nicht kontrollieren kann. Deshalb bewegen sich viele traditionelle Energieübungen des Tantrayana zunächst nur im Bereich zwischen Scheitel-Chakra und Nabel-Chakra.

Tarab Tulku empfiehlt, außerhalb der traditionellen Ausbildung gar nicht mit den Kanälen zu üben, sondern im entsprechenden Fall – wie zum Beispiel in der folgenden Übung – einen breiten Lichtstrahl zu imaginieren. Das vermindert das Risiko verwirrender Sensationen.

Essenz des Seins

Die spirituelle Energie, mit der auf den höchsten tantrischen Ebenen gearbeitet wird, kann man als die essentielle Energie oder Essenz unseres Seins bezeichnen.

Übung   Entspannen Sie sich tief. Verbinden Sie sich mit dem Atem.
Nehmen Sie Verbindung mit dem Herzzentrum auf. Imaginieren Sie einen goldenen Lichtstrahl, der vom Herzzentrum aus in der Körpermitte bis zur Höhe der Stirn und nach unten bis zum Nabelzentrum im Unterbauch reicht. Es ist ein breiter, starker Lichtstrahl, der sein Licht aussendet, bis der ganze Körper davon erfüllt ist. Verweilen Sie etwa zehn Minuten lang in dieser Erfahrung.
Ziehen Sie dann das Licht in den goldenen Strahl zurück.

Ziehen Sie den goldenen Strahl ins Herzzentrum zurück.
Kehren Sie für einige Minuten zum Atem zurück.

Zentren der männlichen und der weiblichen Energie

Im Rahmen eines einfachen Übungssystems gilt der Herz-raum als der Bereich des weiblichen Prinzips und das Gehirn als der Bereich des männlichen Prinzips. Im System der Cha-kra-Energiearbeit sind die Zuordnungen jedoch differenzier-ter.

Das Scheitel-Chakra und das Kehl-Chakra sind mit der männlichen Energie verbunden – mit Aktivität, Planen, Ge-stalten.

Das Chakra des Geheimen Ortes und das Nabel-Chakra sind mit der weiblichen Energie verbunden – mit In-sich-ru-hen, mit Geschehenlassen, mit intuitivem Erkennen.

Im Herz-Chakra können die beiden Energien einander berühren, wenn sie in Balance sind.

Ist die weibliche Energie, die mit den unteren, unterhalb des Herzens gelegenen Energiezentren des Körpers verbun-den ist, geschwächt, führt das dazu, daß die männliche Ener-gie in den oberen, oberhalb des Herzens gelegenen Zentren zu stark betont wird. Die Energie steigt in diesem Fall nach oben und sammelt sich im Kopf. Dadurch entsteht ein Gefühl von «unten leer, oben voll». Die richtige Proportion ist jedoch umgekehrt: unten schwerer, oben leichter, wie eine Birne.

Unten schwerer, oben leichter

Westliche Menschen mit ihrer meist schwachen weiblichen Energie sind im wahren Sinn des Wortes «kopflastig», nur dem Tun zugewandt, nicht dem Sein. Wann immer Energie benötigt wird, entnehmen wir sie den oberen (männlichen) Zentren. Selbst Energiearbeit und Meditation werden oft mit einem übermäßigen Anteil an männlicher Energie betrieben, was dazu führt, daß die Praxis angestrengt, pflichtbetont und humorlos vollzogen wird und wenig befriedigend ist.

Grundlegende Herzenergie

Die dem Herzzentrum eigene Energie ist die grundlegende Essenz aller Energie und unberührt von der Differenzierung von männlich und weiblich. Diese grundlegende Energie (Mutterenergie) wird erst im Tod freigesetzt, wenn sich der Energiekörper vom physischen Körper trennt. Es gibt jedoch eine Vorwegnahme dieses Ereignisses, wobei eine sekundäre grundlegende Energie (Tochterenergie) erfahren wird. Diese wird durch die Harmonisierung der weiblichen und männlichen Energie entwickelt (oder besser ausgewickelt).

Grundsätzlich gilt: Sind weibliche und männliche Energien nicht in Balance, ist das Herz verschlossen. Deshalb gilt die Praxis der «Herzenswärme» (*Maitri* oder *Metta*) als grundlegende Methode, um das Herz zu öffnen und dadurch die Harmonisierung der weiblichen und der männlichen Energie zu unterstützen.

Die Harmonisierung der weiblichen und männlichen Energie ist die Voraussetzung für eine weitere Entwicklung, die schließlich zur völligen Verschmelzung beider Energien führt.

Farben

Bei der Energiearbeit spielen Farben eine große Rolle, da wir die subtilen Energien als Licht und Farbe wahrnehmen können. Natürlich hat die Energie selbst keine Farbe; es handelt sich vielmehr um eine Art synästhetische «Übersetzung» der jeweiligen Qualität der Energie.

Farben besonderer Art   Die Farben des Energielichts sind Farben besonderer Art. Sie unterscheiden sich von gedachten Farben. Erst wenn die weibliche und männliche Energie eine harmonische Verbindung miteinander aufgenommen haben, kann sich die Natur dieser Farben, die Qualität der Lebendigkeit, entfalten.

Es gibt Zuordnungen von Chakren und Farben. Man sollte sich das allerdings nicht so vorstellen, daß ein bestimmtes Zentrum eine bestimmte Farbe hat, etwa wie Straßenampeln, wo die obere Lampe immer rot, die untere immer grün und die mittlere immer gelb ist. Das Herzzentrum umfaßt zum Beispiel alle fünf Farben der Lichtenergien. Folgende Zuordnungen wurden von Tarab Tulku vorgenommen:

Die Herzenergien und ihre Farben
- Das weiße Licht des Herz-Chakra ist die Energie der Liebe und des Mitgefühls.
- Das rote Licht des Herz-Chakra ist die Energie reiner Harmonie.
- Das gelbe Licht des Herz-Chakra ist die Energie des Wissens und der Weisheit.
- Das grüne Licht des Herz-Chakra ist der dynamische Energieaspekt des Mitgefühls.
- Das blaue Licht des Herz-Chakra ist die umfassende Energiequalität.
- Kristallklares Licht ist die alles durchdringende vereinigende Energie.

Die Energien der Elemente

Das tibetische Mandala, das die Prinzipien der körperlichen und geistigen Welt repräsentiert, basiert auf den fünf Elementen: Erde, Wasser, Feuer Luft, Raum.

Die Energien der Elemente sind nichts anderes als Ausdruck der grundlegenden Funktionen des Universums. Sie manifestieren sich auf der physischen, auf der psychischen und auf der kosmischen Ebene.

Die Elementenergien haben bestimmte Qualitäten:

Energie des Erdelements
Dem grobsten, dichtesten Element entspricht auch die dichteste Energie. Es ist eine strukturgebende Energie, verfestigend, formschaffend. Dank ihrer haben wir einen Körper und körperliche Funktionen; alles, was im Universum existiert, ist existent aufgrund dieser Energie.

Erde ist formschaffend

Legen Sie großen Wert auf Tradition? Ist Ihnen ein wohlgeordneter Tagesablauf wichtig? Hängen Sie an Dingen? Wissen Sie genau, was Ihnen gefällt und was nicht? Sind Ihnen Experimente eher suspekt? Dann sind Sie stark von der Energie des Erdelements bestimmt.

Zuordnungen: Die Energie des Erdelements ist mit gelbem Licht und mit dem Sehsinn verbunden.

Energie des Wasserelements
Diese Energie dient dem Kontakt, dem Einsammeln, dem Zusammenspiel, der Verbindung, der Harmonisierung. Einzelne Teile müssen miteinander in Zusammenhang gebracht werden, sonst kann nichts funktionieren. Um ein Brot zu backen, müssen Mehl und Wasser in Verbindung gebracht

Wasser bringt Zusammenhang

werden. Ein Berg voller passender Autoteile ist noch kein Auto; es bedarf der Aktivität des Zusammensetzens. Alles, was ist, existiert in Zusammenhängen – das betrifft die kleinsten Einzelexistenzen ebenso wie die großen Zusammenhänge. Wird gegen das Prinzip des Zusammenhangs verstoßen, ist Zerstörung die Folge.

Beschäftigen Sie sich gerne mit allen möglichen Theorien? Legen Sie Wert darauf, sich in möglichst vielen Wissensgebieten auszukennen? Brauchen Sie interessante Abwechslung, um sich wohl zu fühlen? Dann sind Sie stark von der Energie des Wasserelements bestimmt.

Zuordnungen: Die Energie des Wasserelements ist mit blauem Licht und mit dem Hörsinn verbunden.

Energie des Feuerelements
Die Qualität dieser Energie ist Entwicklung, Reifung, Ausdehnung, Vervielfältigung. Es gäbe keinerlei Prozesse ohne diese Energie. Dadurch, daß sie Reifung bewirkt, bewirkt sie auch ständige Veränderung, Verwandlung.

Feuer ist nur möglich, wenn Brennstoff da ist. Feuer haftet immer an etwas, auch wenn es seiner Natur nach keine Substanz hat. Lassen Sie sich leicht «entflammen» – sind Sie sehr begeisterungsfähig? Haben Sie Mut zu neuen Beziehungen – wenn auch manchmal auf Kosten der Tiefe? Wünschen Sie insgeheim, daß das Leben ein ständiges Abenteuer ist? Gehört «spontan» zu Ihren Lieblingswörtern? Das sind Zeichen, daß Sie von der Energie des Feuerelements bestimmt sind.

Feuer bewirkt Veränderung

Zuordnungen: Die Energie des Feuerelements ist mit rotem Licht und mit dem Geruchsinn verbunden.

Energie des Luftelements
Die Energie des Luftelements ist sehr wenig dicht. Sie hat die Qualität der Bewegung, der Aktivität. Die Energie des Luftelements ist Schwingung. Wo keine Schwingung ist, ist keine Existenz.

Die Luft ist sehr frei; als Wind streift sie überall herum, haftet an nichts, hinterläßt auf dem, was sie berührt, keine Spuren. Geistige Freiheit und Beweglichkeit sind die hervorstechenden Persönlichkeitsmerkmale derjenigen Menschen, die von der Energie des Luftelements bestimmt sind.

Luft ist frei und beweglich

Zuordnungen: Die Energie des Luftelements ist mit weißem Licht und mit dem Geschmackssinn verbunden.

Energie des Raumelements
Dies ist die Energie der Möglichkeit. Raum ist das Grundelement, die grundlegende Natur, der potentielle Zustand der Existenz. Die Energie des Raumelements gebiert die übrigen Element-Energien und nimmt sie im Prozeß der Auflösung wieder in sich zurück.

Raum schafft die Grundlage

Zuordnungen: Die Energie des Raumelements ist mit kristallklarem Licht und mit dem Körpersinn, dem Empfinden, verbunden.

Jenseits des Raums ist nur noch reiner Geist – die vollkommene Nicht-Dualität. Dennoch ist dieser Zustand jenseits aller Zustände nicht einfach nur leer. Er wird vielmehr als «Einheit von Seligkeit und Leerheit» beschrieben.

Stupa

Stupa (sanskrit) oder Chörten (tibetisch) ist die dreidimensionale Form, in der die Hierarchie der Elementenergien dargestellt ist. Die Basis bildet ein Würfel (Quader), der die Energie des Erdelements repräsentiert. Ein Quader ist etwas Schwerfälliges, Solides und Eindeutiges. Man kann ihn nur schwer von der Stelle bewegen. Damit bringt er die dichte Qualität der Energie des Erdelements zum Ausdruck.

Darüber erhebt sich eine Kugel (in Form einer Halbkugel oder Scheibe), die für die Energie des Wasserelements steht. Eine Kugel ist wesentlich beweglicher als ein Quader. Man kann sie leicht fortbewegen, doch wird ihre Bewegungsrichtung sehr von den äußeren Gegebenheiten bestimmt.

Über der Kugel befindet sich ein Kegel, der in seiner nach oben strebenden Form die Zielgerichtetheit des Feuers spiegelt.

Eine nach oben geöffnete Mondsichel über dem Kegel steht für die Energie des Luftelements.

Die leere Scheibe in ihrer Rundung repräsentiert das strahlende Energielicht des Raums.

Werden und Vergehen

Alle Phänomene unterliegen zwei Phasen:
1. Werden und Existieren.
2. Vergehen und Zurückkehren in den Raum.

Werden

Vom spirituellen Standpunkt des Tantrayana aus betrachtet, bildet die Hierarchie der Elementenergien oder einfach «Elemente» das Prinzip des Werdens und Vergehens ab. Raum ist das Element, aus dem heraus sich alles Sein manifestiert. Wo kein Raum ist, kann nichts entstehen. Das Luftelement hat die Qualität der Bewegung – ohne Bewegung gibt es kein Werden, keine Entwicklung. Dann bedarf es der Reifung oder Sättigung, die das Feuerelement bietet, um Verdichtung zu ermöglichen. Das Wasserelement sorgt für das Zusammenhalten, und das Erdelement bietet Strukturierung und Festigkeit. Damit ist das erreicht, was wir Existenz nennen. Genau genommen beginnt Existenz jedoch schon in dem Augenblick, in dem der Zustand der Potentialität (Raum) verlassen wird und die Bewegung des Werdens einsetzt; denn das ist der Keim der Dualität.

Ohne Raum keine Existenz

Vergehen

Umgekehrt beginnt das Vergehen mit der Schwächung des Erdelements. Das Prinzip der Strukturgebung zieht sich zurück. Dann läßt die Wirkung des Wasserelements nach – die einzelnen Teile halten nicht mehr zusammen. Das geschwächte Feuerelement läßt alle möglichen Arten von Veränderung zu. Mangel an Luftelement bedeutet, daß die Bewegung zum Stillstand kommt. Und dann kehrt das, was «etwas» war, wieder in der Zustand des Raums oder der uranfänglichen Energie zurück.

Der Prozeß des Sterbens

«Wir haben Angst vor dem Tod, weil wir uns vor dem Verlust der Formebene fürchten. Man könnte auch sagen, wir haben Angst, auf der Energieebene zu existieren.» (Tarab Tulku)

Der Tod ist vom tantrischen Standpunkt ein Vorgang, bei dem der materielle Körper und der Geist sich trennen. Doch die Energie des Körpers bleibt an den Geist gebunden. Es ist also ein Übergang von der groben Ebene der Körper-Geist-Existenz zur Energieebene der Körper-Geist-Existenz.

Im Prozeß des Sterbens ziehen sich die Energien der Elemente zurück. Das ist ähnlich, wie wenn wir einschlafen – auch dann ziehen sich die Energien bis zu einem gewissen Grad nach innen zurück.

> *Auflösung der Elementenergien*
>
> Dieser schrittweise Rückzug der Elementenergien, wobei sich die jeweils dichtere Energie in der weniger dichten auflöst, wird durch den Wechsel von einem Geisteszustand in den anderen begleitet. Die dabei auftretenden inneren Phänomene werden in den tantrischen Texten genau beschrieben. Auf der Imaginationsebene können wir diese Erfahrungen nachahmen. Der Einfachheit halber werden in den Tantrayana-Lehren die Elementenergien einfach als «Element» bezeichnet.

Übung   Sitzen Sie ganz entspannt, und schließen Sie die Augen. Stimmen Sie sich mit einer der Entspannungsübungen ein. Verbinden Sie sich mit dem Atem.

Auflösung des Erdelements im Wasserelement
Stellen Sie sich vor, daß Ihr Körper sehr schwer wird, so schwer, daß er in der Erde zu versinken droht.
   Sie sehen ein Zittern und Flimmern, etwa so, wie die Luft unter heißer Sonne flimmert oder wie eine verschwommene Fata Morgana in der Wüste auftaucht.

Auflösung des Wasserelements im Feuerelement
Stellen Sie sich vor, daß die Bewegung aller Flüssigkeiten in Ihrem Körper zum Stillstand kommt. Es ist eine Empfindung von Trockenheit in Mund und Nase.
   Das Zittern und Flimmern wird wolkiger. Sie sehen wie durch Nebel einen bläulichen Rauch aufsteigen.

Auflösung des Feuerelements im Luftelement
Stellen Sie sich vor, daß Ihre Körpertemperatur sinkt. Der Atem wird flach; das Einatmen ist kurz, das Ausatmen lang.

Aus dem Rauch beginnen Funken zu sprühen – «wie Feuer-
fliegen», sagen die alten Texte.

Auflösung des Luftelements im Raumelement
Die letzte Erscheinung ist eine Art kosmischer Explosion, wie
eine riesige Flamme, die gewaltig aufflackert, bevor sie ver-
lischt. Danach gibt es keine Erfahrung von Form, Farbe oder
Klang mehr. Die Energie des Raums ist nur als Licht erfahrbar.

Stellen Sie sich einen leeren Raum vor, der von weißem
Mondlicht erleuchtet wird. Versuchen Sie, sich ganz und gar
mit diesem weißen Licht zu identifizieren. Sie schauen es
nicht nur an – Sie «sind» es.

Dann färbt sich das weiße Licht rot, wie bei einem Sonnen-
aufgang. Versuchen Sie, sich damit zu identifizieren.

Dunkelheit
Schließlich vergeht das Licht, und es herrscht völlige Dunkelheit. Auch die Dunkelheit sehen Sie nicht nur. Sie *sind* die
Dunkelheit. Wenn Sie sich – als Subjekt – von einem Universum von Dunkelheit umgeben fühlen, kann dies Angst erzeugen, denn es gibt keinerlei Bezugspunkte, an denen Sie sich
orientieren könnten (das ist der Grund, weshalb Dunkelheit
Angst auslöst). Wenn Sie sich hingegen mit dem dunklen
Raum identifizieren, sind Subjekt und Objekt miteinander
verbunden, und kein Bezugspunkt ist nötig.

Licht
Nun verwandelt sich der dunkle Raum in klares, strahlendes
Licht. Genauer: Sie selbst verwandeln sich von Dunkelheit in
klares Licht.

Zum Abschluß verwandelt sich das klare Licht in goldenes
Licht, das Sie wieder zur Erfahrung von Atem und Körper
zurückführt. Bleiben Sie bei der Imagination des goldenen
Lichts, das Sie wie eine schützende Hülle umgibt.

Was ist «Tod»?

Der Tod als Befreiung

Nach den Lehren des *Bardo Thödol* (Befreiung durch Hören im Zwischenzustand), das wir «Tibetisches Totenbuch» nennen, ist der «Tod» nichts anderes als eine Bewegung durch immer feinere Energieebenen bis zur reinen Geistebene und wieder zurück in einen neuen Prozeß des Werdens. Ist jedoch der Geist so gut geschult, daß er die individuell freigesetzte Weisheitsenergie mit der uranfänglichen Weisheitsenergie verbinden kann, wird er «befreit» – befreit von dem Zwang, dem Prozeß der Wiederverdichtung der Energien unterworfen zu sein und in die «Welt des Leidens» *(Samsara)* zurückkehren zu müssen.

Der befreite oder erwachte Geist kann sich freiwillig wiederverkörpern, um andere beim Prozeß der Befreiung oder Verwirklichung (der reinen Energie) zu unterstützen. Im andern Fall wird er zu diesem Zweck eine Existenzform in einem unsichtbaren Bereich annehmen.

Traditionelle Beschreibung des Sterbeprozesses

Traditionell wird der gesamte Prozeß (Bardo des Sterbens) so beschrieben, daß sich zunächst ein Element in das andere auflöst, bis schließlich das Raumelement – die Erfahrung des klaren Lichts – erreicht ist.

Neben den inneren Phänomenen werden auch die äußeren Zeichen dieser Auflösung genau beschrieben:

Wenn sich die Energie des Erdelements auflöst, wird der Sterbende bleich, die Wangen fallen ein, die Augen können sich kaum mehr öffnen und schließen.

Wenn die Energie des Wasserelements sich zurückzieht, tritt Flüssigkeit aus den Körperöffnungen aus. Die Nasenflügel fallen ein, die Zunge wird dick. Der Körper zittert und zuckt.

Wenn sich die Energie des Feuerelements auflöst, sinkt die Körpertemperatur schnell ab. Der Atem wird rasselnd.

Die Auflösung der Energie des Luftelements ist von keu-

chendem Atem begleitet, der Einatem wird kürzer, der Ausatem immer länger. Die Augen rollen möglicherweise nach
oben. Schließlich hört der Atem auf.

In der Herzgegend bleibt noch ein bißchen Wärme, die sich
nach kurzer Zeit ebenfalls auflöst.

Wenn ein Meister stirbt, pflegt sein Herzbereich drei Tage
lang warm zu bleiben. Das ist ein Zeichen dafür, daß er im
Zustand des *Samadhi*, der geistigen Klarheit, gestorben ist.

Mit der Auflösung der Luftenergie haben sich auch alle geistigen Aktivitäten aufgelöst. Dieser Zustand der stark verrin-
gerten Dualität ist die letzte Station dessen, was man noch als
«Erfahrung» bezeichnen kann. Danach gibt es die Trennung
zwischen dem Erfahrenden und dem Objekt der Erfahrung –
wie es dem, was wir «Bewußtsein» nennen, entspricht – nicht
mehr. In unserer Sprache haben wir keine Begriffe für diese
andere Art der Wahrnehmung und des Erkennens.

**Auflösung aller
Aktivitäten**

Mit dem letzten Ausatem hat sich die Lebensenergie in den
rechten und linken Seitenkanal des zentralen Kanalsystems
(sanskrit. *Ida-Nadi* und *Pingala-Nadi*) zurückgezogen, wo sie
sich auflöst. Die (männliche) Energie oberhalb des Herzzentrums zieht sich in das Scheitelzentrum zurück. Die (weibliche) Energie unterhalb des Herzzentrums zieht sich in das
Geheime Zentrum zurück.

Dann bewegt sich die «weiße Essenz, die man vom Vater
erhalten hat», im zentralen Kanal *(Susumna-Nadi)* vom Scheitel-Chakra abwärts zum Herz-Chakra, und das weiße Licht
entsteht. Es heißt, daß sich hierbei die dreiunddreißig Gei-
steszustände auflösen, die durch Ärger ausgelöst werden.

Daraufhin steigt die «rote Essenz, die man von der Mutter
erhalten hat», vom Geheimen Chakra zum Herz-Chakra auf,
und das rötliche Licht entsteht. Hierbei lösen sich die vierzig
Zustände auf, die durch Begierde ausgelöst werden.

Wenn die beiden Energien im Herzen aufeinandertreffen –
wobei sich die sieben Zustände auflösen, die durch Ignoranz
verursacht werden –, folgt völlige Dunkelheit. Erst dies ist
der endgültige Augenblick des Todes.

Unmittelbar danach erstrahlt das klare Licht des reinen
Geistes, die «nichtbedingte Bewußtheit von Seligkeit und
Leerheit»[36]. Wenn die weiße und rote Energie im Herzzentrum zusammentreffen, nachdem sich alle groberen Wahr-
nehmungsenergien aufgelöst haben, sind für einen Augenblick alle Verdunkelungen beseitigt, und der reine Geist
manifestiert sich.

Der «normale» Tod

Der Geist eines Menschen, der sich nicht von den «Verdunkelungen» (dualistischer Fixierung) befreit hat, ist jedoch nicht
in der Lage, in diesem Zustand zu verharren; möglicherweise
nimmt er ihn gar nicht wahr, sondern fällt schon während der
Dunkelheit in Ohnmacht.

Ich möchte das auf der Ebene einer vertrauten Erfahrung
deutlich machen:

Denken Sie an Ihre Erfahrungen bei der Praxis des Inneren
Lächelns. Am Anfang erleben Sie vielleicht gar nichts Nen-
nenswertes. Doch nach einiger Zeit stellen sich während der
Übungen ein paar wirklich tief entspannte Augenblicke ein,
in denen die Gedanken ruhen und Sie dennoch ganz wach
sind. Danach setzen die Gedanken wieder ein und kommentieren diesen Zustand – erst dann werden Sie sich seiner «bewußt» im Sinne des normalen ich-zentrierten Wachbewußt-
seins. Während der kurzen Zeitspanne dieses tief entspannten Zustands ist Ihr Geist zwar wach, aber er kommen-
tiert nicht.

Wenn Sie also festgestellt haben, daß sich dieser entspannte
Zustand eingestellt hat, überlegen Sie wahrscheinlich: «Moment mal, wie habe ich das gemacht? Wie schaffe ich das ein
weiteres Mal?» Doch Sie werden feststellen, daß Sie diesen
Zustand weder festhalten noch absichtlich erzeugen können.
Er stellt sich einfach ein – um so häufiger und um so länger, je
mehr Ihr Geist «gezähmt» ist.

In viel größerer Dimensionierung findet etwas Vergleichbares statt, wenn sich das «klare Licht des Todes» einstellt. Der trainierte Geist bleibt in diesem Zustand; der untrainierte nimmt ihn entweder gar nicht wahr oder fällt zumindest gleich wieder heraus. Und in diesem Fall geht im wahren Sinn des Wortes das Licht aus. Der Augenblick der Befreiung wird nicht als das erkannt, was er ist, oder wenn er erkannt wird, vermag der Geist nicht darin zu verweilen. Statt dessen setzt das Grundmuster der Unwissenheit wieder ein.

Der Geist fällt in völlige Umnachtung zurück und verbleibt dreieinhalb Tage darin.

Danach erscheinen die äußeren Zeichen des Todes: Blut oder Schleim dringen aus der Nase und aus dem Genitalorgan, ein Hinweis darauf, daß sich nun die geistige Energie völlig vom Körper gelöst hat. Bis dieses Zeichen eintritt, sollte man den Körper nicht stören.

Das «klare Licht des Todes»

Phowa

Tibetische Meister können der Energie helfen, den Körper auf dem besten Weg zu verlassen. Es heißt, daß sie durch eine der Körperöffnungen entweicht. Am wünschenswertesten ist der Austritt durch den Scheitelpunkt. Zu den wichtigsten Übungen des Tantrayana gehört die *Phowa*-Praxis, bei der die Schüler lernen, ihren Scheitelpunkt zu öffnen. Dabei entstehen als äußeres Zeichen eine kleine Beule oder eine weiche Stelle am Scheitelpunkt, die sich sogar etwas öffnet. Adepten dieser Praxis beweisen ihren Erfolg damit, daß sie einen Grashalm in die Öffnung stecken.

Wer die Phowa-Praxis für sich gemeistert hat, kann auch anderen beim Austritt aus dem Körper helfen. Welche außergewöhnlichen Fähigkeiten ein echter Meister des Phowa dabei entwickeln kann, zeigt folgende Geschichte:

Eine amerikanische Schülerin des großen Meisters Tulku Urgyen Rinpoche, der bei Kathmandu lebte, war bei ihrem Lehrer zu Besuch, während ihr Vater schwerkrank war. Täglich rief sie zu Hause an, um zu erfahren, wie es ihm ging. Es

Austritt der Energie durch den Scheitelpunkt

kam der Tag, an dem ihre Mutter sagte: «Dein Vater ist soeben gestorben.»

Die junge Frau ging zu ihrem Lehrer und bat ihn um Phowa für ihren Vater, und der Lehrer versprach, diesen Wunsch zu erfüllen. Nach einiger Zeit ließ er die Schülerin zu sich rufen und sagte: «Rufe noch einmal zu Hause an. Das Phowa funktioniert nicht. Dein Vater lebt offenbar noch.»

Die Schülerin rief zu Hause an. Die Familie hatte sich getäuscht; der Vater lebte tatsächlich noch.

Die Befreiung

Vereinigung von «Licht und Leerheit»

Ein durch Meditation oder Energiepraxis trainierter Geist erlebt anstatt der Umnachtung die Vereinigung von «Licht und Leerheit». Das Urlicht ist die «Mutterenergie» (objektives klares Licht), die immer schon da war. Die Fähigkeit, diese nicht-dualistische Qualität zu erkennen, die der Schüler mit der Hilfe seines Lehrers und meditativer Übungen erworben hat, ist die «Kindenergie» (subjektives klares Licht). In dem Augenblick, in dem die weiße und die rote Energie zusammentreffen, kann das stattfinden, was die Lehren mit der Analogie beschreiben: «Das Kind hüpft in den Schoß der Mutter». Erst dann ist der Geist aus der Umklammerung dualistischer Gewohnheitsmuster befreit. Doch, wie gesagt, ist dies abhängig von der entsprechenden Vorbereitung während der Lebenszeit.

Im Rahmen der meditativen Praxis geht es vor allem darum, die grundlegende Natur der Bewußtheit *(Rigpa)* zu erkennen. Das ist der geistige Raum, in dem sich alle Wahrnehmungen abspielen, oder man könnte sagen, die Basis aller Wahrnehmungen.

Wir pflegen uns mit unseren Wahrnehmungen zu identifizieren. Doch Wahrnehmungen sind etwas Relatives. Sie entstehen und vergehen, und sie sind immer irgendwie eingefärbt. Als Descartes elegant formulierte: «Ich denke, also bin ich», hielt er sich an den Vordergrund. Vom Hintergrund wußte er nichts.

Entwickeln wir Descartes' Idee weiter: Wenn ich nicht denke, bin «Ich» – als Projektion, als Produkt meines eigenen Geistes – also nicht mehr. Dennoch bleibt Erkennen oder Bewußtheit (nicht «Bewußtsein» im konventionellen Sinn) erhalten. Auch auf der Traumebene existiert Bewußtheit, obwohl unser gewöhnliches, von den physischen Wahrnehmungswerkzeugen abhängiges Bewußtsein schläft. Im Zustand der Traum-Bewußtheit übernehmen unsere gespeicherten geistigen Gewohnheitsmuster die Regie, deshalb sehen wir unsere projizierte Traumwelt gewissermaßen durch dieselbe geistige Brille wie unsere Wachwelt.

> Um den Zustand, der ohne gedankliche Einmischung, ohne geistige Bezugspunkte ist, erlebbar zu machen, wurden in der tibetischen Tradition viele Methoden entwickelt. Eine davon ist die Übung des aufmerksamen Aufwachens.

Aufwachen   **Übung**

Nehmen Sie sich am Abend vor dem Einschlafen fest vor, morgens Ihre Aufmerksamkeit auf das Aufwachen zu richten.

Sie werden vielleicht erleben, daß Ihr Geist wach ist, daß Bewußtheit da ist, ohne daß irgendein Inhalt greifbar wäre. Irgendwie wissen Sie, daß Sie wach sind, aber es sind keine Gedanken da – denn es gibt ja keine Inhalte. Vielleicht haben Sie sogar den Eindruck, daß Inhalte herandrängen, daß Sie sie aber lieber noch auf Armeslänge von sich entfernt halten wollen. Schließlich geht das nicht mehr, die Inhalte machen sich breit. Nun sind Sie «wirklich» wach; Sie sind Ihrer selbst nun «bewußt» – auf Grund der Inhalte.

Möglicherweise wird es einige Zeit dauern, bis sich der Aufwachprozeß so weit verlangsamt hat, daß Sie ihn wahrnehmen können. Wenn Sie bereits längere Erfahrung mit einer traditionellen Meditationspraxis haben (eine selbstgestrickte Meditation ist im allgemeinen eher problematisch) oder wenn Sie sich mit den beschriebenen Entspannungsübungen gut vertraut gemacht haben, wird es nicht so lange dauern. Manchmal kann es geschehen, daß sich diese Erfahrung des stufenweisen Aufwachens spontan einstellt. Das hat natürlich den Vorteil, sehr inspirierend zu wirken und Ihre Intention zu stärken.

Wenn Sie wochentags mit dem Wecker geweckt werden, steht Ihnen für diese Erfahrung nur das Wochenende zur Verfügung. Am besten beginnen Sie mit dieser Übung in einer Urlaubssituation, die es Ihnen erlaubt, auf natürliche Weise aufzuwachen.

Denken Sie daran, daß Beharrlichkeit der Schlüssel ist. Verstärken Sie Ihre Intention, indem Sie jeden Abend von neuem den Vorsatz fassen, aufmerksam aufzuwachen.

Der erste Gedanke

Sie können zudem – um einer psychologischen Klärung willen – darauf achten, welcher Inhalt als erster in Erscheinung tritt. Ist es die Arbeit, die auf Sie wartet? Ihr Kind, das krank ist? Das Auto, das Sie kaufen möchten? Der Prozeß, den Sie führen? Der oder die neue Geliebte? Der Feind, mit dem Sie sich auseinandersetzen müssen?

Wenn Sie ganz aufmerksam sind, werden Sie feststellen, daß alle diese Gedanken sekundär sind, daß es einen «ersten Gedanken» gibt, der etwas mit der grundlegenden Situation zu tun hat, in der Sie sich gerade befinden. Er trifft das Herz des Geschehens – derjenigen Phase Ihres Lebens, die gerade von authentischer Wichtigkeit im Prozeß Ihrer Entwicklung ist.

Der Tod als natürlicher Teil des Lebens

Wenn wir uns vorstellen, daß die Energieebene immer da ist, ob wir von ihr wissen, sie wahrnehmen oder nicht, wird deutlich, daß der Tod ein natürlicher Teil unseres Lebens ist. Anstatt «Tod» könnten wir «Kontinuität» sagen. Er ist eine Manifestation der immerwährenden Bewegung, die von einem Augenblick der Veränderung zum nächsten führt.

Wenn wir das Leben als etwas Statisches sehen – und es nur als die abgezirkelte Spanne von Geburt bis Tod zu betrachten, läßt es statisch erscheinen –, ist jede Veränderung eine Verletzung und der Tod die ungeheuerlichste Bedrohung, in die wir unaufhaltsam hineinsteuern. Er ist die schreckliche, unausweichliche Zukunft. Ein fürchterlicher Gedanke.

Tod und Kontinuität

Doch vom Standpunkt der subtilen Energie betrachtet, wird die Kontinuität durch keine wie auch immer geartete Veränderung unterbrochen. Es hat in unserem Leben sehr einschneidende Veränderungen gegeben, wie etwa den Übergang von der Kindheit zur Pubertät. Nichts blieb, wie es war. Der Körper veränderte sich radikal. Die gesamte Vorstellungswelt veränderte sich. Nur bestimmte äußere und innere Muster blieben erhalten, wie die grundlegende Körperstruktur, die Farbe der Augen, ein bestimmtes Talent oder ähnliches.

Wenn Sie alt sind, werden Sie möglicherweise auf gewaltige Veränderungen zurückblicken können, und je mehr Sie Veränderungen zugelassen haben und mit ihnen mitgegangen sind, desto eher wird dies im befriedigten Gefühl eines erfüllten Lebens zum Ausdruck kommen. Je mehr Sie sich hingegen anstehenden Veränderungen widersetzt, sie verzögert oder gar verhindert haben, desto unbefriedigter werden Sie sein.

Veränderungen zulassen

Der Fluß der Kontinuität hat natürlicherweise Zyklen, die berücksichtigt sein wollen. Die Analogie vom «Fluß des Lebens» sollten wir uns zu Herzen nehmen. Ein Fluß ist am Ursprung ganz anders als an der Mündung. Ein stilles Bächlein, ein Wildwasser mit Stromschnellen, vielleicht gar ein Wasserfall, ein breit dahinmäandernder Strom, ein schnell fließender Wasserleib mit geheimen Strudeln, ein weit ausgefächertes Delta – all dies kann der Fluß sein, der einen einzigen Namen trägt. Unnötig zu erwähnen, daß sein Wasser sich ständig erneuert.

> Sie sollten sich auf die Zyklen Ihres Lebens einstellen. Es gibt Zeiten der Aktivität und Zeiten der Ruhe, Zeiten des Entscheidens und Zeiten des Abwartens, Zeiten des Lernens und Zeiten des Reifens. Vermeiden Sie, sich selbst und andere in eine Norm zu pressen, wie «man» und «das Leben» zu sein habe. Das bedeutet nicht, daß Sie auf die Fähigkeit des Unterscheidens verzichten sollten (im Buddhismus spricht man im Zusammenhang mit der Qualität des wahren Mitgefühls ausdrücklich von «unterscheidender Weisheit»). Diese Fähigkeit hilft Ihnen, süchtige und kompensierende Aktivität von natürlicher Aktivität zu unterscheiden oder den Sog der Bequemlichkeit und Trägheit nicht mit einer Phase des Abwartens zu verwechseln.

Übung   *Kontinuität*
Erinnern Sie sich an das zehnjährige Kind, das Sie waren. Erinnern Sie sich, wie Sie Ihren Körper erlebt haben. Auch Ihre Art, die Realität zu erfahren, war ganz anders. Erinnern Sie sich an eine bestimmte Situation und wie Sie sie wahrgenommen haben. Lassen Sie sich nicht auf Erinnerungen emotionaler Art ein, sondern einfach auf die Wahrnehmung mit den Sinnen und dem «Sinnesbewußtsein». Etwa an die Gerüche des beginnenden Frühlings, die Geräusche der Natur nach der Stille des Winters, den ersten wärmenden Windhauch.

Erinnern Sie sich dann an die Zeit der Pubertät, an Ihre Selbstwahrnehmung und die Wahrnehmung der Umwelt. Es scheint ein ganz anderer Mensch zu sein, der nun sich und die Welt erlebt. Und es scheint eine ganz andere Realität zu sein, die erlebt wird.

Erinnern Sie sich dann an ein paar Stationen Ihres Erwachsenenalters, und konzentrieren Sie sich auf die veränderten Wahrnehmungsweisen – die veränderten Realitäten von Lebensalter zu Lebensalter.

Stellen Sie sich vor, daß Sie sehr alt sind. Die Realität des Alters ist bestimmt vom Nachlassen der körperlichen Kräfte und der Sinnesfunktionen. Vielleicht werden Sie sich dann auf eine andere, subtilere Wahrnehmungsebene umstellen? In alten Kulturen scheint es selbstverständlich zu sein, daß diese Umstellung mit dem Alter einhergeht; deshalb werden die Alten, die mit den subtilen Energien vertrauter sind und Zugang zu einer nichtrationalen Wahrnehmung haben, ihrer überlegenen Weisheit wegen geschätzt.

Von der Erfahrung der Realität des Alters gehen Sie weiter in die Realität der Dunkelheit und dann in die Realität des goldenen Lichts.

Gehen Sie nun weiter in die Realität eines Embryos und dann eines Neugeborenen. Das goldene Licht, so heißt es, erscheint dann, wenn der Geist des Verstorbenen in der Lage ist, «eine kostbare menschliche Wiedergeburt» – unter allen Arten der Wiederkehr die wünschenswerteste – zu finden.

Die zweite Phase des Todes – das «Erleben der reinen Wirklichkeit»

Wenn der Geist zwar nicht im Zustand des klaren Lichts verweilen kann, aber auch nicht einfach in Ohnmacht fällt, kehrt sich der Prozeß der Auflösung wieder um, und es entsteht zunächst ein äußerst subtiler Energiekörper oder «Lichtkörper». Dieser erlebt unvorstellbar gewaltige Lichterscheinun-

**Subtilere Wahrneh-
mungsebenen im Alter**

gen, schreckenerregende Klänge und eine Auffächerung der Energien der Elemente als farbiges Licht. Das alles wird als «natürlicher Ausdruck des Geistes» beschrieben, und bestimmte Praxisformen des Tantrayana dienen dazu, eine Beziehung zu diesen Erscheinungen herzustellen und ihre wahre Natur verstehbar zu machen.

Das Tibetische Totenbuch, dessen Texte neunundvierzig Tage lang für den Verstorbenen gelesen werden, beschreibt jede einzelne dieser Erscheinungen mit großer Genauigkeit. Doch kann der Geist diese Inhalte nur dann wiedererkennen, wenn er schon zu Lebzeiten damit Verbindung aufgenommen hat. In diesem Fall ist bei jeder Manifestation einer Weisheitsenergie (als farbiges Energielicht) die Befreiung möglich.

Der Prozeß des Werdens

Der ungeübte Geist nimmt die Entfaltungen der zweiten Phase gar nicht wahr, sondern erwacht nach (wahrscheinlich) dreieinhalb Tagen aus seiner Ohnmacht. Nun ist es endgültig Zeit, den materiellen Körper zu verlassen – wie gesagt, am besten durch den Scheitel. Der außerordentlich subtile Energiekörper der zweiten Phase verdichtet sich nun zum groberen Energiekörper des «Bardo-Wesens», der dem Energiekörper des Traums gleicht. Dieser Energiekörper hat Energiesinne, und er hat eine gewisse Art von Bewußtheit, die mit der Bewußtheit im Traumzustand vergleichbar ist.

Die tibetische Überlieferung beschreibt sehr anschaulich, wie der Energiekörper des Verstorbenen zu den vertrauten Orten und Menschen eilt und erst nach und nach begreift, daß er nun tot ist. Diese Erkenntnis ist von Panik begleitet, und der Versuch, dieser Panik zu entkommen, macht alles nur noch schlimmer. Die Angst treibt Schreckensbilder ohnegleichen hervor. Der gesamte Speicher der Ängste entlädt sich, und zwar um so heftiger, je weniger die Person zu Lebzeiten gelernt hat, sich mit der Energieebene anstatt mit der psychologischen Ebene zu identifizieren. Das, was uns zu

Lebzeiten wichtig ist, und vor allem das, wovor wir uns (bewußt und unbewußt) fürchten, wird nach dem Tod zum Erlebnismaterial des Zwischenzustands.

Angst

Erinnern Sie sich an Situationen in Ihrem Leben, in denen Sie große Angst hatten – Angst vor einer schwierigen Prüfung, Angst, den Job zu verlieren, Angst, von einem Menschen, den Sie sehr brauchten, verlassen zu werden, oder Angst, Ihrer eigenen geistigen Gesundheit nicht mehr ganz sicher sein zu können; vielleicht sogar die besonders verwirrende Angst vor einer unbenennbaren Bedrohung, die in dunklen Tiefen der Psyche lauert? Solche Erfahrungen existentieller Angst sind qualvoll. Eine verbreitete Maßnahme dagegen ist der Griff zum Tranquilizer, der einen Schutzwall von Gefühllosigkeit aufbaut.

Doch vielleicht haben Sie sich der Angsterfahrung mit wachem Bewußtsein ausgesetzt und sie allein oder in einer Therapie zu bearbeiten versucht. Dann wissen Sie, wie schwer das ist. Immerhin konnten Sie sich gelegentlich mit Arbeit, Sport oder Fernsehen ablenken, und immer wieder schenkte Ihnen der Schlaf eine kleine Erholungspause.

Kein Schutz durch den Körper

Stellen Sie sich vor, daß diese Pausen nicht mehr möglich sind. Ohne den Schutz des Körpers ist der Geist bei weitem ausgelieferter. Die Bardo-Erfahrung des in seine negativen Gewohnheitsmuster (Begierde, Aggression, Ignoranz) verstrickten Geistes wird beschrieben als endloser Alptraum, der von einem Horrorszenario zum nächsten wechselt.

Eine tibetische Nonne, die in einem der berüchtigten Gefängnisse von Lhasa auf entsetzlichste Weise gefoltert worden war, sagte nach ihrer Flucht aus Tibet: «Was ich erlebt habe, war furchtbar. Doch um wieviel grauenvoller muß das sein, was meine Folterer im Bardo des Werdens erleben werden. Ich bete für sie.»

Nichtmaterielle Existenzbereiche

Die tantrischen Lehren empfehlen, daß man sich in dem Augenblick, in dem man erkannt hat, daß man tot ist, an die spirituelle Praxis erinnert, die man zu Lebzeiten geübt hat. Jede Praxis, die während des Lebens zu geistiger Beruhigung führt, ist auch in dieser Situation eine Hilfe. Es heißt, daß selbst in dieser Phase für jene, die zu Lebzeiten mit einigem Eifer praktiziert haben, Befreiung noch möglich ist. Oder zumindest können sie auf einer höheren Ebene – in einem «reinen Bereich» – wiedergeboren werden.

Geisterphänomene

Nach den buddhistischen Lehren gibt es mehrere Existenzbereiche jenseits des materiellen Bereichs, sowohl gute als auch schlechte. Haben wir uns erst einmal daran gewöhnt, in Energieebenen zu denken, klingt das nicht mehr so seltsam. Warum sollte es nicht auch nichtmaterielle Existenzweisen geben? Das würde so manches Geisterphänomen erklären.

Die Annahme vieler Esoteriker, daß die Bewohner nichtmaterieller Bereiche zwangsläufig weiser seien als die Erdbewohner, wird von traditionellen Kennern der Energiewelt nicht geteilt. Tibetische Lamas kommentieren die Begeisterung für Spiritismus und Channeling mit der amüsierten Feststellung, daß sie es erstaunlich finden, mit welcher Bereitwilligkeit westliche Menschen auch den dümmsten Geistern zuhören.

Da der Verstorbene als Energiewesen wahrnehmungsfähig ist und sogar Gedanken lesen kann, ist es eine große Hilfe, wenn sich ein nahestehender Mensch an ihn wendet und ihm Führung anbietet. Dabei sollte die Art und Weise, wie dies geschieht, mit der Verständnisebene des Verstorbenen harmonieren.

Wiederkehr

Der verwirrte Geist, der in seinem persönlichen Alptraum herumirrt, will schließlich nur eines: so schnell wie möglich wieder in die vertraute dualistische, materielle Welt – den «Daseinskreislauf» – zurückkehren. Die Tibeter, die für alles und jedes eine Geschichte haben, erzählen mit großem Vergnügen die Geschichte des berühmten Meisters Künga Legpa, der eine unglückselige Wiedergeburt verhindern wollte.

Im Bauch der Eselin

Künga Legpa, ein berühmter Yogi des sechzehnten Jahrhunderts, gehörte zur Gilde der «Yogis des verrückten Weisheit». Diese Meister der Energie hielten sich nicht an die allgemein anerkannten gesellschaftlichen Übereinkünfte, sondern lebten und lehrten stets in einer sehr eigenwilligen Weise. Künga Legpa war berühmt und berüchtigt dafür, die Prinzipien des buddhistischen Weges mit der höchst unorthodoxen Einbeziehung von Chang (tibetischem Bier) und Sex zu kombinieren.

Ein junges Mädchen ging aus seinem Dorf zum Fluß, um Wasser zu holen. Am Ufer saß ein wild aussehender Mann mit einem dichten Vollbart, wie man ihn bei Tibetern selten antrifft. Kaum sah er das Mädchen, sprang er auf und riß es in seine Arme. Seine Absichten waren unmißverständlich. Das Mädchen wehrte sich und vermochte den Angreifer leicht abzuschütteln, denn er wandte keine Gewalt an, sondern wiederholte nur mit großer Dringlichkeit: «Es ist wichtig! Es ist wichtig!» «Für dich vielleicht, für mich nicht», rief das Mädchen und lief nach Hause, um ihrer Mutter empört von dem Vorfall zu berichten. Als die Mutter die Beschreibung des Fremdlings hörte, war sie sicher, daß es sich um den großen Meister Künga Legpa handelte, und sie schickte ihre Tochter zum Fluß zurück. «Tu, was der Meister will», sagte sie.

Die Tochter trollte sich zum Fluß zurück, wo der Fremde noch immer saß und betrübt in die Ferne schaute. «Meine Mutter sagt, ich soll tun, was du willst», erklärte das Mädchen. Künga Legpa sah kaum auf. «Zu spät», sagte er und warf einen Stein ins Wasser. «Schau, ich sah mit meinem inneren Auge, wie ein hoher Lama, der seine Gelübde gebrochen hat, im Bardo umherirrte und gerade dabei war, sich in den Bauch einer Eselin zu begeben, um wiedergeboren zu werden. Ich hätte ihm so gern eine menschliche Wiedergeburt verschafft. Leider hat es nicht geklappt.»

Die neue körperliche Existenz

Die tantrischen Lehren erklären, daß sich das Bardo-Wesen auf der Suche nach einer neuen Wiedergeburt von karmisch passenden Eltern angezogen fühlt. Wenn die zukünftigen Eltern kopulieren, empfindet das Wesen entweder Begierde für die Frau und Ablehnung gegenüber dem Mann, was bedeutet, daß es sich zu einem männlichen Menschen entwickelt, oder es empfindet Begierde für den Mann und Ablehnung gegenüber der Frau, was darauf hinweist, daß es sich zu einem weiblichen Menschen entwickelt.

Das Bardo-Wesen «stirbt»

Wenn im sexuellen Akt die weiße Essenz des Vaters und die rote Essenz der Mutter zusammenkommen, «stirbt» das Bardo-Wesen, d. h. es durchläuft in schneller Folge alle Stadien des Sterbens, und ein neuer Prozeß des Werdens setzt im Mutterschoß ein. Der Augenblick der Empfängnis ist nach tibetischer Anschauung der Beginn des körperlich-geistigen Lebens eines Individuums.

Die Energien der Elemente entfalten sich nun eine nach der anderen. In der vierten Woche trennen sich die weiße und die rote Essenz, und mit dem wachsenden Körper des Fötus entwickelt sich auch das subtile Energiesystem mit den Chakren und Energiebahnen.

> ### Todesmeditation
>
> Die meisten Menschen leben so, als würden sie ewig leben. Selbst sehr alte Menschen wehren sich oft gegen den Gedanken an den Tod. Das ist um so erstaunlicher, als wir doch alle wissen, daß er unausweichlich ist.
> Um mit der Tatsache des Todes und der Notwendigkeit, alles loszulassen, woran wir hängen, vertrauter zu werden, kann man eine traditionelle imaginative Meditationsübung verwenden.

Sitzen Sie aufgerichtet und bequem, und entspannen Sie sich so tief wie möglich.

Stellen Sie sich vor, daß Ihre Wohnung oder Ihr Haus in Flammen steht. Alle Gegenstände, die Ihnen wichtig sind, fallen dem Feuer zum Opfer. Sie denken vielleicht: «Ach, könnte ich doch dieses und jenes retten!» Aber alles verbrennt. Schließlich stehen Sie vor den verkohlten Überresten aller Dinge, an denen Sie hingen. Versuchen Sie, diese Erfahrung nicht nur zu denken, sondern auch intensiv zu fühlen. Sie werden sich möglicherweise wundern, wie schwer es ist, sich allein nur auf die Vorstellung einzulassen, alle diese Dinge nicht mehr zu haben.

Stellen Sie sich dann vor, daß alle Menschen, die Ihnen nahestehen, sterben. Ihre Kinder, Ihr Partner, Ihre nahesten Freunde – Sie werden von allen verlassen. Gehen Sie innerlich von einer Person zur nächsten, und stellen Sie sich vor, daß dieser geliebte Mensch nicht mehr da ist. Sie können nicht mit ihr oder ihm sprechen, nicht telefonieren, keinen Brief mehr schreiben. Diesen Menschen gibt es nicht mehr. Und den nächsten – und den nächsten auch nicht mehr – bis Sie ganz allein übrig sind.

Wenn Sie auch diese Imagination mit intensiver gefühlsmäßiger Beteiligung gestalten, werden Sie ein sehr schmerzhaftes Verlustgefühl empfinden und sich vielleicht fragen: «Warum soll ich mir das antun? Es ist schlimm genug, wenn ich das dann durchleben muß, wenn es so weit ist. Wozu mich jetzt quälen?»

Machen Sie sich klar, daß das, was Sie jetzt fühlen, nur eine kleine Kostprobe echten Verlustschmerzes ist. Wie groß wird der Schock sein, wenn Sie sterben und alle auf einmal aufgeben müssen? Diese Übung soll helfen, aus der Illusion des Festhaltens ein wenig aufzuwachen und der Realität die Ehre zu geben.

Stellen Sie sich als nächstes vor, daß Sie Ihren Körper aufgeben müssen. Denken Sie daran, was Ihr Körper Ihnen bedeutet: die Geborgenheit, die er gewährt, seine Attraktivität, sein

Übung

Sich mit dem Tod vertraut machen

Aus der Illusion aufwachen

Geschlecht, mit dem Sie sich identifizieren, Ihre «Kostümie-
rung» und Ihre Rolle auf der Bühne Ihres Alltags. All das
müssen Sie loslassen. Was übrigbleibt, ist unsichtbar.

Schließlich geht es auch noch darum, alle Muster aufzugeben, durch die Sie sich selbst definieren – «Ich bin so und
nicht anders, sonst wäre ich ja nicht ich!». Halten Sie sich vor
Augen, wie Sie sich selbst sehen – als besonders stark, beson-
ders sensibel, besonders intelligent, besonders leidenschaftlich, besonders kreativ, besonders mütterlich, besonders um-
sichtig, besonders wagemutig usw.

Imaginieren Sie sich nun als weißes Licht, das von Ihrem
Herzzentrum ausstrahlt. Wo vorher Ihr Körper war, ist nur
noch weißes Licht. Dann dehnt es sich aus, bis nichts anderes
mehr da ist als ein mittelpunktloser und endloser, von
weißem Licht erfüllter Raum.

Gehen Sie so weit mit dieser Imagination, wie es möglich
ist. Vielleicht kommen Sie nicht weiter als bis zum weißen
Licht im Herzzentrum. Dehnen Sie es aus, so weit es irgend
möglich ist. Denken Sie daran, daß Lichtimaginationen der
tiefen geistigen Entspannung bedürfen.

Schlaf, des Todes kleiner Bruder

Die innere Energie zieht sich auch beim Einschlafen zurück,
und es erfolgt in einer sehr kurzen Version – ohne daß wir es
bemerken – die Auflösung der Elementenergien mit den entsprechenden Zeichen – Flimmern, Rauch, Funken und
Flackern. Dem folgt «das klare Licht des Schlafes», eine
grobere Version des klaren Lichts, das im Augenblick des Todes erscheint, und aus diesem erhebt sich der Traumkörper,
der dem Energiekörper im Bardo des Werdens entspricht.

Wenn wir aufwachen, löst sich dieser Energiekörper wieder
auf, die Energie sammelt sich im Herzzentrum und vermischt
sich dann wieder mit den vitalen Energien im Körper.

Sterbebegleitung

Vielleicht kommen Sie in die Lage, beim Sterben eines nahen Menschen anwesend zu sein.

Wenn möglich, sprechen Sie mit dem schwerkranken Menschen, der weiß, daß er sterben wird, über den Prozeß, der vor ihm liegt, vorausgesetzt, dieser Mensch möchte darüber sprechen. Erklären Sie ihm den Übergang von der Körperebene zu den Energieebenen, der vor ihm liegt. Versichern Sie dem Sterbenden, daß Sie ihn begleiten werden, so gut Sie es vermögen.

Den Übergang erleichtern

Natürlich ist es wichtig, religiöse Vorstellungen eines Sterbenden zu respektieren und seinen Wunsch nach religiösen Ritualen zu erfüllen. Alles, was zu seiner Beruhigung beiträgt, ist hilfreich.

Sorgen Sie nach Möglichkeit dafür, daß der Prozeß des Sterbens nicht durch jammernde Angehörige oder durch Personen, die dem Sterbenden unangenehm sind, gestört wird.

Vielleicht gibt der Sterbende Ihnen zu verstehen, wann der Sterbeprozeß beginnt. Viele Menschen wissen recht gut, wann der unmittelbare Zeitpunkt des Sterbens gekommen ist. Helfen Sie ihm, indem Sie selbst ruhig sind.

Entspannen Sie sich und imaginieren Sie sich selbst, vom Herzzentrum ausgehend, als weißes Licht, das die Qualitäten von Weisheit und Mitgefühl in sich trägt.

Imaginieren Sie dann den Sterbenden ebenfalls als weißes Licht.

Das Sterben bis zum letzten Atemzug und dann zum Rückzug der Energien in den zentralen Kanal vollzieht sich in unterschiedlicher Geschwindigkeit. Bleiben Sie einfach dabei, und beruhigen Sie den Sterbenden immer wieder. Hüllen Sie ihn in Ihr Mitgefühl ein. Und kehren Sie immer wieder zur Imagination des weißen Lichts zurück.

«Schaffe immer eine friedliche Atmosphäre»

Versuchen Sie, den Zeitpunkt hinauszuzögern, bis der Leichnam wegtransportiert wird. Er sollte so lange wie möglich dort liegen bleiben, wo er gestorben ist (in der tibetischen Tradition drei Tage). Da es nie sicher ist, wie es dem Geist des

Verstorbenen ergeht, wie lange die Ohnmacht dauert usw., ist es am besten, immer wieder zu ihm zu sprechen, ihn zu beruhigen und ihm das Angebot des Verweilens im Energielicht zu machen. Der vom Körper gelöste Geist ist, so heißt es, sehr verwirrt, gleichzeitig aber auch wahrnehmungsfähig, und er wird dankbar sein für die Orientierung, die Sie ihm vermitteln. Diese Art von Kontakt können Sie 49 Tage lang täglich erneuern.

Weitere Hinweise zur Sterbebegleitung finden Sie in folgenden Büchern: Sogyal Rinpoche, *Das Buch vom Leben und vom Sterben*, und Chögyam Trungpa, *Das Totenbuch der Tibeter* (siehe Literaturverzeichnis).

Hinsichtlich der Sterbebegleitung lautet der wichtigste Grundsatz in der tibetischen Tradition: «Schaffe immer eine friedliche Atmosphäre!» Tiefes Mitgefühl mit dem Sterbenden ist, abgesehen von den speziellen Energiemethoden, das beste, was man in diesem Fall geben kann.

Eine alte tibetische Geschichte beschreibt, wie man mitfühlend die bestmögliche Situation für einen Sterbenden bereiten kann, indem man sich daran orientiert, was er verstehen und annehmen kann. Zum Verständnis der folgenden Geschichte sei gesagt, daß die einfachen Leute im zentralen tibetischen Kulturraum beim Sterben vor allem die Gottheit Amitabha, den «Buddha des grenzenlosen Lichts» anrufen. Dieser Buddha verkörpert die Padma-Energie, die als rotes Licht in Erscheinung tritt. Padma ist die Weisheitsenergie des Mitgefühls und wird im Lebensrad dem Menschenbereich zugeordnet.

Happy-End

Es war einmal ein Zimmermann, dessen Leben sich dem Ende zuneigte. Er wurde krank und konnte das Bett nicht mehr verlassen. Aber er wollte nichts davon wissen, daß es ans Sterben gehen sollte. Er sei nur ein bißchen krank, sagte er, und er würde bestimmt bald wieder aufstehen und arbeiten können.

Der Zimmermann hatte eine Tochter, die Schülerin eines Lama war. Die Mutter war nach der Geburt des Kindes gestorben, und so oblag es dem Vater, für seine Tochter zu sorgen. Das hatte dieser auch stets ganz unermüdlich getan. Allerdings hatte er sich bei all seiner Hingabe an Vaterschaft und Arbeit nie um spirituelle Dinge gekümmert. Wann immer seine Tochter ihn dazu bringen wollte, sich mit den Lehren und der Meditation zu befassen, sagte er: «Mach du nur, Kind. Dein Vater muß für uns beide arbeiten.»

Als nun die Tochter sah, daß es mit dem alten Mann zu Ende ging, machte sie sich große Sorgen, weil er nicht ans Sterben und an die nötigen Vorbereitungen darauf denken wollte. Wie kann ich nur meinem Vater helfen, gut zu sterben, dachte sie. Ihr Lama empfahl ihr, Arya Tara, die Gottheit ihrer Meditationspraxis, um Hilfe zu bitten. Da gab ihr Tara die rechten Worte ein.

«Vater, höre, ich habe ein wunderbare Neuigkeit», sagte die Tochter zu dem kranken Mann. «Es hat sich herumgesprochen, was für ein guter Zimmermann du bist. Ein Fürst will dir den Auftrag geben, ihm einen großen Palast zu bauen. Er heißt Fürst Amitabha. Alles soll rot sein, die Wände, die Böden, die Decken, einfach alles. Du kannst dir ja schon ein paar Gedanken darüber machen.»

Der Vater war überglücklich und dachte an nichts anderes mehr als an den roten Palast, den er bauen sollte, und er bemerkte kaum, daß er immer schwächer wurde. Nur daß er nicht genug Kraft hatte, um zu dem Fürsten zu gehen und seinen Auftrag entgegenzunehmen, beunruhigte ihn. Die Tochter sagte: «Der Fürst hat Verständnis für deinen Zustand. Er wird bald selbst kommen und alles mit dir regeln.» «Ausgezeichnet», sagte der Vater und lehnte sich befriedigt zurück. «Ich habe alles schon ganz genau im Kopf.» Er wollte wissen, wie der Fürst Amitabha aussah. Leuchtend rote Gewänder trage er, sagte die Tochter, und rot sei auch seine fürstliche Krone. Ja, der ganze Fürst sei rot von oben bis unten.

Es kam ein Morgen, an dem die Tochter spürte, daß ihr Va-

Buddha des grenzenlosen Lichts

ter nun sterben würde. Doch die ersten Worte, die er sprach, enthielten die Frage nach dem Bauauftrag und dem roten Fürsten. «Er wird heute kommen», sagte das Mädchen und hielt die Hände ihres Vaters. «Ganz bestimmt wird er kommen.»

Der Vater atmete schwer. Plötzlich erhellte sich sein Gesicht, und er schaute mit strahlenden Augen zur Türe. «Oh, er ist gekommen, der Fürst Amitabha!» sagte er beglückt. «Er hat sein Wort gehalten.» Und lächelnd, den Geist erfüllt vom roten Licht des Buddha Amitabha, schied er dahin.

Der spirituelle Lehrer

In allen buddhistischen Kulturen, vor allem aber im Tantrayana spielt der spirituelle Lehrer (tibetisch: *Lama*, sanskrit: *Guru*) eine außerordentlich wichtige Rolle. Ich benütze hier für Lehrer und Schüler der Einfachheit halber die vertraute maskuline Form, obwohl es natürlich auch spirituelle Lehrerinnen und viele Schülerinnen gibt. Doch sind weibliche tibetische Lamas auch heute noch recht selten zu finden.

Der äußere und der innere Lehrer

Im Tantrayana spricht man vom «äußeren Lehrer» und vom «inneren Lehrer». Der äußere Lehrer vermittelt die Lehren und die praktischen Methoden, und auf der subtilen Ebene strahlt er Energieimpulse («Segen») aus, die den Schüler außerordentlich inspirieren können.

Offenheit und Hingabe   Der äußere Lehrer ist vom Schüler getrennt; der innere Lehrer ist es nicht. Dieser innere Lehrer kann durch das Zusammentreffen des Schülers mit dem äußeren Lehrer erwachen. Der Lehrer, der mit seiner subtilen Körper-Geist-Energie verbunden ist, schafft dadurch eine bestimmte Energiesituation oder Atmosphäre *(jintag)*. Wenn der Schüler sich öffnet, regt diese Energie des Lehrers die subtile Energie des Schülers an.

Äußerlich findet dies in der Form eines Rituals statt, das man «Einweihung» (in die Praxis einer bestimmten Meditations-Gottheit) nennt. Solch eine Einweihung muß nicht nur einmal stattfinden; im Gegenteil sind Wiederholungen gut, denn jedesmal wird die entsprechende subtile Energie von neuem angeregt. Doch nützen alle Rituale nichts, wenn der Schüler für diesen Anstoß nicht bereit ist. Alles hängt davon ab, daß er sich dafür öffnen kann.

Diese Fähigkeit, sich zu öffnen, wird Hingabe genannt. Im tibetischen Buddhismus gibt es verschiedene Lehrrichtungen. Die einen legen besonders großen Nachdruck auf die Entwicklung der Hingabe; andere betonen eher das Studium, das zur Erkenntnis der wahren Natur des Geistes führt; und eine dritte Hauptrichtung legt besonderen Wert auf Energiepraxis. Diese drei Annäherungen schließen einander nicht aus; sie sind vielmehr als drei Aspekte einer Ganzheit zu verstehen.

Hingabe

Die Menschen Tibets sind dafür berühmt, besonders «fromm» oder «gläubig» oder «religiös» zu sein. Man sollte eher sagen, daß sie außerordentlich hingebungsvoll sind. Die einfachen Tibeter kennen die Differenzierungen der Lehren nicht. Sie wissen nur, daß vertrauensvolle Hingabe – das Öffnen des Herzens – Befreiung bringt. Und sie praktizieren auf der volkstümlichen Ebene vor allem jene Methoden, die geeignet sind, die Entwicklung der Hingabe und des Vertrauens zu unterstützen.

Öffnen des Herzens

Hingabe ist nicht ein Akt des Willens. Sie wächst auf dem Boden der Bereitschaft, und genährt wird sie durch die Entspannung des Geistes. Verwechseln Sie Hingabe nicht mit Abhängigkeit – ein gefährliches Mißverständnis, das in der Sektenszene verbreitet ist. Hingabe ist «Selbstaufgabe» nicht in dem Sinn, daß man zur kontrollierbaren, willenlosen Marionette wird. Selbstaufgabe bedeutet hier, die Identifikation mit dem künstlichen Selbstbild aufzugeben und Verbindung mit dem authentischen Sein aufzunehmen, das in der Form

von Furchtlosigkeit, Geistesklarheit und Mitgefühl zum Ausdruck kommt.

Hingabe verwandelt

Die Hingabe ist eine verwandelnde Kraft. Wenn Sie zum Beispiel sehr verliebt sind, haben Sie nichts anderes vor Ihrem inneren Auge als den geliebten Menschen. Sie erleben die Welt anders als gewöhnlich: schöner, strahlender, bedeutungsvoller. In dieser glücklichen Verfassung können Sie niemandem böse sein, denn die übliche Neigung des allzeit bereiten Urteilens ist abgeschwächt. Sie würden gern die ganze Welt an Ihrem Glück teilhaben lassen. Sie denken nicht über Ihre Liebe nach – sie fühlen sie; vielleicht gehen Sie sogar noch ein wenig darüber hinaus, in einen offenen Zustand frei fließender Energie.

Das Nachdenken setzt ein, wenn Sie unsicher werden, wenn Sie an der bleibenden Qualität dieser Erfahrung zu zweifeln beginnen. Der Konzepte schaffende Geist bemächtigt sich der Situation, zitiert negative Geschichten aus der Vergangenheit, greift projizierend in die Zukunft.

«Es gibt einen riesigen Energievorrat, der nicht in einem Mittelpunkt zentriert… ist. Diese Energie ist der mittelpunktlose Tanz der Erscheinungen, das Universum, das sich selbst durchdringt und liebt. Sie hat zwei Wesensmerkmale: eine feurige Eigenschaft von Wärme und eine Neigung, in einem bestimmten Muster zu fließen – auf die gleiche Art und Weise, wie das Feuer einen Funken einschließt und auch die Luft, die den Funken lenkt. Diese Energie geht unaufhörlich weiter, ob sie nun durch den verwirrten Filter des Ichs wahrgenommen wird oder nicht. Sie kann unmöglich vernichtet oder unterbrochen werden. Sie läßt sich mit der immer glühenden Sonne vergleichen. Sie verzehrt alles so weit, daß kein Raum für Zweifel oder Manipulation bleibt. Wenn diese Hitze jedoch durch das Ego gefiltert wird, so wird sie träge,… weil wir uns weigern, den ungeheueren Raum zu erkennen, in dem diese Energie in Erscheinung tritt. Dann kann die Energie nicht mehr frei in dem offenen Raum fließen, den sie mit dem Objekt der Leidenschaft teilt.» (Chögyam Trungpa[37])

Der Vergleich mit einer Liebesbeziehung ist durchaus nicht abwegig. In gewisser Hinsicht handelt es sich bei der Beziehung zwischen Lehrer und Schüler tatsächlich um eine Art Liebesbeziehung. Der amerikanische Zen-Meister Glassman Roshi sagte zum Beispiel über die Beziehung zwischen ihm und seinem verstorbenen Lehrer Maezumi Roshi: «In gewisser Hinsicht waren wir wie Liebende.»[38]

Die Hingabe an den spirituellen Lehrer findet in einem geschützteren Bereich statt, als die Beziehung zu einem Partner ihn bietet. Weder Erwartungen noch Befürchtungen finden hier einen sicheren Halt – der Lehrer spielt dieses Spiel nicht mit. Das kann für den Schüler zunächst ein Problem sein, aber mit der Zeit lernt er, dies als eine beglückende Situation zu erkennen.

Nicht die relative Person des Lehrers ist das Ziel der Hingabe, sondern sein «geheimes» Wesen, sein reiner Geist. Für einen Tibeter ist es nicht schwierig, die beiden sowohl zu trennen als auch zu verbinden. Würde man ihn auf bestimmte Eigenheiten oder Fehler seines Lehrers aufmerksam machen, so würde er lachen und sagen: «Na und?»

Lehrer sind nicht vollkommen

Ein spiritueller Lehrer der buddhistischen Tradition ist in den psychologischen und philosophischen Lehren, in der Praxis der Geisteszähmung (Meditation) und im Geistestraining (Überwindung egozentrischer Fixierungen) gut geschult. Er wird im allgemeinen nichts tun, was einem anderen schaden könnte. In der Mehrzahl sind solche Lehrer durchaus geeignet, als Vorbilder zu dienen, aber absolute Vollkommenheit zu verlangen, wäre unsinnig.

Auf jeden Fall jedoch muß der Lehrer eine sehr genaue Kenntnis dessen haben, was er vermittelt – eine Kenntnis aus eigener Erfahrung. Die mündliche Vermittlung und Anleitung kann nie durch Bücher ersetzt werden. Andererseits ist der Lehrer auch nicht als Zauberer aufzufassen, in dessen magisches Feld der Schüler nur einzutauchen braucht, um sozusagen «Erleuchtung einzuatmen». Die Arbeit kann kein noch so guter Lehrer seinem Schüler abnehmen.

Achtung vor der Verantwortung Innerhalb der buddhistischen Traditionen gab es kaum jemals selbsternannte Lehrer, die sich, obwohl nicht dazu reif, das Lehramt anmaßten. Die Achtung vor der Verantwortung, die ein spiritueller Lehrer auf sich nimmt, ist groß genug, um das zu verhindern. Wer lehrt, tut dies aufgrund der Autorisierung durch seinen Lehrer, der wiederum von seinem Lehrer autorisiert wurde usw. Das gewährt eine gewisse Sicherheit. Dennoch ist jeder Schüler aufgefordert, den Lehrer, dem er sich anvertrauen möchte, zuerst aufmerksam und kritisch unter die Lupe zu nehmen.

Ein mittlerer Weg

Für westliche Menschen ist es schwierig, die buddhistische Art der Lehrer-Schüler-Beziehung zu verstehen. Allein der Gedanke, als erwachsener Mensch zu jemandem aufzuschauen, erregt in uns, die wir ein Leben lang mit «demokratischen» Konzepten gefüttert wurden, allzu leicht Unbehagen. Andererseits kann die Sehnsucht nach einer schützenden und lenkenden Autorität dazu verführen, alle

Vorsicht außer acht zu lassen und blindlings zum Schaf zu werden. Die buddhistische Grundhaltung ist die des «mittleren Weges» zwischen den Extremen. Es wäre sehr bedauerlich, auf die große Hilfe, die ein spiritueller Lehrer bieten kann, zu verzichten, nur weil eine Lehrer-Schüler-Beziehung nicht in unser Konzept paßt.

Auf einer vorläufigen Ebene – das ist die Ebene, mit der wir es bei dieser anfänglichen Begegnung mit dem Energie-Mandala zu tun haben – bedarf es natürlich noch keiner so tiefen Beziehung zu einem Lehrer. Sie können sogar auf eigene Faust ein paar Versuche machen und Ihre Neugier nähren. Vielleicht haben Sie einige kleine Erfolge und fühlen sich entspannter oder erleben eine Verbesserung Ihrer Vitalität. Doch wenn Sie sich wirklich auf den Weg der Energie einlassen wollen, sind die Inspiration und die Führung, die authentische Lehrer bieten, unumgänglich.

Traditionell heißt es, daß sich der Lehrer auf ganz natürliche Weise dann einfindet, wenn der Schüler reif für diese Beziehung ist. Es bedarf also vor allem der Offenheit und Bereitschaft. Dann wird die Begegnung stattfinden, und die Beziehung kann wachsen.

Das Reifen einer Beziehung ist etwas, das Sie nicht «machen» können. Es ist wie mit den Äpfeln am Baum: Nichts kann sie dazu bringen, schneller zu reifen, als es in ihrer Natur liegt. Natürlich brauchen sie Licht und Wärme. Das brauchen auch Sie, doch glücklicherweise sind Sie unabhängiger als der Apfelbaum. Sie können selbst Ihr inneres Wetter bestimmen. Sie können dafür sorgen, daß genügend Herzenswärme und Energielicht vorhanden sind, um Ihre innere Reifung zu sichern.

Der Weg zwischen den Extremen

Samaya[39]

Die Wirklichkeit hat ein Löwenhaupt
und den Blick der Sonne
der das Gold aus dem Herzen schmilzt
daraus die Krone zu schmieden

Doch das Lächeln des Löwen ist zart
wie die Blüte des weißen Lotos

Heute morgen bin ich erwacht
die Krallen des Löwen im Fleisch
wissend daß diese Umarmung für immer ist
So frisch so grell
so süß dieser Schmerz
die Beute des Löwen zu sein

Die Wirklichkeit hat ein Löwenhaupt
und das Auge des Adlers
dem nichts entgeht
Kein Versteck keine Flucht
kein Bann kein Spruch
gegen den schrecklichen Frieden
die Berührung des Jetzt

Hundertachtmal täglich der Prankenschlag
Hundertachtmal täglich verzaubert
erlöst
Hundertachtmal täglich vom Windpferd geworfen
und fallend fallend fallend
von des Löwen Armen empfangen

Die Wirklichkeit hat ein Löwenhaupt
und eine Mähne aus Feuer
Diese Liebe hat mich zur brennenden Fackel gemacht
Manchmal ruht der Wind
Dann brennt sie ganz mächtig und still
und erhellt die zehntausend Welten

O wundervolle diamantene Krallen
so sicher so scharf
O wundervolle Feuermähne
so heiß so hell
Doch das Lächeln des Löwen ist zart
wie die Blüte des weißen Lotos
(1984)

Sexualität (Teil 3)

Über Sexualität auf der Geheimen Ebene läßt sich wenig sagen. Beschreibend und erklärend kann man nun einmal nur von außen herangehen. Doch die Geheime Ebene heißt ja gerade deshalb so, weil sich ihre Natur «selbst geheimhält» – sie enthüllt sich erst dann, wenn der Praktizierende sich über einen Stufenweg der Erfahrungen dieser innersten – oder äußersten – Erfahrung genähert hat.

Die tantrische Literatur, die grundsätzlich nur verschlüsselte Texte anbietet, welche sich nur auf der Basis der Erfahrung interpretieren lassen, ist im Hinblick auf sexuelle Praxis besonders verschlossen. Es gibt innerhalb einiger wichtiger tantrischer Textes die Beschreibung einer Praxis, deren Titel man als «Ewiges Entzücken» oder «Nichtendende Wonne» übersetzen kann. Dabei handelt es sich um eine Methode, um die sexuelle Energie zu transformieren.

Nichtendende Wonne

Der Mahasiddha und die Liebe

In der Biografiensammlung der «vierundachtzig Siddhas» (Meister der Energie) wird von einem großen indischen Siddha berichtet, der die sexuelle Transformation zu seiner Hauptpraxis machte und damit hohe Verwirklichung erlangte.

Der Siddha Babhava, Prinz von Dhanjur, war ein außerordentlich leidenschaftlicher Mann. Zugleich hatte er jedoch auch starke spirituelle Ambitionen. Jahrelang gab er sich alle Mühe, sich auf die meditative Praxis zu konzentrieren und ein enthaltsames Leben zu führen, wie sein Lehrer es ihm beigebracht hatte, aber das war leichter gedacht als getan. Seine erotischen Neigungen waren so stark, daß sie ein großes Hindernis für seine spirituelle Entwicklung darstellten.

Dieses Problem besprach er eines Tages mit einem wandernden Yogi, der seinem Palast einen Besuch abstattete, um ein wenig Nahrung zu erbetteln. Der Yogi unterwies ihn in der Praxis der Lösung von der dualistischen Ebene und des Eintritts in die nicht dualistische Ebene des reinen Energielichts, und er erklärte dem Prinzen, daß man diese Methode auch während des Liebesakts praktizieren könne:

> «Vermische im Lotus-Mandala deiner Partnerin,
> einer vorzüglichen, einer fähigen Gefährtin,
> deinen weißen Samen
> mit dem Meere ihres roten Samens.
> Dann absorbiere das Elixier, laß es aufsteigen und verteile
> es,
> so wird deine Ekstase nie enden.
> Danach, damit die Lust die Lust übersteige,
> stelle sie dir vor nicht unterschieden von der Leerheit.»[40]

Es heißt, daß die Vorstellung, die man sich von der Erfahrung auf dieser Ebene machen mag, unendlich weit entfernt von der Wirklichkeit sei. Also ist es nicht sinnvoll, sich damit abzugeben. Es besteht, wie schon erwähnt, die Gefahr, daß Sie sich so sehr mit Vorstellungen beschäftigen, daß Sie Vorstellung und Wirklichkeit miteinander verwechseln. Damit ist jede Chance, jemals die Wirklichkeit zu erfahren, vertan.

Der tibetische Meister Lama Yeshe erklärt: «Es besteht ein himmelweiter Unterschied zwischen einer tantrischen Umarmung und dem gewöhnlichen Geschlechtsverkehr. Wie groß der Unterschied ist, wird deutlich, wenn wir daran denken, daß der oder die Praktizierende bei der Praxis der Vollendungsstufe *(Thögal)* die Energiewinde in den Hauptkanal bringt, dort auflöst und dabei die gleichen geistigen und körperlichen Auflösungsvorgänge erlebt wie im Todesprozeß.

Eine Farce namens «Tantra» Solange wir diese todesähnlichen Erfahrungen nicht bei vollem Bewußtsein meistern, ist es eine Farce, wenn wir von tantrischer Umarmung sprechen. Überdies: Während bei einem gewöhnlichen Geschlechtsverkehr der Mann in die Frau eindringt, durchdringt bei einer echten tantrischen Umarmung die Energie der Frau den Mann.»[41]

Je mehr Sie Ihre Erfahrung der Annäherung an eine weniger dualistische Ebene vertiefen, desto weniger dualistisch wird Ihre gesamte Lebenserfahrung werden. Das heißt, daß Sie sich geistig entspannen können, daß Sie nicht mehr so stark auf die Trennung von «Ich» und «andere» fixiert sind und Ihren Blick mehr auf das Verbindende als auf das Trennende richten. Das wirkt sich auf jede Art von Kommunikation aus – auch auf die sexuelle.

Vor der Vollendung

Das vorletzte Zeichen des chinesischen «Orakelbuchs» *I Ging (Yijing)* lautet «Nach der Vollendung»; das letzte, vierundsechzigste Zeichen trägt die Bezeichnung «Vor der Vollendung». Damit ist ein wichtiges Prinzip des spirituellen Weges angesprochen – der Stufenweg. Stufe um Stufe wird begonnen und vollendet, wieder begonnen und wieder vollendet.

Stufenweg der Vollendung

Wenn Sie dieses Buch durchgelesen haben, hat sich in Ihrem Geist eine gewisse Vorstellung vom Mandala der Energien, das hier ausgebreitet wurde, gestaltet. Vielleicht haben Sie auch gleich mit dieser oder jener Übung einen Versuch gemacht und festgestellt, daß Sie einen Zugang dazu hatten – oder daß Sie keinen Zugang dazu hatten. Lassen Sie sich nicht beirren; ein erster Versuch besagt gar nichts. Sehen Sie einem Kind zu, das anfängt, Schreiben zu lernen. Die ersten krakeligen Buchstaben sehen aus wie ein vom Sturm verwüsteter Wald. Ein Jahr später hingegen wird es schon ganz ordentlich und leserlich schreiben können.

Die Praxis

Beginnen Sie mit den Entspannungsübungen. Sie sind eine wichtige Vorbereitung für alles übrige, und sie sollten beim Übergang zu den Energieübungen keinesfalls aufgegeben werden. Wenn Sie eine einigermaßen tragfähige Entspannungsgrundlage geschaffen haben, können Sie die Übungen der Äußeren Ebene hinzufügen. Wenn Sie allerdings größere Fähigkeiten im Umgang mit der vitalen Energie erlangen wollen, sollten Sie sich an einen autorisierten Qi-Gong-Lehrer wenden.

Für eine längere Praxis der Übungen der Inneren und mehr noch der Geheimen Ebene bedürfen Sie der Anleitung durch einen qualifizierten spirituellen Lehrer. Es heißt im Zusammenhang mit dem tibetischen Totenbuch, daß es allein schon gut ist, wenigstens von den Prinzipien der Transformation von gröberen zu immer subtileren Ebenen der Energie gehört zu haben. Doch es ist wie mit dem Schwimmen: Wenn Sie gelesen haben, wie man es macht, heißt das noch nicht, daß Sie tatsächlich gut schwimmen und sich retten können, wenn Sie ins Wasser fallen.

Für jede Art von Energiearbeit brauchen Sie viel Geduld. Auch wenn die Übungen einfach klingen mögen, sind sie doch schwer zu meistern, und ohne beharrliches Übungen wird nichts erreicht. In der tibetischen Tradition sagt man, daß der reine Geist zwar die Natur aller fühlenden Wesen ist; doch ebenso, wie man Butter nur durch das Schlagen der Milch gewinnt, erlangt man den reinen Geist nur durch eifrige Meditationspraxis. Das gilt für alle Stufen des Wegs.

Üben mit viel Geduld

Voraussetzungen für den Weg der Energie

Zum Abschluß möchte ich zitieren, welche Voraussetzungen vom traditionellen Standpunkt des Tantrayana unumgänglich sind, wenn man auf dem Weg der Energie zum Ziel kommen will:

1. «Sammeln von Verdiensten»
Verdienste sammeln bedeuten in der buddhistischen Tradition, daß man «gutes Karma» schafft, indem man negatives Handeln – Handeln, das irgend jemandem schaden könnte – vermeidet und sich um positives Handeln bemüht. Dazu gehört die Entwicklung von Freundlichkeit und einer mitfühlenden Haltung sich selbst und anderen gegenüber.

2. «Reinigen von Verdunkelungen»
Das bedeutet, die Motivation des eigenen Verhaltens immer
wieder einer genauen Prüfung zu unterziehen, so daß die Muster der Gier, Aggression und Ignoranz nicht mehr automatisch unser Verhalten bestimmen. Die gute Absicht allein reicht
nicht aus. Wie oft erleben wir, daß wir eine ganz bestimmte Un-
tugend aufgeben möchten, es jedoch nicht schaffen. Der Geist
muß durch die Praxis der Achtsamkeit «gezähmt» werden, wie
man ein Pferd zähmt, um es lenken zu können.

3. «Segen eines qualifizierten Lehrers»
Wie schon erwähnt, bedeutet «Segen» soviel wie spirituelle
Energie, die der Lehrer ausstrahlt, um dem Schüler den Zugang zu sich selbst, zu seiner eigenen spirituellen Energie zu
erleichtern.

Auflösung der   Die Erfahrung dieser Energieübertragung ist im allgemeinen
Verblendung   sehr unspektakulär – denn was auf den Energieebenen
tatsächlich geschieht, liegt außerhalb des Zugriffs unseres
denkenden Geistes. Was hingegen auf der Ebene der Erfahrung dramatisch deutlich werden kann, ist unsere eigene
«energetische Verstopfung». Es geschieht auch häufig, daß
der Schüler in der Gegenwart seines Lehrers alle Fragen, die
ihm zuvor so wichtig erschienen, völlig vergißt oder sie plötzlich als überflüssig ansieht. Die Langzeitwirkung des «Se-
gens» ist vor allem an der Entwicklung abzulesen, die viel zur
Auflösung der Verblendung beiträgt und den Schüler zu eif-
riger Praxis inspiriert.

Betrachten Sie dieses Buch als eine Landkarte, die Ihnen einen groben Überblick über ein Gebiet gibt, das für uns westliche Menschen noch sehr fremd ist. Es ist keinerlei Anspruch
auf Vollständigkeit damit verbunden; eher möchte ich es einen Versuch nennen. Ich habe mich an die Lehren des Tantrayana gehalten, insbesondere an die Vermittlung von Tarab
Tulku Rinpoche, ohne dessen Inspiration dieses Buch nicht
hätte entstehen können.

Tarab Tulku

Tarab Tulku Rinpoche[42], der 11. Tarab in der Gelugpa-Linie der Tarab Tulkus, wurde 1935 geboren und als anerkannte hohe Wiedergeburt in Drepung, der größten Klosteruniversität Tibets, zum *Lharampa Geshe* (höchster akademischer Grad) ausgebildet. Nach seiner Flucht während der Okkupation Tibets durch China nahm er das Angebot eines Lehrstuhls für Tibetologie an der Universität Kopenhagen an. Er befaßte sich zudem ausführlich mit westlicher Psychologie und Psychotherapie, war zeitweilig im Vorstand der *International Transpersonal Psychological Association* tätig und hält seit vielen Jahre Vorträge und Kurse über tibetisch-buddhistische Psychologie und Philosophie in einer für westliche Menschen besonders zugänglichen Übersetzung der Inhalte und Methoden.

Tarab Tulku sagt: «Ich habe es für wichtig erachtet, aus der ungeheuer umfangreichen buddhistischen Literatur die Aspekte der Psychologie und Psychotherapie herauszukristallisieren, denn gerade diese sind meines Erachtens sehr nützlich für westliche Menschen. Um mit diesen Aspekten des tibetischen Buddhismus zu arbeiten, brauchen wir die religiöse Seite nicht, denn hier geht es um die Analyse der Natur des Menschen, der Natur des Geistes, um das Verständnis, wie Körper und Geist zusammenwirken, wie wir Erfahrungen machen, wie Körper und Geist in Harmonie miteinander kommen usw.»

Tarab Tulku ist nicht nur ein hoher tibetischer Gelehrter, sondern auch ein Meditationsmeister, ein Meister des Tantrayana, des Weges der Energie. Seine besondere Fähigkeit liegt darin, die reinen Prinzipien des tibetischen tantrischen

Systems aus ihrer fremdartigen Kulturverpackung heraus-
zulösen und so theoretisch und praktisch für westliche Menschen zugänglich zu machen. Neben einer allgemeinen Se-
minartätigkeit leitet er mehrjährige Ausbildungskurse in
tibetisch-buddhistischer Philosophie, Psychologie und Psychotherapie; als berufsbegleitende Ausbildung in erweiterter
Form können diese Lehrgänge von zugelassenen Psychotherapeuten und Psychiatern mit einem Diplom abgeschlossen
werden. Veranstaltet werden die Seminare von den Tarab-
Zentren in Dänemark, Deutschland und weiteren europäi-
schen Ländern.

Tarab Institut Europa
St. Sohoj
Horsholm Kongevej 40
DK-2970 Horsholm
Dänemark

Tarab Institut Deutschland
Schellingstraße 95
D-80799 München

Anmerkungen

1 Bezeichnung des tibetischen Buddhismus.
2 Ulli Olvedi, *Das Stille Qi Gong*, O. W. Barth, München, 1994.
3 Siehe Ulli Olvedi, *Das Stille Qi Gong*, «Die Entdeckung der Lebensenergie in der westlichen Welt», S. 104 ff.
4 Morris Berman, *Wiederverzauberung der Welt*, Dianus-Trikont, München, 1984.
5 Siehe auch *Das Stille Qi Gong*, S. 108 ff.
6 Ebenda, S. 71–75.
7 Siehe «Tarab Tulku», S. 247.
8 Siehe auch *Das Stille Qi Gong*, S. 28–31.
9 Er erzählte von einer Vision, in der er den Geburtsort des 17. Karmapa, des «Living Buddha» sah, der damals noch ein unbekanntes kleines Kind war. Siehe Clemens Kuby/Ulli Olvedi, *Living Buddha*, Goldmann, München 1994.
10 Ulli Olvedi/JeanClaude Pirouet, *Unter den Augen der Stupa – Tibetische Kultur im Exil*, Image-Film mit ARD/ORF, 1992.
11 Die differenziertere Qi-Gong-Version dieser Übung finden Sie in *Das Stille Qi Gong*, S. 153.
12 Diese Interpretation stützt sich auf die Erklärungen von Tarab Tulku.
13 Siehe *Das Stille Qi Gong*, 3. Teil, «Heilen mit Qi», Seite 254 ff.
14 Mantak und Maneewan Chia, *Tao Yoga der heilenden Liebe*, Ansata, Interlaken, 1987, S. 29.
15 In einem Fernsehauftritt der Shaolin-Mönche in «Stern-TV» am 3. 7. 96
16 Joan Halifax, *The Fruitful Darkness*, Harper, San Francisco, 1993, S. 141.
17 Ebenda, S. 141.
18 Hannah Green, *Ich hab dir nie einen Rosengarten versprochen*, Rowohlt, Reinbek, 1967, S. 9.

19 C. G. Jung, *Erinnerungen, Träume, Gedanken*, Walter, Olten, 1971, S. 177.

20 Blofeld, John, *Selbstheilung durch die Kraft der Stille*, Barth, München, 1991, S. 50.

21 Thomas Cleary, *Das Tao der weisen Frauen*, Barth, München, 1993, S. 11.

22 Taisha Abelar, *Die Zauberin*, Scherz, Bern, 1994, S. 70–72.

23 Jack Kornfield, *Frag den Buddha und geh den Weg des Herzens*, Kösel, München 1995, S. 106.

24 Ebenda S. 106

25 Ulli Olvedi, *Das Stille Qi Gong*, S. 175–188.

26 Chögyam Trungpa, *Feuer trinken, Erde atmen*. Diederichs, München, 1982, S. 98.

27 Die Lehre von der zweifach aspektierten Wahrheit ist der Kern der *Madhyamika*-Philosophie (Lehre des Mittleren Wegs) des Mahayana-Buddhismus.

28 C. G. Jung, *Über psychische Energetik und das Wesen der Träume*, Walter, Olten, 1971.

29 Siehe Kurzbiografie von Tarab Tulku Rinpoche, S. 247.

30 Nach der Darstellung von Tarab Tulku.

31 Siehe Edward Podvoll, *Die Verlockung des Wahnsinns*, Hugendubel, München 1994.

32 Siehe C. G. Jung, *Die Psychologie der Übertragung*, Walter, Olten, 1973.

33 Siehe Ulli Olvedi, *Buddhas Kinder – Kindheit und Jugend im tibetischen Exilkloster*, Frederking und Thaler, München, 1997.

34 Wörtlich «Zurückgezogenheit»; üblicher Begriff für Meditation in sozialer Isolation.

35 Hildegard von Bingen in einem Brief an den Mönch Wilbert von Gemloux, in: C. G. Jung, R. Wilhelm, *Das Geheimnis der Goldenen Blüte*, Walter, Olten, 1973, S. 25.

36 Die verschiedenen philosophisch-psychologischen Systeme haben unterschiedliche Bezeichnungen: Im Mahamudra-System spricht man von «Seligkeit und Leerheit», im Mahasandhi-System heißt es «Gewahrsein und Leerheit», im Madhyamika-System ist es «Erscheinung und Leerheit».

37 Chögyam Trungpa, *Das Märchen von der Freiheit*, Aurum, Freiburg, 1978, S. 90.

38 «Der Zen-Meister der Verlorenen», ESOTERA, 10/96.

39 *Samaya* (sanskrit) oder *Damtsig* (tibetisch) bedeutet innere
Verpflichtung und Bindung an den Lehrer.
40 Keith Dowman, *Die Meister der Mahamudra*, Diederichs, München 1991, S. 262.
41 Lama Yeshe, *Wege zur Glückseligkeit*, Diamant, Jägerndorf,
1988, S. 165.
42 Rinpoche bedeutet «kostbares Juwel» und ist der Titel hoher
Wiedergeburten und Lamas.

Literatur

Abelar, Taisha, *Die Zauberin*, Scherz, Bern, 1994.

Berman, Morris, *Wiederverzauberung der Welt*, Dianus-Trikont, München, 1984.

Blofeld, John, *Selbstheilung durch die Kraft der Stille*, Barth, München, 1951, Seite 50.

Chia, Mantak und Maneewan, *Tao Yoga der heilenden Liebe*, Ansata, Interlaken, 1987.

Cleary, Thomas, *Das Tao der weisen Frauen*, Barth, München, 1993.

Chökyi Nyima Rinpoche, *Bardo Guidebook*, Rangjung Yeshe Publications, Kathmandu, 1991.

Dowman, Keith, *Die Meister der Mahamudra*, Diederichs, München 1991.

Evans-Wentz, W. Y., Lama Kazi Dawa-Samdup, *Das Tibetanische Totenbuch*, Walter, Olten, 1971.

Gäng, Peter, *Das Tantra der verborgenen Vereinigung – Guhyasamaya-Tantra*, Diederichs, München, 1988.

Green, Hannah, *Ich hab dir nie einen Rosengarten versprochen*, Rowohlt, Reinbek, 1967.

Halifax, Joan, *The Fruitful Darkness*, Harper, San Francisco, 1993.

Jung, C. G. *Erinnerungen, Träume, Gedanken*, Walter, Olten 1971.
Psychologie und Alchemie, Walter, Olten 1972.
Die Psychologie der Übertragung, Walter, Olten, 1973.
Über psychische Energetik und das Wesen der Träume, Walter, Olten 1971.

Jung, C. G., R. Wilhelm, *Das Geheimnis der Goldenen Blüte*, Walter, Olten, 1973.

Kornfield, Jack, *Frag den Buddha und geh den Weg des Herzens*, Kösel, München 1995.

Kuby, Clemens/Olvedi, Ulli, *Living Buddha*, Goldmann, München 1994.

Lama Yeshe, *Wege zur Glückseligkeit*, Diamant, Jägerndorf, 1988.

Lati Rinpoche, Jeffrey Hopkins, *Death, Intermeditae State and Rebirth in Tibetan Buddhism, Snow Lion Publ.*, Ithaca, NY, 1979.

Olvedi, Ulli, *Das Stille Qi Gong*, O. W. Barth, München, 1994.

Olvedi, Ulli, *Buddhas Kinder*, Frederking & Thaler, München, 1997.

Podvoll, Edward, *Die Verlockung des Wahnsinns*, Hugendubel, München 1994.

Trungpa, Chögyam, *Das Totenbuch der Tibeter*, Diederichs, Düsseldorf, 1974.

Trungpa, Chögyam, *Feuer trinken, Erde atmen – Die Magie des Tantra*, Diederichs, Köln, 1982.

Das Märchen von der Freiheit, Aurum, Freiburg, 1978

Trungpa, Chögyam, *Das Spiel der Illusion*, Irisiana, Haldenwang, 1980.

Tsele Natsok Rangdrol, *The Mirror of Mindfulness – The Circle of the Four Bardos*, Shambhala Publ., Boston, 1989.

Tulku Urgyen Rinpoche, *Rainbow Painting*, Rangjung Yeshe Publications, Hongkong, 1995.